湛庐 CHEERS

与最聪明的人共同进化

HERE COMES EVERYBODY

CHEERS
湛庐

货币之手

The Mystic Hand

[比]约翰·范·奥弗特韦德
Johan Van Overtveldt
斯汀·罗切
Stijn Rocher　著

何平　译

天津出版传媒集团
天津科学技术出版社

上架指导：金融 / 投资

The Mystic Hand: How Central Banks Shaped the 21st Century Global Economy
Copyright © 2022 by Johan Van Overtveldt
Published by arrangement with Agate B2, an imprint of Agate Publishing, Inc. c/o
Nordlyset Literary Agency through Bardon-Chinese Media Agency.
Simplified Chinese translation copyright © 2025 by Beijing Cheers Books, LTD.
All Rights Reserved.

天津市版权登记号：图字 02-2025-071 号

图书在版编目（CIP）数据

货币之手 /（比）约翰·范·奥弗特韦德，（比）斯汀·罗切著；何平译 . -- 天津：天津科学技术出版社，2025. 6. -- ISBN 978-7-5742-2963-1

Ⅰ . F82-49

中国国家版本馆 CIP 数据核字第 2025L7E390 号

货币之手
HUOBI ZHI SHOU
责任编辑：吴文博
责任印制：赵宇伦

出　　版：天津出版传媒集团
　　　　　天津科学技术出版社
地　　址：天津市西康路 35 号
邮　　编：300051
电　　话：（022）23332377（编辑部）
网　　址：www.tjkjcbs.com.cn
发　　行：新华书店经销
印　　刷：唐山富达印务有限公司

开本 710×965　1/16　印张 20.75　插页 1　字数 276 000
2025年6月第1版第1次印刷
定价：129.90元

中央银行如何塑造 21 世纪的全球经济？

扫码加入书架
领取阅读激励

扫码获取全部测试题及答案，
一起了解中央银行的
神秘之手

- "如果您自认为听懂了我说的话，那您肯定误解了我的意思。"这句话出自哪位央行行长之口？（单选题）

  A. 艾伦·格林斯潘

  B. 本·伯南克

  C. 马里奥·德拉吉

  D. 拉格拉姆·拉詹

- 过去 20 多年来，将通胀率控制在低于但接近（　）的水平是世界主要央行公认的货币政策。（单选题）

  A. 1%

  B. 2%

  C. 3%

  D. 4%

- 欧洲货币联盟的问题在于它缺乏什么？（单选题）

  A. 经济联盟

  B. 法律联盟

  C. 文化联盟

  D. 政治联盟

扫描左侧二维码查看本书更多测试题

本书献给米尔顿·弗里德曼（1912—2006）

和保罗·沃尔克（1927—2019），

以纪念这两位

货币经济学和中央银行政策领域的杰出人物。

迄今为止，人类有三项伟大发明：火、轮子和中央银行。[1]

——

威尔·罗杰斯

美国幽默作家

任职中央银行行长以来，我学会了说话含糊其词、前后不一。如果您自认为听懂了我说的话，那您肯定误解了我的意思。[2]

——

艾伦·格林斯潘

美国联邦储备系统前主席（任期为 1987—2006 年）

几乎没有人清楚到底是怎么回事。[3]

——

伊莎贝尔·施纳贝尔

欧洲中央银行执行委员会成员，摘自其在欧洲议会上的演讲

　　《货币之手》的作者是欧洲议会预算委员会主席，是整个欧盟金融和货币事务的"掌舵人"，也是众多国际金融政策制定过程的亲历者和见证者。在这本书中，作者用"三只眼"透视央行："大众之眼"——作为记者，面向大众的通俗视角；"学者之眼"——经济学教授的理论视角；"财长之眼"——负责实际操盘财政管理的政治家视角。此外，本书紧密结合了当前金融领域的最新发展动态，对央行及货币政策的前沿问题进行了深入探讨。读者不仅可以从书中获取最新的金融知识，还能感受到金融领域的时代脉搏。可以说，本书为读者提供了一个了解金融行业发展趋势的窗口。

刘晓蕾
北京大学光华管理学院教授、
北京大学经济与管理学部副主任

　　《货币之手》深入探讨了央行在全球金融危机和新冠疫情中所实施的宽松的货币政策。书中回顾了18世纪和19世纪的金融理论，特别是亨利·桑顿和沃尔特·白芝浩的观点，并分析了央行政策对现代经济的深远影响。通过揭示央行"神秘之手"的作用，作者探讨了央行在全球经济中的关键角色，并提出，央行的扩张性货币政策虽能有效应对短期危机，但也会带来许多长期的负面效应；通过对各种"综合征"的介绍，作者向我们展示了这些政策是如何导致财富集中、债务膨胀和金融市场不稳定等问题出现的。此外，作者批判了央行对 2% 通胀目标的执着，主张央行应更加注重价格稳定和金融稳定这一双重目标。

　　本书不仅为学者和政策制定者提供了重要的政策分析工具，也为金融从业者提供了对央行行为及其对全球经济影响的深刻理解。《货币之手》无疑是研究央行政策、全球金融体系及其未来走向的必读书目之一。

张成思

中国人民大学财政金融学院副院长

　　自 1815 年英格兰银行开启央行时代以来，在"白芝浩原则"的指导下，充当"最后贷款人"的央行，完全改变了实体货币（商品货币和金属货币）时代货币供给服务于既有商品交易的目标。借助信用货币，在经济萧条时期，央行行长通过神秘之手超常规标准投放流动性，以此进行危机管理，避免经济停滞；在经济复苏时期，央行又实施量化宽松政策，通过释放流动性助推经济增长。失败的教训来自 1929—1933 年的大萧条，成功的经验则是从 2008 年全球金融危机的治理中获得的。然而，非常规货币政策的消极后果，即使只论及对未来和邻国的窃取，以及对既有持币者的掠夺，也会带来严重的社会经济问题。央行行长的神秘之手如何行动，这是一门需要斟酌可能性的艺术。政策制定者必须审时度势，通盘考虑，不然的话，格林斯潘昨天的荣耀很有可能会变成引致危机的罪人。

何平

中国人民大学财政金融学院教授、

中国金融学会金融史专业委员会副主任委员

《货币之手》的内容既清晰、又睿智，以最凝练的方式解释了央行的作用和政策出炉的过程。作者将自己作为政治家的技能、作为经济学家的经验以及作为记者的轻松笔触相结合，写出了一本具有深远影响、为读者所需要且令人读来倍感愉快的书。

帕斯卡尔·多诺霍 (Pascal Donoghue)

欧元集团主席、爱尔兰财政部前部长

这本书展示的是布鲁塞尔内部人士对货币政策的精彩见解。

阿克塞尔·A. 韦伯 (Axel A. Weber)

瑞银集团董事会主席、德国央行前行长

《货币之手》以通俗易懂、发人深省的方式揭开了央行的神秘面纱。它呼吁人们重新思考最近的正统观念，这一点值得关注。

阿尼尔·卡西亚普 (Anil Kashyap)

芝加哥大学布斯商学院经济学和金融学杰出服务教授

魔术师说，手比眼快。本书作者指出，自 2008 年以来，央行行长的"神秘之手"常常让公众、媒体乃至政客们看得目瞪口呆。人们可能会怀疑，央行行长们是否真的像他们的名声那般聪明。如果你想识破他们的诡计，比如为什么要鼓励全球疯狂投资，那就读读这本书，然后哭泣吧。

迪尔德丽·N. 麦克洛斯基 (Deirdre N. McCloskey)

伊利诺伊大学芝加哥分校经济学杰出教授

　　各国央行在新冠疫情时期的应对措施显示出了它们积极促进全球经济复苏的决心，而资产价格与央行未来的行动紧密相关。约翰·范·奥弗特韦德撰写出了一部引人入胜的著作，书中阐述了货币政策的负面影响，并思考了央行如何才能避免给我们所有人挖坑的情况再次出现。

詹姆斯·尼克松（James Nixon）
牛津经济研究所首席欧洲经济学家

当"看不见的手"遇上"魔法师"

张晓晶

中国社会科学院金融研究所所长、国家金融与发展实验室主任

"能力越大，责任越大。"（With great power comes great responsibility.）当漫画家斯坦·李（Stan Lee）在《蜘蛛侠》中借男主角的叔叔之口说出这句箴言时，他或许未曾想到，这将成为对现代央行决策者们最合适的注脚。翻开这本书，我们普通人得以窥见那些执掌货币权杖者的神秘世界——在这个世界中，央行决策者们如同中世纪的炼金术士一样，运用"无中生有"的魔法，不仅在日常中呼风唤雨，还在危机时期扮演了救世主的角色。

真正的现代央行一般可以追溯到 19 世纪初叶的英格兰银行，距今已有 2 个多世纪了。现代央行的出现是市场经济演进过程中的一个必然。早在 14—15 世纪，金融市场较为发达的意大利城邦就开始不断出现银行业危机，于是，威尼斯在 1587 年创立了里亚托广场银行，这是一家特许

私人银行，但扮演的是央行角色，包括履行"最后贷款人"职责。大约在17 世纪末，阿姆斯特丹银行、瑞典银行以及英格兰银行都逐步承担起现代央行的主要职能，而英格兰银行则成为现代央行的样板。如果说市场是亚当·斯密所谓的"看不见的手"，那么央行（乃至更大范围的政府）就是一只"看得见的手"。现代市场经济的正常运行需要这两只手的协调配合。《货币之手》这本书大约也因之而得名。

本书的可读性很强，我几乎是一口气读完的。作为一名经验丰富的政治家，一位真正的"局内人"，作者将很多亲身经历融入叙事当中，这不仅使内容引人入胜，还增强了相关论点的说服力。本书可圈可点之处颇多，就我而言，至少有三个方面令人印象深刻。

央行之手的神秘力量

央行的神秘性来源于很多方面。尽管作者没有给出明确排序，但排名最靠前的显然是其伟大力量。正如作者所指出的，"当央行行长的'手'无处不在、无人不知时，魔法就产生了"。央行行长作为魔法师，其伟大力量不仅是能让宏观经济随着货币政策的指挥棒起舞，更重要的是，在危机时期，他们还让央行充当起救世主（最后贷款人）角色。

紧随其后的是央行业务的专业性。1981 年，美国经济学家卡尔·布朗讷（Karl Brunner）曾经总结说："（央行的）神秘感源于一种普遍的印象，即央行业务是一门深奥的艺术，只有精英才能接触并玩转这门艺术，对其业务进行适当操作。"而早在两年前的 1979 年，法国年鉴学派代表人物、历史学家费尔南·布罗代尔（Fernand Braudel）就以极具穿透力的观察揭开了资本主义经济"神秘"的面纱。在他看来,整个经济生活可以以市场为中心分为三个层次:处在最下层的是所谓的物质生活或物质文明,它是指以近距离的物物交换和劳务交换为特征的自给自足经济;中间层的是以自由竞争、公平交换为特征的市场经济;处在最上层的是以货币、信贷为特征的资本主义经济。他进一步强调,处在最上层的资本主义经济不仅复杂性高,而且还是不透明的,充满着"不规矩的勾当",包括进入壁垒高、竞争不充分、存在操纵行为等特点。应该说,布罗代尔所强调的"不透明"与前述所谓央行的"神秘性"如出一辙。

此外,央行政策表述的模糊性(或故弄玄虚)也为其神秘性加了码。大多数央行行长的语言技巧都超出了知情的外行所能理解的范围,这进一步强化了他们被赋予神秘之感的凡人形象。他们倾向于以"除专家之外任何人都无法理解"的方式来进行表述,这绝非偶然。美联储前主席艾伦·格林斯潘(Alan Greenspan)有一段极其严肃的表述:"如果您自认为听懂了我说的话,那您肯定误解了我的意思。"

神秘的央行魔法师真的这样全知全能吗?世界银行前首席经济学家考希克·巴苏(Kaushik Basu)曾写道:"有件事,专家知道,但外行不知道,那就是专家实际知道的比外行以为他们知道的要少。"相比于外界,央行行长在关键时刻要显得信心满满。

"孔子的教诲"与央行的信用根基

学界对于货币的本质尽管有不同的理解,但大多数人倾向于认为,货币的本质在于信用。尤瓦尔·诺亚·赫拉利(Yuval Noah Harari)在《人类简史》(*Sapiens: A Brief History of Humankind*) 中指出："信任正是所有货币形式最基本的原料；货币是有史以来最普遍也是最有效的互信系统。"

央行核心工作是围绕货币展开的，因此，在很大程度上，强大的央行与强大的货币是同一回事。这样一来，无论对于货币还是对于央行而言，信用（以及与之相关的信任）就是头等大事了。本书作者正是在这个意义上强调要遵循"孔子的教诲"。他引用白芝浩和桑顿的观点说道："银行体系的特殊之处，在于它建立在人与人之间前所未有的信任之上。当这种信任因为一些隐蔽的原因而大大减弱时，一个小小的事故就可能使银行系统受到极大的伤害，而一个大事故则有可能使它几近毁灭。"

这让人想起公元前 5 世纪时中国大思想家孔子关于治理国家的教诲。在他看来，政府必须具备三件东西：食物、武器和信任。如果迫不得已，这三件东西无法同时具备，那么政府应该先放弃武器，然后放弃食物，信任则需要守护到底。① 因为一旦没有了民众的信任，就失掉了民心，那这个政府就没有立足之地了。央行更是如此：其魔法建立在人们信任的基础之上，失去了信任，魔法也就消失了。

央行货币政策的"综合征"警示

诚如作者所说，大缓和（Great Moderation）时代以来，我们对央行的货币政策越发依赖，特别是金融系统，其对央行支持的依赖达到了前

---

① 该观点出自《论语·颜渊》篇。原文为：子贡问政。子曰："足食，足兵，民信之矣。"子贡曰："必不得已而去，于斯三者何先？"曰："去兵。"子贡曰："必不得已而去，于斯二者何先？"曰："去食。自古皆有死，民无信不立。"——编者注

所未有的高度。不过，万事皆有代价。本书的第 5 章把央行货币政策滥用可能引发的诸多"综合征"做了深入剖析和预警。作者给这些综合征起了一些很抓人眼球的名字，如布奇·卡西迪综合征、迈克尔·杰克逊综合征、大卫·科波菲尔综合征、僵尸综合征、树懒综合征等等。

这里简单列举几例来说明这些奇怪的综合征名称的由来。比如，布奇·卡西迪综合征。卡西迪一生行窃，并创建了臭名昭著的"野蛮恶棍"团伙。卡西迪的"野蛮恶棍"形象和推崇非常规政策的现代央行行长之间有一个相似之处：都以市场和经济的整体利益为行动的出发点。只不过，央行行长在不断地从未来和邻国窃取，而且其规模比"野蛮恶棍"所能做到的要大得多。再比如，迈克尔·杰克逊综合征。这里强调的是央行政策导致全球债务大幅攀升，而债务成瘾则成为世界经济模式的一个基本特征。"央行行长非常规货币政策的逻辑是，将信贷塞进每个人的喉咙，无论他们是否需要"。其与杰克逊的关联性在于后者一生的挥霍无度和债台高筑。而所谓的大卫·科波菲尔综合征，指的是央行放水对居民财富造成的侵蚀。央行行长就像神奇的魔术师大卫一样，也擅长让东西凭空消失。

《货币之手》的内容非常丰富，远不止我上面提到的这些。在我看来，这本书旨在进行类似于马克斯·韦伯（max weber）所谓的"祛魅"过程，即揭开央行（以及货币政策）的"神秘"面纱，还原其真面目。但显然，这个目的并不容易实现。毕竟，一些故事、隐喻以及吸引眼球的名词，可能让人印象深刻，但这离深刻理解央行及其行为的复杂性还有距离。我更愿意将这本书当作一本入门指南，一方面，其可以激起读者对央行以及货币政策运行甚至整个金融的兴趣；另一方面，也有助于打破关于央行的种种神话（当然也包括一些"坏话"）。一个走下神坛的央行或许能够促进金融向善，更好地服务于我们这个社会。

手握的超级权力，有时也会成为一种桎梏

吴卫星
首都经济贸易大学校长

在经济学漫长的发展历程中，既出现了主张自由放任的学说——强调充分维护市场机制，反对政府干预，也出现了与之相对的学说——认为市场会失灵，政府应站出来，通过实施一些可行的政策进行积极干预。市场经济中存在着两只手，一只是由亚当·斯密提出的"看不见的手"，另一只则是由钱德勒提出的"看得见的手"。"看得见的手"又可以划分成"帮助之手"和"掠夺之手"。政府、市场以及二者之间的互动会对经济发展起到什么作用，这一点时常被经济学家和相关从业人员所广泛探讨。

关于各种"手"的描述都适用于央行，但即便有了这些描述，人们还是很难认清21世纪央行的本质，就像美联储前主席保罗·沃尔克所言，"神秘"是央行给外界留下的普遍印象。不只是公众看不懂，有时，业内专家也很难全面深入理解货币政策的本质。

《货币之手》这本书认为，中央银行家们既可能是推动经济走向繁荣的"魔法师"，手握货币政策的魔杖，维护繁荣盛景，也可能沦为危机中的"独裁者"，操纵"神秘"的货币政策武器，给未来的经济社会带来阴霾。这种双重性在 2007—2009 年全球金融危机与新冠疫情冲击中展现得淋漓尽致——各国央行通过低利率（甚至零利率）政策、新的再融资机制以及大规模资产购买计划等措施拯救了濒临崩塌的金融系统，却也埋下了债务膨胀、资产泡沫与权力失衡的种子。也就是说，央行的"神秘之手"既有可能是稳定之锚，也有可能是动荡之源。

本书的作者依据丰富的实践经验，对央行发展过程中的历史事件娓娓道来，并分析了在大萧条、2008 年全球金融危机等重要事件的不同阶段，各国央行所采取的措施及其后果。过程中，作者着重分析了非常规货币政策包中的基本工具的成效和代价，并对未来货币政策改革和发展趋势进行了展望。

重大事件应对：经验与教训并存

作为《货币之手》的作者之一，约翰·范·奥弗特韦德曾担任比利时财政部部长、欧洲议会预算委员会主席等职务，既有很好的学术积累，又有丰富的实践经验。本书通过将货币政策研究领域的重要学者观点、政策实践领域的专家判断以及具体的经济金融数据相结合，试图描绘出金融危机发展的脉络以及可能派上用场的多种政策工具。该著作以弗里德曼等人对"大萧条"的经典研究为起点，对大萧条的起源进行了剖析，并探讨了大萧条时期美联储货币政策的利弊得失，认为大萧条出现的原因必须从货币视角来解释，金本位的匆忙回归和美欧货币当局未能及时阻止银行大规模倒闭带来的货币供应量急剧下降是其主因。

书中追溯了威尼斯早期银行业所采取的一些创新举措，并从桑顿和白芝浩等人的研究出发，对央行危机管理的基本框架进行了阐述。书中特别指出，如果 20 世纪二三十年代的央行行长能够从桑顿和白芝浩等人的研究中得到更多启发，或许世界范围的经济和社会崩溃就能得以避免，某些政治极端分子因而获得权力的机会也将减少，这些判断令人深思。

该书作者将 2008 年全球金融危机归因于五大驱动因素。一是房地产市场存在巨大泡沫，次贷市场急剧扩张。1997—2006 年，美国房价按实际价值计算，平均涨幅超过了 120%！美国人对房价上涨的信念、房利美和房地美的系列政策以及外国投资者的推崇共同助推了房地产泡沫的形成。2007 年之后，房价暴跌，从而引发了危机。二是金融工具（特别是资产证券化）的滥用。抵押贷款支持证券（MBS）、担保债务凭证（CDO）等复杂的金融工具及其变种客观上破坏了金融市场的激励相容机制，放大了风险的同时，还引发了风险跨市场传染。三是杠杆和债务水平的加速飙升。四是过度扩张的货币政策。"泰勒规则"在一定程度上被忽视了。五是心理因素也发挥了一定作用。"火鸡幻觉"让人们忘记了隐藏的风险，很多业内人士均认为，人类几乎已经掌握了宏观经济方面的所有知识。基于这些判断，本书对危机发展的详细过程和应对方式展开了详细研究，并引用了具体数据加以印证。

非常规货币政策：避免更糟的同时负担沉重

面对危机，央行工具箱的局限性显露无遗，仅仅关注政策利率变化似乎对应对现实挑战的意义不大。于是，各国央行陆续推出了新的非常规货币政策工具。《货币之手》将这些工具分成四类：零利率甚至负利率政策；针对金融动荡等特定因素的定向贷款安排；资产购买计划或量化宽松政策；对未来利率政策的前瞻性指引。

该书对美国、欧洲各国、日本等国家和区域的非常规货币政策实施情况及其效果进行了批判性的分析。对于非常规货币政策的一些负面效果，书中通过"布奇·卡西迪综合征"（利用低利率刺激负债，把未来需求吸噬到当期，或者以邻为壑窃取他国利益）、"僵尸综合征"（零利率政策让低效企业苟延残喘，阻碍了创造性的发挥、破坏了经济活力）、"树懒综合征"（监管改革滞后于金融创新，使政策制定者沦为市场的被动反应者）等隐喻，揭示了非常规货币政策的长期化是如何侵蚀经济活力的。作者认为，非常规货币政策在短期镇痛的同时，也加剧了债务依赖与贫富分化。

另外，作者还指出，央行在危机中获得了超级权力，但它很有可能会在一定程度上削弱了其政策的独立性。当非常规货币政策已经被频繁使用，在特定情况下，公众已经普遍预见到这类政策会被提出时，想要改变惯有行动，这是非常困难的。例如，所谓股市下跌 5% 即触发降息的"鲍威尔看跌期权"（Powell Put），从某种意义上来看，就是政策独立性在一定程度上丧失的缩影。

未来变革：寻求新的思维范式

从过往来看，央行对金融市场进行干预依然是有必要的，但是，需要形成新的有效框架，使央行的货币政策更具针对性。同时，还应避免货币政策会给经济和社会带来愈发沉重的负担。《货币之手》一书强调，金融市场陷阱、财政陷阱和预期陷阱都使得央行很难过早地放弃非常规货币政策。条件反射式的救市让央行成了自己政策的囚徒，"财政主导"货币政策的风险让央行处于两难境地，多重目标的期待让央行无从选择。

《货币之手》一书认为，央行要遵从新的思维范式。首先，要重新审视通胀目标，不必对 2% 的通胀率过于痴迷；其次，要将影响金融稳定的变量和参数纳入政策决策过程。在作者看来，我们现在面临着双重挑战：第一重挑战是，我们必须解开非常规货币政策和极高债务水平形成的纽结；第二重挑战是，我们需要一种新的增长模式来实现这一目标。他的这些判断都值得我们深思，给未来的央行改革提出了很多具有借鉴意义的新思路。

总的说来，《货币之手》一书分享了众多历史案例，从早期的威尼斯银行体系到现代的美联储、欧洲央行和日本央行，作者带我们详细回顾了央行货币政策的演变历程，以及金融危机前后各国央行货币当局实施的不同种类的创新举措，并分析了它们的特点、成效和负面影响。讲述这些事实和案例时，作者用生动活泼的语言信手拈来。相信读过这本书后，读者会对央行有一个全面深入的了解，在理解央行的起源、发展及其在不同历史时期的独特作用之余，对我们身边的货币政策也会有更加清晰的认知。

"神秘之手"的救赎与陷阱

鲁政委
兴业银行首席经济学家

这是一本需要小心阅读的书!记得马克思曾引用英国政治家、经济学家威廉·尤尔特·格莱斯顿(William Ewart Gladstone)的一句话说:"受恋爱愚弄的人甚至还没有因钻研货币本质而受愚弄的人多。"单单因为这是一本关于"货币"问题的书,就值得我在本文的最初提出这种善意的提醒,更何况,其主要内容还是在讨论非常时期拨弄"货币"的那只"神秘之手"。

本书从 2008 年全球金融危机和之后的欧债危机中,美欧央行行长富有争议性的救助行为入手,回溯到 1802 年桑顿的《英国票据信用的性质和作用研究》(以下简称为《票据信用》)和 1873 年白芝浩的《伦巴第街》(*Lombard Street*)所奠定的央行最早的理论基础,历数了从 20 世纪 30 年代的大萧条时期,到美国金融海啸,再到欧债危机,兼及日本"失去的

10 年"里的货币政策操作，针砭了非常规货币政策可能导致的道德风险、影子银行、杠杆过高、收入分配扩大、僵尸综合征、低利率加剧银行保险养老机构脆弱性的"救世主变恶霸综合征"、政治家惰于结构性改革的"树懒综合征"，甚至央行自身的这种"未经选举的权力"所引发的权力结构失衡（作者作为比利时财政部前部长，在央行一贯"不解释、不道歉"做派面前，他有充分理由产生这种愤怒）等问题。最后，作者给出了自己思考的出路：在宏观经济层面，结构性改革是更重要的；在货币政策层面，应该更具前瞻性，从单纯的物价稳定转为物价稳定和金融稳定并重，但其操作本质上仍是艺术与科学的结合。

之所以说需要小心阅读，原因有以下几点：

首先是因为本书的文风。对央行在经济面临系统性风险的特殊时期所进行货币政策操作及其得失进行评估，一般来说，似乎应该由严肃的学术研究来承担更为合适。本书却独辟蹊径，以一种经济学杂文式的文风，对名人雅士的格言或金句旁征博引，文笔优美，读来不累，快则快矣！但此时尤其需要小心的是思辨与抉择、批判与建设之间的鸿沟：理论上的美好愿望，在现实操作中如何落地，是一个无论如何都不应该被忽视的关键问题。

其次是因为本书所涉问题之广。在历次金融危机的救助中，央行都是各方寄予希望的焦点，由此也导致了事后大量其他问题都被放在了央行的"罪状"之上。这既不合理，也不公平。比如收入分配问题。央行的救助避免了金融机构的倒闭，但也通常会带来金融市场的上涨，由此会招致声讨：此举增加了富人的财富，令低收入群体有限的储蓄受到侵蚀。但问题是，收入分配问题，本质上到底是应该由财政来负责，还是由货币来调节？当然，央行行长们自己也要避免陷入"致命的自负"之中。再比如，在央行这种"未经选举的权力"日益"成了国家财政的一部分"时，"央行行长的神秘之手比以往任何时候都更深入地触及了经济和社会结构"，由此所导致的权力失衡，到底是央行自己的咄咄逼人所致、还是财政的无能或不作为所致？回顾 2008 年之后那段海啸爆发日子里央行的所作所为，似乎更多的情况是情非所愿，迫不得已。如果那时财政有能力进行注资，或者干脆大而化之地说，政府在更早之前就有意愿进行前瞻性的结构性调整，央行其实本无必要做得那么多。

最后是因为国内国外的情况有所不同。文章合为时而著，作为与政策有关的文章就更应如此。一部经济金融学说史，本质上就是一部经济金融问题史的映射。然而，以 2008 年为分水岭，中外经济周期从之前的一致转为反向，由此导致的结果是，从 3 年左右的小周期来看，中外所面临的挑战其实正好相反。对此，我们需要保持清醒的头脑。更为重要的是，如果说央行之手是"神秘之手"，那么，比央行之手更神秘的则是所谓经济需要进行"结构性改革"的病理诊断。回顾不同经济体陷入长期低迷的全部时段，最初的诊断无不都是"结构性问题"，而事后看来，"长期低迷"往往都是被"结构性问题"的诊断所耽误的，最后让其从长期低迷中走出来的，几乎靠的都是央行"神秘之手"的货币疗法。

揭开政策迷雾与全球治理的双重面纱

何平

清华大学经济管理学院副院长

我是抱着学习的态度来翻译《货币之手》的。这本书的原名叫《神秘之手》，恰好符合我作为一名货币银行领域的经济学研究人员长久以来对货币政策的感受。这种"神秘"有很多种来源，既包括社会公众对于货币政策功能的误解，也包括货币政策领域理论和实践的脱节，还包括一些货币政策背后不可言说的真相。

货币政策的"神秘"根源

本书作者先从 20 世纪二三十年代的大萧条开始谈起，强调了央行作为最后贷款人的职责；而后详细分析了 2008 年次贷危机的起因、过程和央行采取的救助措施，并讨论了新冠疫情给世界经济带来的复杂性；接着又对近十几年来全球主要央行在货币政策领域的创新及其初衷和得失进行了翔实的记录，同时融入了自己的理解和判断，使得这本书成为一本很好的学习现代货币政策的教材，而不仅是一本通俗读物。

作者曾担任比利时财政部部长和欧洲议会预算委员会主席，有机会近距离接触许多货币政策决策者，并与之交流；也有机会参与一些重要会议，能够观察到一些重要决策的制定过程；再加上作者追求真理的信念以及揭露真相的勇气，使得本书成功地站在政策制定者的视角帮我们揭开了货币政策"神秘"的面纱。

破除对货币政策的片面认知

社会公众（包括很多市场参与者）对于货币政策很容易产生两个方面的片面认识。一方面是，认为货币政策的主要功能是熨平经济波动，但在经济、金融危机时刻，货币政策可能会束手无策。这种片面认识削弱了货币政策的功能，其原因是人们对于经济生活中较少出现的危机以及货币政策在其中应该发挥的作用不太熟悉。另一方面是，认为货币政策是万能的，只要央行敢于大水漫灌，就可以解决经济衰退问题。这种片面认识放大了货币政策的功能，其原因是人们并未意识到一些经济失衡问题可能与体系内的货币流动性无关，自然也就无法用单一的货币政策来解决。

本书很好地破除了这两个方面的片面认识。作者从一开始就致敬了两位经济学家——亨利·桑顿（Henry Thornton）和沃尔特·白芝浩（Walter Bagehot），强调了除常规的货币政策之外央行的最后贷款人职责的重要性，这两位经济学家都撰写了关于金融危机事件和央行发挥最后贷款人作用的著作。接着，作者通过对次贷危机后各国央行的货币政策操作的阐述进一步向读者清晰地展示了在重大经济、金融危机中，央行在充当最后贷款人之外还可以采取的众多货币手段，包括量化宽松、负利率等。同时，作者也充分意识到了货币政策的局限性，在引言中，作者引用芝加哥大学经济学家、印度银行前行长的拉格拉姆·拉詹的话，清晰地表明了一个观点：单纯依靠货币政策可能只会满足公众的期待，只有实施结构性改革，才能真正解决经济失衡问题。

在中国，这两种对货币政策的片面认识普遍存在。许多金融市场专家对于货币政策尤其是利率政策的分析和预测，往往拘泥于短期需求，而忽略了一个重要事实，即改革开放以来，中国的经济结构不断调整，市场化、城镇化、货币化程度不断提升，社会产出不断接近自然增长率，传统的凯恩斯分析框架中基于均衡增长的产出缺口（就业缺口）、通胀缺口是很难度量的，在这种情况下，所谓的短期需求调节就失去了依托。我们的货币政策时刻都在配合着经济的结构性调整，而这些结构性调整往往是长期的。同时，当下中国经济正在朝着由创新引领的高质量方向发展，过去的由要素驱动的粗放式增长模式不再适用，我们需要调整现有的产业结构，重组市场主体，优化市场生态，这必然会使经济增长处于过渡性的放缓状态，导致市场中呼唤大规模货币刺激的声音此起彼伏，但很显然，简单的大水漫灌式的货币宽松是无法解决当前经济面临的主要矛盾的。事实上，货币政策的传导渠道也受到了过剩产能、过量存货和过高杠杆的约束，不一定通畅。

货币政策学术研究与实践密不可分

货币政策领域的学术研究和政策实践之间是存在一定程度的脱节的。学术研究关注的问题往往是抽象且具有普遍性的，而政策实践面临的问题则是具体且特殊的。比如说，许多经济学家秉承的是弗里德曼的货币中性理论，认为从长期来讲货币供给是中性的，只需保持和经济增长一致的货币供给就可以了；而在货币政策实践中，秉承这样的理念显然过于理想化了，一方面，任何一个经济体都不太可能满足货币中性理论成立的条件；另一方面，几乎没有任何一个国家的央行可以做到对于经济出现的失衡坐视不管，即便只是短期的失衡。然而，实践不能简单机械地执行理论并不代表实践可以脱离理论的支撑；秉承货币长期中性的理念，并不意味着我们要采取自由放任（laissez-faire）政策，而是要以货币中性理论为基准，结合实际，针对背离理论假设的情况采取精准而有效的措施，但这显然不是一件容易的事。

本书很好地展示了货币政策领域的学术研究和政策实践之间的距离，同时也清晰地展示了两者之间密不可分的关系。解决实际问题不仅需要深厚的学术功底助力形成清晰的方向和思路并避免基本的逻辑错误，同时还需要对现实情况有通透的理解以及综合统筹的能力。次贷危机、欧债危机等一系列前所未有的重大事件对所有政策制定者来讲都是一个巨大的挑战，而本·伯南克毫无疑问为我们充分地展示了学术研究和政策制定之间的完美结合。我不能完全苟同作者对于次贷危机成因的分析，但我却百分之百赞成他对伯南克在危机后推出的一系列极具创新、高度灵活、教科书级别的货币政策的溢美之词。从长端利率调整，到资产置换，再到扭曲操作等一系列货币政策创新无一不是基于对金融市场的深刻理解，又无一不符合经济学的基本原理。伯南克对 20 世纪"大萧条"的跟踪调研以及在金融危机领域的学术研究最终获得了最好的回报。

作为一个经济结构不断调整、市场环境不断发展的国家，中国的货币政策实践远比发达国家更为复杂，而且是任何人都没有经历过的。这种复杂性超出了我们的认知范围，使得许多人产生了对于学术研究和国外实践的盲目信仰。我曾不止一次地听到过部分学者乃至政策制定者试图用一个大而全的模型精准描述中国经济运行状况，用于预测经济未来的走势并进行政策校准，然而，这样做可能是徒劳的。经济学和物理学研究的一个重要区别在于，宏观经济模型的主要用途在于定性分析；由于无法控制实验环境，定量分析只能作为参考，而无法作为决策依据，更何况现代社会经济的复杂性使得所有的宏观经济模型的拟合度都很低。简单复制国外实践也只是权宜之计，不管是泰勒法则还是货币政策的独立性，在中国都缺乏必要的经济环境和制度基础。以坚实的理论为指引的政策制定是如此重要，但又如此遥不可及，我们亟待建立健全中国特色货币政策框架体系，而这需要我们的学者和政策制定者相向而行、久久为功。

尽管备受争议，央行还是占据了现代社会的中心位置，从普通百姓到达官贵人，几乎吸引了所有人的目光。近百年来，尽管央行的不当政策被认为是许多金融危机的导火索，但这并没有削弱央行的重要性，反而使其获得了监管与督导的职责。关于货币，许多知名人士都会引用一句话，即"谁控制了货币发行谁就拥有了世界"。尽管这句话的源头已经不得而知，但显然，货币发行控制权的重要性是得到了全球几乎所有学者、金融从业人士和政府官员的一致认可的。央行闪耀的光环背后，最重要的支撑就是任何货币发行都会带来社会财富的再次分配，货币发行往往被人们定义为征收"铸币税"，但很少有人去探究这些税收的真正去向。

警惕现代货币理论及政策道德风险

本书对于表面光明正大、造福百姓的货币政策所带来的利益分配格局的改变以及其他负外部性进行了大胆揭露，并定义为各种"综合征"。对于一个具有国际影响力的央行而言，其货币政策有溢出效应，从窃取邻国财富，到惩罚储蓄者，再到加剧财富不平等，这些无一不是大国央行行长华丽辞藻背后竭力回避的真相；不负责任的短期货币刺激还可能以伤害本国未来的经济为代价，透支未来、过度杠杆、加剧泡沫、削弱实体经济、忽视经济结构改革，这些问题均集中体现了不为世人所知的货币政策制定者的道德风险。

我们很容易被一些国际"货币流氓"的包装所迷惑。近年来，现代货币理论（Modern Monetary Theory）很流行，它被很多人所追捧，有些人甚至到了痴迷的程度。现代货币理论的支持者主张"功能财政"，即政府用创造货币的方式进行支出，财政政策的目标不是平衡，而是实现充分就业。现代货币理论将"财政赤字货币化"做了最大限度的拓展，成为赞成政府债务进一步增加的理由，很好地支持了一些国家增加政府支出的主张，解决了公共政策资金约束的顾虑。然而，如果一国的货币是主要的国际支付手段和储备货币，其货币发行产生的债务将由全球各国共同承担，其外部性以及财富转移效应是显而易见的，任何其他国家都不应容忍这种只顾本国充分就业而不负国际责任的货币财政政策。当然，我们同样也要警惕本国货币政策制定者的道德风险，杜绝推出短视的货币政策，这一点在当前经济高质量发展的大环境下显得尤为重要。

本书的翻译由我主持和组织，并进行了最终的统稿校订，曹佳莹女士协助我进行了相关协调工作，我和程熙然、黎伟鹏、李雯菁、林凌杰、王馨裕、王胤博、杨宇浩等参与了初译。湛庐文化的编辑也做了大量工作，在此表示诚挚的感谢。

2025 年 1 月于北京清华园

推荐序一　当"看不见的手"遇上"魔法师"

张晓晶

中国社会科学院金融研究所所长、国家金融与发展实验室主任

推荐序二　手握的超级权力，有时也会成为一种桎梏

吴卫星

首都经济贸易大学校长

推荐序三　"神秘之手"的救赎与陷阱

鲁政委

兴业银行首席经济学家

译 者 序　揭开政策迷雾与全球治理的双重面纱

何平

清华大学经济管理学院副院长

引　言　无处不在的神秘之手　　　　　　　　　　　　　001

A 面魔法师，B 面独裁者　　　　　　　　　　　007

经济世界里的各种"手"　　　　　　　　　　010

无法解释的神秘特质　　　　　　　　　　　014

权力的往复　　　　　　　　　　　　　　　018

最后贷款人　　　　　　　　　　　　　　　020

第 1 章　　**大萧条的遗赠**　　　　　　　　　**023**

弗里德曼革命　　　　　　　　　　　　　　026

货币的祸害　　　　　　　　　　　　　　　027

"野蛮的残迹"　　　　　　　　　　　　　　031

银行如秋叶般凋零　　　　　　　　　　　　035

威尼斯的教训与经验　　　　　　　　　　　039

一位传教士银行家　　　　　　　　　　　　043

"永久的财政大臣"　　　　　　　　　　　　051

孔子的教诲　　　　　　　　　　　　　　　055

央行危机管理的蓝图　　　　　　　　　　　057

后危机时代的金融世界　　　　　　　　　　060

第 2 章　　**杠杆是毒药**　　　　　　　　　　**065**

史上最大金融危机的 5 个驱动因素　　　　　069

美国房地产泡沫背后的 3 大推手　　　　　　071

证券化：风险传染的载体　　　　　　　　　075

令投资者"在海里裸泳"的超常杠杆　　　　079

危机中的流动性枯竭　　　　　　　　　　　083

泰勒规则　　　　　　　　　　　　　　　　086

激发疯狂的宽松货币政策 090

罗素的"火鸡幻觉" 094

第 3 章　通往地狱之路 097

第一张"多米诺骨牌"倒下 100

地狱烈火蔓延全球 103

货币市场与华尔街巨头的生死博弈 106

步步瓦解的欧洲金融系统 109

重振美国经济的 TARP 计划与压力测试 113

欧洲央行的拯救之战 115

第 4 章　打破常规 119

金融危机中没有空想家 122

唯有零利率 125

监管视野外的影子银行 130

特殊时期的特殊手段 132

押注量化宽松 136

居高不下的资产负债 142

欧洲央行的困境 145

欧洲：踏上量化宽松之路 148

日本：把货币刺激用到极致 150

前瞻性指引能否改变预期 152

第 5 章　高昂的代价　157

布奇·卡西迪综合征　163

迈克尔·杰克逊综合征　168

大卫·科波菲尔综合征　173

圣·奥古都斯综合征　177

影子银行：帝国崛起　182

"救世主变恶霸"综合征　185

"26=38 亿"综合征　189

僵尸综合征　192

树懒综合征　196

第 6 章　变革前夜　201

条件反射式的救市　204

进退两难的货币政策　207

权力的失衡　208

痴迷于 2%　213

通胀的新常态　216

重新审视通胀目标　219

监管目标"连体婴"　222

必须转变的思维范式　224

这是一项复杂的技艺　227

结　语　走出非常规，构建稳定增长的金融新路径　231

注　释　241

参考文献　263

THE MYSTIC HAND

引　言

无处不在的神秘之手

THE MYSTIC
HAND

当央行行长的"手"无处不在、无人不知时，
魔法就产生了。

　　各国中央银行（以下简称"央行"）的政策一直对私营部门的发展、公共财政和政府政策有着巨大的影响，不过未必都是正面影响。拉格拉姆·拉詹（Raghuram Rajan）等经济学家一直以来的观点是：当央行行长说他们会"不惜一切代价"，或者说他们可以"做得更多"时，政治家们通常不会有动力去真正实施结构性改革，减少支出，改善收入。我在政府部门工作多年，对拉詹的观点感同身受。此外，如果央行购入风险资产，很有可能会承受损失，导致资本缩水并降低了自身支付红利的能力，直接影响其所属国家/地区的财政预算。央行的汇率政策也可能会加剧贸易紧张局势。

　　简而言之，2007—2009 年全球金融危机以来，央行行长已成为经济和金融事务中出类拔萃的关键角色。为应对新冠疫情，他们采取了快速果敢的行动，这进一步扩大了他们对经济事务的话语权。可以说，这只"手"的影响力无处不在，超过人类历史上的任何一个时期。而且，这只"手"充满了神秘感。

　　2017 年 4 月，国际货币基金组织春季会议在华盛顿特区举行。其间，时任国际货币基金组织总裁克里斯蒂娜·拉加德（Christine Lagarde）主持了一场关于"欧元区现状"的非正式晚宴。金融危机曾使欧洲货币联盟濒临崩溃，欧洲货币联盟仍处在从危机中逐渐复苏的过程中。在金融危机期间，国际货币基金组织越来越担心，亟须完成的欧洲货币联盟基础设施建设没有按照预期或必要的方式进行。当时，作为比利时财政部部长，我是拉加德宴请的客人之一。国际货币基金组织的主楼位于华盛顿特区第十九街和宾夕法尼亚大道的交界处，在去往主楼电梯的路上，我遇到了另一位客人马里奥·德拉吉（Mario Draghi）。德拉吉在处理货币事务方面经验丰富，他于 2011 年接替让－克罗德·特里谢（Jean-Claude Trichet），成为欧洲央行的第三任行长（2019 年底，拉加德接替德拉吉，成为第四任行长）。

我在 2014—2018 年以比利时财政部部长的身份参加过欧元区财长会议。尽管德拉吉很少缺席，但这是我第一次真正有机会与他进行私下交流。德拉吉是一位才华横溢的经济学家、银行家、政治家，同时也是一名老到的马基雅维利主义①者。德拉吉资历深厚，拥有麻省理工学院经济学博士学位；在佛罗伦萨大学教授经济学；曾担任高盛（国际）投资银行副董事长；也曾在公共部门担任过一些职务，包括意大利央行行长、欧洲央行行长和金融稳定委员会主席。2021 年 2 月，意大利陷入全面危机时，他被任命为总理。2012 年 7 月，德拉吉在伦敦的一场演讲中承诺将"不惜一切代价"拯救欧元，最终，他也不负众望，戏剧性地解决了欧洲债务危机。在我看来，德拉吉几乎以一己之力将欧洲货币联盟从一片混乱中解救了出来。

---

① 马基雅维利（Machiavelli）是意大利政治家和历史学家，以主张为达目的可以不择手段而著称于世。马基雅维利主义后来成为权术和谋略的代名词。——译者注

在拉加德主持的晚宴进行之际，德拉吉领导的欧洲央行仍在实施其第一个资产购买计划，也就是大家常说的量化宽松，旨在安抚经历了2007—2009年全球金融危机的金融市场，提振欧盟经济，并将其通货膨胀（以下简称"通胀"）率提升至2%附近。出于同样的目的，欧洲央行于2014年6月降息至负利率区间，这一大胆举措引发了争议。

我和德拉吉从电梯间一路聊到餐桌上，直到开始上开胃酒时才停下来。我解释说，我理解并非常赞赏欧洲央行先后为应对金融危机、拯救欧元区而采取的行动。[①]但我也向他提议，现在是不是到了调整政策的时候？2%的通胀目标还有意义吗？欧洲央行政策对宏观经济的积极影响是不是正在消失？欧洲央行的政策是否会有永久泡沫的风险？虽然不易察觉，但这些政策难道没有实实在在地冲击了普通公民的储蓄吗？欧洲央行设定的极低利率甚至负利率的政策难道不会给银行和其他金融机构，特别是保险公司和养老金带来沉重的负担吗？简而言之，欧洲央行超宽松货币政策的"非预期后果"是否超过了这些政策的积极影响？

德拉吉冷静而坚定地驳回了我的提议。他说："我的责任是确保欧元

---

① 虽然我在2011年出版了一本名为《欧元的终结》（*The End of The Euro*）的书，但我始终坚信，如果组织得当，欧盟统一货币这件事利大于弊。2011年的情况当然不是这样。在欧元危机之后，欧盟采取了重要步骤来改善机构设置，如创建尚未完全确定的银行联盟，但显然，如果没有真正的政治联盟，货币联盟将永远处于脆弱的状态，随时面临内部崩塌的风险。如果目标并非建立一个真正的政治联盟，或者建立一个政治联盟的可能性接近于零，那么建立货币联盟就不是一个好主意。开始时，在欧洲建立真正的政治联盟机会很小，而现在，在21世纪的第三个10年，建立政治联盟的机会更加渺茫。因此，没有令人信服的理由让我重新审视我在2011年出版的那本书是否过时，我认为，那本书的基本论点仍是站得住脚的。

区内的价格稳定，这意味着需要将通胀率控制在接近但低于 2% 的水平，并保持通胀预期稳定。从目前来看，我们还远远没有实现这一目标。如果我们为了履行欧洲央行的这一法定义务而需要银行和金融机构调整其业务模式，那就让它们去调整吧。我并不负责银行的盈亏。"

德拉吉停顿了几秒钟，冷峻地盯着我的眼睛，然后缓慢而有力地警告我："每个人，当然还有你们这些政治家，都必须明白，央行行长并非无所不能。我们为你们采取行动争取了喘息之机，现在，到了你们发挥作用的时候了。加快结构性改革，你们最好尽快搞定，我们可不是魔法师。"

德拉吉的严厉反驳让我想起了我与本诺·科瑞（Benoît Cœuré）在会议间隙的一次谈话。科瑞是一位杰出的法国参议院议员，毕业于顶级名校，2012—2019 年担任欧洲央行执行委员会委员。2016 年初，我在召开于布鲁塞尔的欧元集团会议上遇到了科瑞。那时，欧洲央行开启第一轮量化宽松已经有一年半了。我向科瑞请教，量化宽松的上限在哪里。

科瑞是个彬彬有礼又有点害羞的法国人。他沉默了几秒钟，轻笑了一下，回答说："当欧洲央行买下整个欧元区经济的时候，这项资产购买计划（即量化宽松）自然就到头了。"

对于他的奇谈怪论，我无言以对，只好做了个"你是在开玩笑吧"的表情。科瑞的回应同样是沉默的，但他的表情告诉我："我确实是在开玩笑，但也不完全是。"

这些与德拉吉和科瑞的交流让我印象深刻，特别是德拉吉强调说他不是个魔法师。在我看来，这些对话充分地反映了 2007—2009 年全球金融危机及其后果所塑造的政策和认知环境。在西方，货币政策成为应对金融危机和随之而来的经济不稳定的唯一手段。毫无疑问，央行行长勇于创新，采用的非常规货币政策工具等手段阻止了那次金融危机演变成 21 世纪大萧条的局面。

然而，随着时间的推移，虽然金融危机最严重的阶段已经过去，但世界主要经济体的央行仍然延续了扩张性的货币政策。新冠疫情暴发后，各国的经济遭到了比金融危机时期更大的冲击，央行立即加码非常规货币政策以进行应对。

A 面魔法师，B 面独裁者

拉格拉姆·拉詹是最早将货币政策称为央行应对金融危机"唯一的手段"（the only game in town）的人之一，并补充说，这给央行带来了沉重的负担。拉詹于 2003—2006 年担任国际货币基金组织的首席经济学家，于 2013 年 9 月—2016 年 9 月担任印度央行行长。像他这样既有出色的学术背景又有坚实且来之不易的政策实战经验的人十分罕见。2013 年 6 月，在位于瑞士巴塞尔的国际清算银行（BIS，被誉为"央行的央行"）的一次演讲中，他指出：

> 当被质疑为何创新推出非常规货币政策时，央行行长难免愤愤不平："当货币政策是唯一手段时，你们还能指望我们做些什么呢？"这可能正是问题所在。当政治家们做得只有差与更差时，央行行长只得争取唯一的手段。所有人都把舞台让给了央行行长，而他们又不能说这些政策未经验证，不知效果如何。

央行行长必须表现得信心满满，不断强调他们仍有许多"弹药"，即使实际上已所剩无几。[1]

2019 年 9 月，我去芝加哥大学商学院的办公室拜访拉詹，当时距他提出上述观点已经过去 6 年了。他说："我认为没必要改变我的观点。情况恰恰相反，不断有证据显示，必要时，央行行长甚至可以比现在做得更多，他们有意或无意地为自己营造了一种超凡脱俗的光环。不出所料，我的这些言论让其他决策者，尤其是政治家放松了下来，并采取了懒散的态度。"

我曾在比利时政府任职 4 年多，不得不承认，我同意拉詹的说法。从竞选的角度考虑，如果央行行长自信满满地宣称他们"弹药"充足，可以保证经济机器正常运行，政府何必还要做推动结构性改革、调整预算这种吃力不讨好的事呢？政界和公众也都相信央行行长具有超常能力。他们或许不是魔法师，但无疑比普通人更接近超自然生物的神秘光环。

但魔法师的另一面，就是独裁者。在政治圈尤其是极左或极右的党派中，央行行长被看作神秘的货币独裁者，他们把自己占主导地位的金融观点强加给社会。[2] 神秘的人物按照为富人权贵设计的地图，走在迷雾重重的小道上，从不考虑贫苦百姓的需求。根据这个逻辑，他们是王国内一块不可触碰的飞地的主人，仅对自己负责。与此同时，人们最担心的是，央行行长有权操纵神秘的货币武器，无论是公开还是暗中。

在 2007—2009 年全球金融危机之后，央行行长已是进退维谷，新冠疫情更是恶化了这一处境。要想使货币政策发挥最大效力，即使在飘摇不定之时，央行行长也必须显得信心满满。世界银行前首席经济学家考希克·巴苏（Kaushik Basu）曾写道："有件事，专家知道，但外行不知道，那就是专家实际知道的比外行以为他们知道的要少。"³巴苏的这一名言显然也适用于此。

始终表现得一切尽在掌握，是央行行长的职责所在，因此他们不得不做出很多承诺，以至于只能采取"唯一的手段"。2020年1月4日，本·伯南克在美国经济协会年会上进行主席演讲时表现出极大的信心。他宣布，美国联邦储备委员会（以下简称"美联储"）仍然有着充裕的政策空间来应对经济增速下行。①央行行长，即使是像伯南克这样的美联储前主席，也能如此云淡风轻，自信十足，这为他们带来了地位与名望的提升。在普罗大众心中，他们是天赋异禀的神秘人物。

在2007—2009年全球金融危机和新冠疫情期间，通过采取极低利率甚至负利率政策、新的再融资机制以及大规模资产购买计划，央行为金融创造了全新的环境。由此，央行在投资、消费、储蓄、就业等实体经济领域发挥着愈发举足轻重的作用。一直以来，央行的货币政策对经济社会的运行有着不可忽视的影响，在金融危机和新冠疫情发生后，央行加大干预力度，其影响力得到了进一步提升。央行的货币政策不仅会影响信贷的总体成本和规模，还引导其流向特定行业、借款人甚至地区。⁴美联储购买抵押贷款支持证券，日本央行购买企业债券甚至股票，欧洲央行购买特定成员国的国债，情况都是如此。将利率降到负值，央行行长实际上在扮演一种征税机构的角色（顺便说一句，如果他们放任通胀上升，情况同样如此）。

---

① 有关这一问题，可参见2014年美联储前官员查尔斯·普罗索等人的评论。

在过去的 10 年中，投资者逐渐意识到，要想从风险投资中获得高回报，必须密切关注美联储或欧洲央行的一举一动，更甚于对经济基本面和更广泛的社会变革的关注。一位评论员在 2013 年指出："投资者对央行的想法和行动的依赖并不是什么新鲜事，但这种依赖似乎已达到史无前例的荒谬地步。常规市场操作已经不再是常态，投资者不得不身兼政治学家，以便预测市场走势。"[5] 不幸的是，如今这种状况比 2013 年更为普遍了。投资者公开表示，有央行"给他们撑腰"，他们对自己所承担的风险"感到安心"。

经济世界里的各种"手"

16 世纪，英国哲学家、经济学之父亚当·斯密提出了一个著名的论点，即在一个组织良好的自由市场经济中，自利动机与竞争共同驱动一只"看不见的手"，将个人和组织引向有利于公共利益的决策和行动。[①] 在他的杰作《国富论》中，亚当·斯密认为，每个人"只为自己的利益着想，和做许多其他事情一样，都被一只'看不见的手'牵着去实现一个他无意为之的目标……通过自利，他常常也同时为社会做贡献，并且可能比他想要做公益时贡献更大。我也从未听说那些一心为公的人真正做了多少好事"。[6]

[①] 亚当·斯密并不是第一个提出这一论点的人，与之类似的概念曾出现在古希腊人的著作中。法国经济学家皮埃尔·德博伊斯吉尔伯特（Pierre de Boisguilbert）、文森特·德古尔内（Vincent de Gournay）以及英荷哲学家伯纳德·德曼德维尔（Bernard de Mandeville）也在亚当·斯密之前写下了这个想法。第一篇详细讨论自利、竞争和社会福利概念的论文是理查德·坎蒂隆（Richard Cantillon）的《试论一般贸易的性质》（*Essai sur la Nature du Commerce en General*），但没有提及"看不见的手"。法国经济学家坎蒂隆的生平鲜为人知，他于 1734 年去世，但他的出生年份以及著作出版年份均不详。

亚当·斯密认为，"看不见的手"把个人利益和社会利益统一起来，使市场成为一种不断地"通过竞争将个人的贪婪转化为社会一般福利的均衡机制"。⁷亚当·斯密对市场作用的洞察所形成的正式阐述是经济学作为一门独立人文学科存在的起点。

基于亚当·斯密理念的政策显著提高了世界各地人民的福祉，这些变化或多或少与《国富论》的出版同时发生。经济历史学家迪尔德丽·麦克洛斯基（Deirdre N. McCloskey）将这一转变称为"（福利）激增"①。

诺贝尔经济学奖获得者肯尼斯·阿罗（Kenneth Arrow）与其合著者弗兰克·哈恩（Frank Hahn）在关于一般均衡理论的开创性教科书中写道："亚当·斯密的'看不见的手'是对经济平衡关系最基本的诗意表述。"⁸然而，在极左派看来，"看不见的手"所描述的经济制度慷慨地奖励了自私无情的强者，却牺牲了穷人与弱者。这种观点对亚当·斯密来说很不公正，作为苏格兰启蒙运动的主要代表，他也承认，人的行为与动机远远不限于简单的自利。②

亚当·斯密"看不见的手"的理论在几个世纪以来获得了无数共鸣，但令人惊讶的是，在他的整部著作中，"看不见的手"仅提到四次，⁹而且每次都涉及个人行为无意中导致的有益后果。其中一次，亚当·斯密描述了一个酷爱奢侈品的富裕地主，他没有意识到，自己对奢侈品的追求为成千上万的穷人提供了工作和收入。另一次，亚当·斯密讲到一个资本所有

---

① "（福利）激增"是麦克洛斯基的"资产阶级三部曲"的共同主题。

② 要想全面了解，须阅读《国富论》和亚当·斯密的另一本重要著作《道德情操论》（*The Theory of Moral Sentiments*）。亚当·斯密认为后者是他最重要的论文。

者以自己认为最能盈利的方式使用资本，从而为数百人提供了就业机会和收入。因此，只有像亚当·斯密这样的天才才能理解"看不见的手"产生作用的前因后果，但在经济学领域中，除了"看不见的手"之外，还有很多只"手"。

20世纪美国经济史学家和企业经济学家小艾尔弗雷德·钱德勒（Alfred D. Chandler Jr.）写道，到20世纪70年代中期，亚当·斯密的"看不见的手"在很大程度上已经被企业管理这只"看得见的手"所取代，成为现代经济中最强大的制度。钱德勒在其代表作《看得见的手》（*The Visible Hand*）的序言中宣称："本书提出的主题是，现代企业在协调经济活动和配置资源方面取代了市场机制。在许多经济部门，管理成为'看得见的手'，并取代了亚当·斯密所说的市场力量那只'看不见的手'。"[10]

钱德勒把美国商业分为两个阶段：1850年前和1850年后。两个阶段之间的标志性事件是1850年前后大型铁路的兴起。1850年前，为有限区域内的消费者生产单一产品的小型单品类企业占据主导地位，这类企业的经营活动"由市场和价格机制调节"。[11] 1850年后，为广阔区域的消费者生产不同产品的大型多品类企业开始占据主导地位，但它们的经营活动"由企业员工而非市场机制调节"，[12] 这一协调机制"产生了比市场机制调节下更高的生产力、更低的成本和更高的利润"。[13]

今天，距亚当·斯密的理论已过去了两个半世纪，距钱德勒的理论也已过去了半个世纪，反思"看不见的手"和"看得见的手"之间关系的本质仍然会带给我们诸多启发。例如，管理资本的"看得见的手"在多大程度上、在什么情况下可以忽视市场力量这一"看不见的手"？管理协调的"看得见的手"难道不也必然受制于由消费者自主权、投入和资本市场所共同决定的产品市场行为的约束吗？也许更合适的说法是，"看得见的手"是"看不见的手"驱动下的反应。翻翻企业史也能很快发现，市场这一"看不见的手"最终决定了什么样的组织能够生存下来。如果忽视竞争性市场这只"看不见的手"，管理协调这只"看得见的手"绝不会成功，甚至无法生存。

抛开钱德勒"看得见的手"这一概念的优点不论，时至今日，在政治家、官员和监管机构的种种行为背景下，这一词语已经牢牢地融入了经济词汇中。"看得见的手"对经济、社会和政治进程的影响比亚当·斯密的"看不见的手"的影响更加明显，但这并不意味着政府"看得见的手"不会以隐蔽而微妙的方式产生影响。

政府"看得见的手"专注的工作是纠正市场失灵，以及提供私有市场不生产或生产不足的公共产品。然而，在采取国家资本主义模式的国家中，"看得见的手"也能够取代市场机制。[14] 国家资本主义将传统的计划经济体制与自由市场的竞争要素，以及一定程度的自由贸易和国际投资相结合。

研究政府和监管这只"看得见的手"的另一种方式，是将其分为"帮助之手"和"掠夺之手"。[15] 当政治家和官员密切地参与到经济和工业领域时，这显然是"帮助之手"。政府指导经济进程，既符合国家利益，也符合官员的身份和职业诉求。当然，"帮助之手"模式也会存在腐败空间，但常常十分有限且在可控范围内。因此，当"帮助之手"占据主导地位时，政府虽然有时会失灵，但相对有限。

然而，如果"掠夺之手"成为常态，政府就会成为经济的掠夺者和破坏者，腐败现象滋生，任意征税与监管随之而来。优秀人才不再从事生产，而是投身寻租行为。当"掠夺之手"占据主导地位时，"看得见的手"就无法提升公共福祉。历史经验告诉我们，"帮助之手"常常会转变为"掠夺之手"。

无法解释的神秘特质

如今已是进入 21 世纪的第三个 10 年，操控经济的"手"变得比 2007—2009 年全球金融危机前更加复杂。央行行长强有力的"手"已与斯密的"看不见的手"及钱德勒所定义（或者说与今天常见的政府和监管）的"看得见的手"并存。不论央行行长的"手"是有形的还是无形的（两者均有其说法），如今它都在社会的众多金融和经济决策中扮演着比以往更直接、更具干预性的角色。尽管市场力量、管理决策以及政治家和官员的行为仍然发挥着重要作用，但在过去 10 年中，它们都受到央行政策的直接影响。央行行长的手不只是简单的可见或不可见。

除了战争时期以外，央行政策对经济和社会的影响从未像 2007—2009 年全球金融危机爆发以来那样巨大。之后，新冠疫情的暴发进一步强化了已经成为主流的非常规货币政策，并加剧了这些政策对整个社会的影响。早在 2013 年，《纽约时报》记者尼尔·欧文（Neil Irwin）[1] 就认为："央行行长决定着人们能否找到工作、他们的储蓄是否安全，以及他们的国家

---

① 尼尔·欧文是《纽约时报》高级经济通信记者，拥有哥伦比亚大学 MBA 学位，是经济和财经新闻专业奈特－白芝浩奖学金项目（Knight-Bagehot Fellow）获得者。其代表作《炼金术士》中文简体字版已由湛庐引进、四川人民出版社于 2021 年出版。——编者注

最终是繁荣还是失败。"[16]欧文的说法虽然有些夸张，但从未像今天这样接近现实。虽然德拉吉说过央行行长"不是魔法师"，但现在他们已经接近人力所能及的极限了。**当央行行长的"手"无处不在、无人不知时，魔法就产生了。**

"看得见的手""看不见的手""帮助之手""掠夺之手"，这些描述都在一定程度上适用于央行行长，却都未能抓住 21 世纪央行作用的本质。英国经济学家、英格兰银行前副行长、系统性风险委员会主席保罗·塔克（Paul Tucker）将央行行长形容为"技术官僚精英的典型代表……是未经选举而产生的权力中除司法与军队外的第三支柱"。[17]

已故的保罗·沃尔克可以说是现代历史上最令人印象深刻的央行行长，他曾将央行业务的全部内容归结为一个词。英国经济学家默文·金（Mervyn King）在 1991 年加入英格兰银行之前曾请教过沃尔克，后者的回复只有一个词："神秘。"[18]伦敦大学政治经济学研究中心联合主任威廉·戴维斯（William Davies）将他对伯南克和默文·金的回忆录的书评命名为"大而神秘"。[19]事实上，央行行长，尤其是主要央行的行长的神秘之手几乎影响着世界的方方面面。

根据权威网站的说法，"神秘"一词指的是"围绕某人或某物构建的教义、思想、信仰等框架，赋予该人或物体以更高的价值或深刻的意义"。[20]在我看来，用这个词来形容央行恰如其分。此外，"神秘"的近义词包括"晦涩难懂的、深奥的、隐藏的、难以看透的、秘密的、玄妙的、超凡脱俗的、超自然的、不可解释的、不可知的、巫术的"[21]，这些词都很好地描述了央行行长的行为。

央行的另一个超自然特点来自其核心功能：点石成金。炼金术士是现代化学的先驱，他们能将普通金属变成黄金。同样地，现代央行也可以"无中生有"地创造货币。2003—2013 年担任英格兰银行行长的默文·金将央行行长定义为"现代金融炼金术"[22] 的关键人物。欧文更是将自己的一本从中央银行视角解读 2007—2009 年全球金融危机的书命名为《炼金术士》（*The Alchemists*）。[23]

已故的美国经济学家卡尔·布朗讷（Karl Brunner）对央行业务有着敏锐的观察，他在 1981 年总结道："（央行的）神秘感源于一种普遍的印象，即央行业务是一门深奥的艺术，只有精英才能接触并玩转这门艺术，对其业务进行适当操作。"此外，这门艺术的深奥性还在于无法用明确且易懂的语言描述其内涵。因此，让央行行长与没有经验的外行沟通是不可能的，后者应培养的正确态度是对这一精英团体掌握的深奥艺术保持信任和信心。[24]

在布朗讷提出这些精辟见解的 30 多年后，彼得森国际经济研究所所长亚当·波森（Adam Posen）总结道："央行行长总是带着一种无法解释的神秘感。即使他们的政策和程序明显变得更加透明，他们身上神秘和权力的气场仍然存在。"[25] 加拿大经济学家威廉·怀特（William White）曾在经济合作组织和国际清算银行担任高级职务，他认为："在战后的大部分时间里，央行刻意采取了'永不道歉，永不解释'的原则，这增加了其神秘感。"[26]

对于普罗大众来说，央行动辄处理数十亿甚至数万亿美元、日元或欧元的行为超出了他们的理解范围，这使得央行笼罩在一种神秘的气氛中，甚至有人干脆认为这就是"黑魔法"。央行控制的货币创造和销毁过程也是如此。沿用默文·金和欧文的比喻，央行行长看起来更像是炼金术士，他们调配出特有的配方，有时让社会充满欢乐和希望，有时则让社会充满沮丧和混乱。对于大多数人来说，金钱、信贷和债务创造的世界仍然是一个谜，只有那些具有神秘天分的人才能掌控和驾驭它。

布朗讷和波森所描绘的神秘非常贴合现代央行行长的形象。首先，在充满恐惧和不确定性的重大危机期间，央行行长通常看起来头脑冷静。在这种情况下，人们倾向于服从权威人物，在2007—2009年全球金融危机期间也是如此。其次，央行行长经常扮演"救火英雄"的角色。[27]他们通过一些非常规的政策干预来抵抗危机，例如，自金融危机爆发以来，利率长期处于极低甚至是负的状态，这样的"壮举"背后必然蕴含着神秘的感觉。在全球金融危机和新冠疫情之后，央行行长获得了更多的权力和声望，但这也可能会产生反噬效应。

大多数央行行长的语言技巧往往超出了知情的外行所能理解的范围，这进一步强化了他们被赋予神秘才能的凡人形象。他们倾向于以"除了专家之外任何人都无法理解"的方式来进行表述，这绝非偶然。[28]美联储前主席艾伦·格林斯潘（Alan Greenspan）被称为"最令人困惑的含糊其词者"，[29]他有一段极其严肃的表述："如果您自认为听懂了我说的话，那您肯定误解了我的意思。"央行行长和神秘的确相得益彰。

虽然格林斯潘刻意将话说得晦涩和含糊其词的能力无与伦比，但有这种能力的并非只有他一人。尽管央行经常强调透明度和前瞻性指引，但复杂而神秘的沟通依然是央行言辞的重要组成部分：关于现代美联储的第一本书名为《神庙的秘密》（*Secrets of the Temple*）。[30]遗憾的是，这种神秘含混的行事风格有时难免会演变为赤裸裸的傲慢。2019年12月，在欧洲议会确认德国经济学家伊莎贝尔·施纳贝尔（Isabelle Schnabel）成为欧洲央行执行委员会新成员的听证会上，施纳贝尔语出惊人，她表示，关于货币政策和经济运行，"几乎没有人清楚到底是怎么回事"。[31] 当时，作为欧洲议会预算委员会主席的我回应说，我尊重但完全不同意她关于众人无知的观点。后来，施纳贝尔收回了她的话，并说将来会表述得更清楚。其实，她本可以有力地辩称，很少有人能够理解央行行长在说什么，她并没有暗指就连见多识广的人也不清楚货币政策的本质。

权力的往复

央行行长并不总是在社会中扮演如此重要的角色，事实上远非如此。在 20 世纪前 25 年，他们曾占据舞台的中心，但 1929 年股市崩盘、金本位制的解体以及大萧条的严重冲击，导致中央银行的声望、地位和权力一落千丈。[32] 在第二次世界大战期间，央行的主要贡献是确保政府能够以尽可能低的成本借款以资助军费开支。战后，国际经济秩序的重建使央行行长被边缘化为旁观者，或者如保罗·塔克所描述的"西方重建以及冷战谈判时的幕后顾问和代理人"角色。[33]

布雷顿森林体系①是一个与金本位制相似但为国家决策留有更大空间的制度，它依赖于政府是否愿意将汇率置于经济增长和就业等国内经济事务之上。该体系建立在固定汇率和资本自由流动的基础上，国内货币政

---

① 布雷顿森林体系是第二次世界大战后以美元为中心的货币体系。1944 年 7 月，西方主要国家的代表在联合国国际货币金融会议上确立了该体系。基本内容包括美元与黄金挂钩、国际货币基金会员国的货币与美元保持固定汇率等。——编者注

策的自由度非常有限。^①由于其对政府与政策的限制太大，尼克松政府于
1971 年终结了美元与黄金的绑定。

　　随着布雷顿森林体系在 20 世纪 70 年代的解体，央行行长又回到了经
济控制的前线。但是居高不下的通胀使他们的声望和地位受到威胁，时任
美联储主席的沃尔克在 80 年代制服了这场通胀后，央行行长再次声名鹊
起。可以毫不夸张地说，当时央行行长"拯救"了政治精英，因为后者试
图通过控制工资和商品价格等方式来抑制通胀，而这只会雪上加霜。在这
之后，"大缓和"（Great Moderation）时期到来，这一时期的特点是低通胀
和增长波动性降低，央行行长由此名声大振。³⁴

　　然而，如我在书中所言，央行可能有负盛名，因为其政策为 2007—
2009 年的全球金融危机埋下了伏笔。值得注意的是，金融危机并没有削
弱央行的重要性，事实上情况正好相反。由于监管者与督导者在金融危机
前数年的糟糕表现，央行只能采取"唯一的手段"，并一举获得监管与督
导的职责。

　　央行行长权力和地位迅速提升的原因很简单：当全球金融危机爆发
时，他们能迅速而勇敢地应对，新冠疫情也进一步提高了他们的声望。央
行行长成为"当代柏拉图式的守护者……（甚至）……新的、不情愿的宇
宙主宰"。³⁵当然，正如我怀疑拉詹"唯一的手段"说法一样，我也觉得"不

_____

① 这个不可能三角是一个躲不开的事实：央行政策目标的三个理想效果，即资本流动性、
　固定汇率和独立的货币政策中，只有两个可能同时发生。如果选择资本流动性和固定汇
　率，就不可能有独立的货币政策；如果选择固定汇率和独立的货币政策，就不可能有资
　本流动性；选择资本流动性和独立的货币政策则意味着汇率必须自由浮动。

情愿"这个描述不太合理。难道"宇宙主宰"不是天生不受某种神秘之手的指引吗?

最后贷款人

本书主要聚焦于人们对于央行行长受神秘之手指引的印象，他们因此被崇拜、恐惧或厌恶。书中所讨论的内容在很大程度上仅限于央行在重大经济或金融危机期间所发挥的作用。[36] 我们得以详细了解央行"最后贷款人"的职能，[37] 当然，这并非央行的主要职能。央行的主要职能是稳定价格，因此需要持续关注金融稳定，这一点我将在第 5 章讲述。

一些金融机构即使具有偿付能力，但它们的流动性一旦受限，很有可能出现倒闭情况，这会危及整个经济的货币存量。此时，央行不得不扮演"最后贷款人"的角色，使面临流动性问题的健全的金融机构免于破产，防止出现金融恐慌和危机的情形。金融机构破产所引起的巨大连锁反应会不可避免地导致经济萧条、大规模失业以及重大的政治和社会动荡，并破坏整个经济和社会结构。伯南克在他的回忆录中提到了"自发式流动性动态变化"所带来的危险。[38] 鉴于现代金融体系的高速发展，流动性受限的机构可能很快就会破产，因此央行必须大胆而迅速地采取行动。

经济历史学家佩里·梅林（Perry Mehrling）说："'最后贷款人'意味着中央银行应在其他贷款人不愿（或者不能）借贷的时候伸出援手……适当的干预可以控制经济衰退的程度，防止其演变成经济崩溃；反之，如果干预不当，那么很有可能会进一步恶化本就不健康的泡沫经济。"[39] 芝加哥大学法律和经济学教授艾瑞克·波斯纳（Eric Posner）认为，"最后贷款人"应"向银行和其他金融机构提供贷款，直到市场恢复信心"。[40] 在关于 2007—2009 年全球金融危机的书中，伯南克写道，"面对市场恐慌，我们履行了央行作为'最后贷款人'的职责"。[41] 1933 年，英国财政部经济学家拉尔夫·霍特里（Ralph Hawtrey）明确表示，"央行是'最后贷款人'，这是其货币责任的真正来源"。[42]

当现代央行充当"最后贷款人"时，央行政策对公众非常透明，并对社会有着直接影响，这就是央行在 2007—2009 年全球金融危机及其之后获得全世界关注的原因。然而，央行"最后贷款人"的职能不是在真空中进行，因为货币政策经常会引发未来的特殊情境，迫使央行最终不得不充当"最后贷款人"的角色。简而言之，货币和金融稳定政策领域的动向与央行履行"最后贷款人"的职能直接相关。

THE
MYSTIC
HAND

第 1 章

大萧条的遗赠

THE MYSTIC
HAND

如果世界，特别是美国遵循桑顿和白芝浩
提出的"最后贷款人"原则，
那么可能会有一个完全不同的历史。

"我想对米尔顿和安娜说：在大萧条的问题上，你们的看法是正确的，我们做了错误的决策，并为此心怀愧疚。多亏有你们的指正，我们不会再次犯错了。"2002 年 11 月，在弗里德曼的母校芝加哥大学举行的纪念米尔顿·弗里德曼 90 周年诞辰的研讨会上，本·伯南克以这句话结束了自己的演讲。[1]当时，作为麻省理工学院、斯坦福大学和普林斯顿大学这些顶尖高校的经济学教授和研究员，伯南克已经建立了稳固的声誉，距他进入美联储委员会刚刚过去了 3 个月。

2006 年 2 月 1 日，伯南克接替格林斯潘成为美联储主席，任期至 2014 年 1 月 31 日。鉴于美国经济和美元在全球的主导地位，伯南克注定会在 2007—2009 年的全球金融危机中扮演重要角色。[2]投资管理公司黑岩副主席、曾在 2010—2012 年担任瑞士央行董事长的菲利普·希尔德布兰德（Philipp Hildebrand）曾表示："每当我谈到 2008—2009 年全球金融危机期间的央行行动时，我都会把伯南克视为当时的首席政策设计师。我们应当制订针对本国问题并适合本国法律、政治和经济情况的计划，但毫无疑问，总体计划来自伯南克，他影响了我们的想法和行动。"[3]

弗里德曼革命

在上面的演讲中，伯南克提到了大萧条以及由弗里德曼和安娜·施瓦茨共同完成的具有里程碑意义的著作《美国货币史》(*A Monetary History of the United States*)。[4]《美国货币史》是关于大萧条这场重大社会和经济灾难起源的权威著作，几乎没有人比伯南克更适合对这两位作者给予这样的赞扬，因为大萧条是伯南克学术研究的主要焦点。[5]具体来说，伯南克作为这个领域的专家，认为大萧条期间，金融加速器、银行倒闭的恶性循环和经济疲软相互作用，造成了金融、经济、社会甚至政治混乱。

用伯南克的话说，弗里德曼和施瓦茨的不朽之作《美国货币史》"绝对是……对美国历史上最严重的经济灾难，即大萧条的爆发最重要和最有说服力的解释"。[6]在大萧条时期，当时任职于英国财政部的拉尔夫·霍特里和哈佛大学的劳克林·柯里 (Lauchlin Currie)[①]提出了与弗里德曼和施瓦茨类似的观点。根据霍特里的说法，美联储在"1929年出现了灾难性的政策逆转"。[7]他补充道："美联储的错误是在（1929年）10月危机爆发后，他们对降低利率和放松信贷犹豫不决。当时，我们需要立即采取行动以防止悲观情绪的蔓延，以及通缩的恶性循环。"[8]柯里指责美联储是大萧条的始作俑者，应对其影响之深和持续时间之久负责。他写道："1930—1932年的事态发展清楚地证明了美联储犯下了严重错误。"[9]

弗里德曼和施瓦茨指责美联储在银行系统崩溃后没有进行干预，这导致了之后的货币供应和实体经济崩溃。他们不仅对大萧条的起源做出了最清晰的解释，还对宏观经济学进行了根本性的反思。当时，凯恩斯对大萧

---

①1928—1929年，柯里曾担任霍特里在哈佛大学的教学助理一职。

条的分析和政策处方 [10] 在宏观经济学研究中仍然占据主导地位：总体来说，货币在经济中处于被动的位置。简单来讲，就是货币并不重要。剑桥大学的阿瑟·庇古（Arthur Pigou）是与凯恩斯同时代的学者，同时也是其学术观点的反对者，他于 1949 年在《货币的面纱》（*The Veil of Money*）一书中提出，实体经济（增长、就业、投资等）在不考虑货币和金融领域的情况下也可以得到完美的分析和判断。[11] 一般均衡理论的经典公式产生于 20 世纪 50 年代，它大大激发了经济学领域的进一步研究，但其中并不涉及货币。[12]

弗里德曼和施瓦茨基于创新的实证和历史研究，有力地提出了相反的观点。他们令人信服地指出，货币与价格和产出之间存在因果关系。货币会对价格和产出产生影响，因此，货币确实很重要。长期来看，弗里德曼和施瓦茨认为，货币供应量的变化主要影响的是价格，但短期内它们也会影响产出和就业水平。尽管存在一些对他们方法论上的批评（比如计量方法缺乏理论支持），但他们对大萧条的分析已经成为主流宏观经济学的一部分。正如伯南克在本章开头的演讲中指出的那样，他们的分析仍是关于大萧条及其造成的破坏的主流观点。

货币的祸害

在美国和许多其他国家，大萧条是一个世界末日般的经济和社会事件。用银行家兼作家利亚夸特·阿哈迈德（Liaquat Ahamed）的话来说，大萧条"笼罩着世界，毒害着社会和物质生活的方方面面，严重伤害了整整一代人的未来"。[13] 这场灾难直接促成了希特勒所领导的纳粹党的兴起，以及法西斯主义和其他政治极端主义的抬头。显然，政治极端主义让世界走上了第二次世界大战的恐怖之路。大萧条是迄今为止最严重的金融危机，它的出现极其突然。① 在此之前，"咆哮的 20 年代"期间取得的令人印象深刻的经济和社会进步，蒙蔽了世人的双眼。1928 年 11 月，美国政治家赫伯特·胡佛（Herbert Hoover）在接受共和党总统候选人提名的演讲中大胆地宣称："今天的美国比任何国家历史上的任何时候都更接近于战胜贫困的最终胜利。救济院正在从我们生活中消失。"[14] 事实证明，人们很难找到一个像这样在这么短的时间内就被证明是完全错误的预言。

我们可以从数据中清楚地看到 1929—1933 年发生的事件的严重性和戏剧性。和大萧条前的经济扩张结束时的情况相比，大萧条最严重的时候，美国和波兰的工业生产下降了 47%，德国下降了 42%，意大利下降了 33%，法国下降了 31%，英国下降了 16%。[15] 鉴于工业在这一时期的经济格局中占据主导地位，因此工业数据的下降有力地表明了经济活力的减弱。同时，各国失业率飙升，德国失业人数占到劳动人口的 44%，美国的这一数值为 38%（可以说，这些国家是大萧条时期受影响最严重的）。在英国，失业率最高曾达到 27%。大萧条对北美和欧洲以外的地区也产生了深刻的影响。1929—1933 年，国际贸易额下降了 25%，国际贸易商品价格指数下降了 31%。[16]

总之，大萧条令全世界的生产、就业和国际贸易遭受了巨大的打击，

---

① 对此，也存在例外情况。瑞典经济学家古斯塔夫·卡塞尔（Gustav Cassel）曾对即将到来的经济风暴发出了罕见的警告，本章稍后将对此进行更详细的讨论。

随之而来的是严重的通货紧缩（以下简称"通缩"）。从 1929 年底到 1933 年底，美国的消费价格指数下降了 24%，德国下降了 23%，英国下降了 15%。[17] 当时在美国，一打鸡蛋的价格从 50 美分跌至 13 美分，汽油价格从每加仑 10 美分下降到不足 5 美分。正如经济学家欧文·费雪（Irving Fisher）在 1933 年详细描述的那样，通缩被证明在许多方面对经济具有破坏性。[18] 然而，当时的政策制定者对通缩的破坏力认识不足——大萧条"是毁灭性的事件……对于这一点，胡佛从未理解，罗斯福也没有完全理解"。[19] 毋庸置疑，**通缩是爆发大萧条的重要因素，但并不是首要原因。**[①]

尽管弗里德曼和施瓦茨的分析引发了共鸣，但关于大萧条起源的激烈辩论至今仍在继续。[20] 一些经济观察员将大萧条的起源指向了 1929 年 10 月 24 日的股市大崩盘，也就是所谓的"黑色星期四"。在此之前，在美国、英国和日本的巨大信贷繁荣的推动下，华尔街经历了一段壮观的牛市。[②] 股市大崩盘大规模地摧毁了财富，使生产者、投资者和消费者等各方对未来感到不确定。[21] "黑色星期四"无疑对大萧条起到了推动作用，但研究已经证明，它不是大萧条的起源。毕竟，在股票崩盘发生时，美国经济已然全面下滑。

另一些人则认为，20 世纪 30 年代席卷世界经济的保护主义抬头是罪魁祸首。保护主义抬头始于 20 世纪 20 年代后半段德国、法国和意大利等国采取的保护主义行动，于 1930 年 6 月在美国国会通过《斯穆特－霍利关税法》（Smoot-Hawley Tariff Act）时达到顶峰。全面贸易战随之爆发，

---

① 通缩的"好"与"坏"有一个重要的区别。良好的通缩是指生产力增长、创新和技术进步而导致的价格下降；糟糕的通缩是总需求持续下降而导致总体价格水平下降。

② 从 1926 年初到 1929 年 9 月，道琼斯指数上涨了 145%。

波及 60 多个国家。[22] 根据历史学家哈罗德·詹姆斯（Harold James）的说法，这场全球范围内的保护主义抬头是"自 19 世纪 60 年代以来，对全球化的普遍抵制逐渐升温"的结果之一。[23] 但同样，虽然保护主义可能加剧了大萧条，但它不是根源。

政治极左人士提出了另一种对大萧条的错误解释。他们认为，这是经济由垄断资本支配的必然结果，是资本主义在历史上注定会失败的终极证据。在过去的两个世纪里，每当发生严重的经济衰退，这个"咒语"就会被人提及。

对大萧条最站得住脚的解释是从货币视角出发的。它由两部分组成：（1）第一次世界大战后，许多国家匆忙回归金本位制，正如瑞典经济学家古斯塔夫·卡塞尔预测的那样①，匆忙回归金本位制为之后严重的经济衰退埋下了种子。经济衰退一旦到来，就会迅速从普通的经济衰退演变为大萧条；（2）美联储和欧洲货币当局未能阻止由于银行大规模倒闭带来的货币供应量急剧下降。

随着经济流通可用的货币存量急剧下降，商品和服务的消费也急剧下降。这迫使企业降低产品售价、减少投资和裁员。贷款人的收入减少或完全丧失收入来源，使他们无法偿还贷款，这导致了大规模的违约和银行破产。这些毁灭性的通缩力量加剧了银行倒闭的恶性循环，货币存量进一步下降，产出、就业率和价格加速下降。接下来，我们将首先深入讨论金本

---

① 在 20 世纪 20 年代中期，卡塞尔曾多次警告可能会发生"一场旷日持久的全球性萧条"。

位制问题，然后再更深入地探讨各国央行在面对经济衰退时种种应对不足的状况。

"野蛮的残迹"

金本位制曾统治了国际货币体系。在该体系中，每个参与国的货币都用一定数量的黄金来表示，以使每种货币都可以自由兑换黄金。[24] 在1880—1914 年第一次世界大战爆发期间，这一以黄金为本位币的货币制度运行得非常好。金本位制带来的货币稳定无疑促进了那个时期的社会和经济进步，而这又极大地提高了监管货币体系的央行行长们的地位和威望。

随后，第一次世界大战的爆发导致了金本位制的中止。金本位制之所以会中止，是因为，一方面，各国政府可以依靠印钞机来为战争提供资金了；另一方面，没有哪个国家的央行或政府愿意看到本国的黄金储备离开国土，落入敌国之手。当时大多数人认为，这场战争会很快结束，而此前曾坚持金本位制的国家也会在战争结束后不久重新回归金本位制。

然而，这场战争持续的时间远远超过大多数人的预期，并最终导致欧洲政治版图发生重大变化。曾经在欧洲政治舞台上长期扮演关键角色的三大王室离开了权力中心，它们是统治奥匈帝国的哈布斯堡家族，掌握普鲁士王国权力的霍亨索伦家族，以及从 1613 年开始统治俄国的罗曼诺夫沙皇家族。在这些翻天覆地的政治变化发生之际，1918 年的大流感再次重创了欧洲。这种致命的病毒在欧洲大陆疯狂肆虐，夺去了 5 000 万至 1 亿人的生命，这一数字是第一次世界大战军事伤亡人数的好几倍。[25]

尽管发生了这些重大事件，但第一次世界大战之后不久，人们恢复金本位制的愿望仍然普遍存在。许多政策制定者认为，为了遏制战后的通胀，有必要重新实行金本位制。1919 年 6 月，美国率先恢复了金本位制。之后除少数国家外，大多数重要国家也在 1924—1926 年先后恢复了金本位制。

大多数政策制定者极力支持回归金本位制，但一些经济学家警告称这是一个错误。众所周知，凯恩斯将金本位制描述为"野蛮的残迹……（允许）黄金流动影响国内价格水平……（并使得）缓和信贷周期对价格和就业稳定灾难性的影响的尝试……（变得不可能）"。[26] 从 20 世纪 20 年代初开始，卡塞尔就认为，大多数国家恢复金本位制将导致黄金短缺，并引发通缩的破坏性力量。他写道："物价长期下跌的趋势将扼杀所有企业，并阻碍世界经济重建这一迫在眉睫的任务展开。"[27] 后来的事实证明，卡塞尔的预测是正确的，而胡佛的预测是错误的。

第一次世界大战之后，金本位制并没有充分发挥作用，导致这一结果的有两大因素。

其一，当时缺乏一名真正的世界领导者（在货币问题上肯定没有）来制定并维护国际体系的基本规则。在第一次世界大战之前，英国和英镑一直是货币事务的主导力量，但战争削弱了英国国力，使其无法维持领导地位。显而易见，当时美国是其继承者，但正如历史学家爱德华·卡尔（Edward Carr）所言："1918 年，全世界几乎一致同意由美国扛起这面大旗……（然而）美国拒绝了这一领导权。"[28]

尽管西奥多·罗斯福（任期为 1901—1909 年）和伍德罗·威尔逊（任

期为 1913—1921 年）等美国总统清楚地认识到，领导世界符合国家的最大利益，但他们仍拒绝了。[29] 经济历史学家查尔斯·金德尔伯格（Charles Kindleberger）总结道："世界大萧条时间跨度之长，影响范围之深，部分或大部分原因为英国无力继续维护世界经济体系的稳定，而美国直到 1936 年才承担起这一责任。"[30] 后来，美国第 33 任总统杜鲁门（任期为 1945—1953 年）反思道，三四十年代的灾难，是美国拒绝承担其"作为一个世界大国的责任"导致的。[31]

其二，经济体之间存在不对称现象，即有些国家存在贸易顺差，有些国家存在贸易逆差。[32] 当黄金流入那些出现贸易顺差的国家，其黄金储备就增加了。根据金本位制的规则，这会导致该国货币供应量增加，随后，国内价格水平上升，国际贸易竞争力下降，贸易顺差消失（或至少显著减少）。而出现贸易逆差的国家则会经历相反的过程：其黄金储备的减少导致货币供应量减少，随后，国内价格水平下降，国际贸易竞争力提高，贸易逆差减少。

出现贸易逆差的国家必须严格遵守这些规则，因为违背这些规则意味着黄金储备的持续减少，并不可避免地丧失参与国际金本位体系的能力。当时的政治精英们认为，这是不可接受的。然而，出现贸易顺差的国家可以对冲黄金储备增加对货币供应量的影响，从而保持其国际贸易竞争力不变。①

---

① 从技术上讲，贸易盈余国家的央行可以通过出售资产负债表中的政府债券和证券来冲销黄金流入的影响。这些措施减少了货币供应量，有效地抵消了黄金流入造成的货币供应量增加。

货币启示录
THE MYSTIC HAND

正如金德尔伯格指出的那样，只有一个强大的"体系担保人"才能避免经济体不对称的现象出现，以及由其导致的全球货币供应不足和经济体系严重通缩的状况。拒绝遵守金本位制的贸易顺差国中影响力最大的是法国和美国。1920—1930 年，美国的黄金储备增加了 4.5 亿美元，但这并未对其货币供应量产生明显影响。[33] 事实上，美联储在 1928—1929 年大幅收紧货币政策，主要是为了防止过度投机，而不是为了适应黄金流入。在紧缩政策实施之前，美国经历了一段信贷快速扩张的时期，主要原因是在几个州实行的金融创新导致了人为的房地产繁荣。[34]

当时发生在美国和其他国家的一些重大社会变革，如选举权进一步扩大到妇女和工会这一情况，加剧了经济体间的不对称现象。这些变化迫使政治家们在制定政策时更加认真地考虑经济增长和就业问题，同时也降低了工资和价格的下行灵活性，而这些对于金本位制的平稳运行却是必不可少的。最终，这些根本性的经济和社会变化极大地削弱了公众对金本位制的接受度。[1]

在金本位制运行过程中，经济体间的不对称现象极大地加剧了贸易紧张局势，因为每个国家都在拼命实现贸易顺差，从而争取到相应的黄金。显然，金本位制将所有参与国紧密地联系在一起，它所引发的破坏性通缩

---

[1] 首先指出金本位制面临困境的是芝加哥大学的弗兰克·奈特（Frank Knight）和后来成为德国央行行长的德国经济学家奥特玛·埃明格尔（Otmar Emminger）。

在世界范围内迅速蔓延。不出所料，最先选择退出金本位制的国家最先从大萧条中复苏。[35] 但想要具备这种超前的预见性实在是太难了。**金本位制的回归为严重的经济通缩埋下了种子，而对银行业危机的严重管理失误是促使经济通缩演变为恐怖的大萧条的催化剂。**

银行如秋叶般凋零

美国银行业危机始于 1930 年秋，特别是在以农业为主的密苏里州、阿肯色州、印第安纳州、伊利诺伊州、艾奥瓦州和北卡罗来纳州。在价格下跌和需求下降的压力下，农民开始拖欠无力偿还的贷款。而当时的美国银行体系高度分散，社会上有大量的小型和微型银行，这使得问题更加复杂。[36] 仅 1930 年 11 月和 12 月，全美就有超过 600 家银行倒闭。

1930 年 12 月 11 日，位于纽约市的合众国银行①破产。这其实是一家私有银行，但它的名字让不少人误以为它是一家国有银行。很快，"美国政府放任一家国有银行破产"的消息不胫而走，恐慌情绪蔓延开来。1931 年 3 月、1931 年 9 月和 1933 年 3 月，越来越多的银行陷入危机，金融恐慌震动了美国。每发生一轮震动，整个经济和社会的总体状况就会进一步恶化。

最初，纽约联邦储备银行采取了充分的措施，向银行系统注入了大量

---

① 此银行并非美国央行雏形的美利坚合众国银行，而是一家普通的商业银行。——编者注

流动性。然而，该做法立即遭到了美联储董事会大多数成员的反对。①他们主要担心的是通胀，而不是通缩。同时，董事会之所以反对纽约联邦储备银行的举措，也是因为受到了一些人对"真实票据原则"的拥护的影响。真实票据原则认为，货币的创造必须与短期商业票据严格挂钩。真实票据原则还暗示，只有当银行能够提供一级商业票据到美联储进行贴现时，美联储才可以干预以支持银行系统；如果银行不能提供商业票据，美联储就不能提供流动资金支持，因为缺乏商业票据是银行资不抵债的明显迹象。

货币启示录　THE MYSTIC HAND

　　真实票据原则在信贷创造过程中具有典型的顺周期性。如果经济表现良好，伴随着日益增长的经济活动，就会有更多可用的商业票据，导致银行信贷供给增加，从而进一步刺激经济。然而，如果经济不景气，可用的商业票据数量也会下降，导致银行信贷供给减少，从而加剧经济衰退。真实票据原则还带来了另外一个问题，即美联储没有将基于小农经济活动的商业票据归类为一级，不允许对其贴现。这种政策恶化了美国经济中农业部门的融资问题。

　　面对走上毁灭之路的银行业危机，美国政府选择了袖手旁观。从1930年10月到1933年底，美国24 700家银行中有9 000多家破产。[37]从1929年底到1933年底，美国的货币供应量下降了1/3，从600亿美元

---

① 弗里德曼和施瓦茨认为，1928年10月，纽约联邦储备银行强势而有影响力的主席本杰明·斯特朗（Benjamin Strong）的去世，在事态发展中发挥了至关重要的作用。他们还认为斯特朗很有可能会采取纽约联邦储备银行所支持的做法。

降至 400 亿美元。[38] 如前所述，贸易顺差导致黄金流入，而美联储拒绝增加货币供应量，这让情况变得更糟。通缩力量增强，而总需求萎缩，导致了大规模的失业和贫困加剧。

在美国银行业危机全面爆发的同时，欧洲也出现了类似的危机。从 1930 年冬天到 1931 年，有传言称：欧洲银行业出现了严重问题，尤其是在德国和意大利。[39] 但最终，引发了这场危机的却是奥地利银行安斯塔特信用社。[40]

在奥匈帝国的全盛时期，奥地利首都维也纳是东欧和中欧的金融中心。第一次世界大战后，奥匈帝国走向崩溃，加之发生了高通胀，金融部门被迫进行重组。在这一过程中，安斯塔特信用社开始崛起，成为在奥地利占主导地位的金融机构。安斯塔特信用社遇到麻烦之初，奥地利政府就曾试图挽救它，但失败了。部分原因是法国对德国和奥地利达成的关税联盟感到不满，从而反对奥地利的救助计划。

安斯塔特信用社于 1931 年 5 月倒闭，其引发的恐慌像野火一样蔓延到邻国，包括德国 ①、波兰、匈牙利和罗马尼亚。随着德国遭受了银行业危机的沉重打击，这场危机很快蔓延到整个欧洲。1931 年 7 月，德国第二大银行达纳特银行的倒闭，令人们完全丧失了信心，恐慌情绪进一步蔓延。

此时，欧洲各国央行犯了和美联储相同的错误，即在银行倒闭导致货币供应量大幅减少时选择了袖手旁观。为了在快速蔓延的流动性紧缩中生

---

① 在此期间，时任德国总理海因里希·布鲁宁（Heinrich Brüning）不顾一切地试图通过粗暴的开支削减解决该国的外债问题，这为希特勒的崛起铺平了道路。

存下来，欧洲各国银行从伦敦提取了大量黄金。这些撤资使英镑持续承受着沉重的压力。最终，英国于 1931 年 9 月 21 日决定退出金本位制。英镑几乎立即贬值了 25%，但在随后的几个月中，英国经济开始复苏。

　　欧洲发生的这一切给美国带来了更大的压力，由此出现了大量对美元的投机行为。但身处困境的美联储拒绝屈服，并在 1931 年底大幅提高了利率，这使情况进一步恶化。托马斯·霍尔（Thomas Hall）和大卫·弗格森（David Ferguson）在他们的分析文章《大萧条：一场不恰当经济政策带来的国际灾难》（*The Great Depression: An International Disaster of Perverse Economic Policies*）中呼应了弗里德曼和施瓦茨的描述，"美国经济处于灾难的边缘，其他几个国家的情况也好不到哪里去……由于对经济的无知、困惑和无能，美国的政策制定者采取了高度紧缩的政策。他们的做法加剧了经济衰退，并使其发展为大萧条"。[41]

货币启示录　THE MYSTIC HAND

　　需要明确的是，"对经济的无知、困惑和无能"并不是美国的专利，这个罪恶的三元描述也适用于欧洲。当时的美国财政部部长安德鲁·梅隆（Andrew Mellon）曾有一句名言：为了有效应对经济大萧条，人们必须"……清算劳工，清算股票，清算农场主，清算房地产。危机可以清除系统中的腐烂，高昂的生活成本和奢侈的生活方式也会随之改变。人们会更加努力地工作，更加有道德地生活。价值观会改变，有进取心的人会从能力较差的人中脱颖而出"。[42] 梅隆对大萧条前和大萧条期间发生的事情缺乏深刻的洞察力，欧洲的政策制定者也同样，尽管他们对此的态度更为微妙。

如前所述，随着各国摆脱金本位制的桎梏，并采取措施遏制银行业危机，大萧条在此时结束了。[43]美国富兰克林·罗斯福总统于 1933 年 3 月 4 日开始了他的第一个任期。他于 3 月 6 日宣布，全国银行业放假 4 天以接受政府审查，自此，银行业危机解除。[①]短短几个月，罗斯福政府出台了几部重要的新法案，引入了政府支持的存款保险制度，并对金融业进行了重组。罗斯福还将原先属于美联储的货币政策控制权移交给了美国财政部。1933 年 6 月，美国退出金本位制，时任美联储主席尤金·迈耶（Eugene Meyer）辞职，社会信心得以恢复。1933—1937 年，美国经济年均增长率达 8%。[②]随着越来越多的国家退出金本位制，欧洲经济也逐步开始复苏。在德国，纳粹政权军事力量的集结有力地促进了经济复苏，同样的情况也发生在意大利。在法国和其他几个欧洲国家，经济复苏的程度要低得多。随后，第二次世界大战开始了。

威尼斯的教训与经验

始于 1929 年的大萧条已经过去了近一个世纪。可以说，大萧条是 20 世纪最恐怖的经济事件，它直接导致了政治极端主义和第二次世界大战这些灾难的发生。强有力的证据表明，**大萧条的责任在于货币当局，央行行长的神秘之手在很大程度上未能发挥其应有的作用。**他们忽视了 20 世纪 20 年代回归金本位所释放的负面力量，以及放任银行接连倒闭，这些行

---

① 2 月 14 日，密歇根州宣布全州范围内的银行放假。到罗斯福就职那天，美国 48 个州中有 28 个州强制银行放假。

② 由于货币和财政政策的共同收紧，1937—1938 年经济出现了急剧衰退。弗里德曼和施瓦茨将经济衰退归因于银行大幅提高准备金率。

为带来了破坏性后果，最终酿出了大萧条这杯有毒的苦酒。他们的失职导致了大规模的经济萎缩、居高不下的失业率、急剧增加的贫困率，以及后来极端主义政党的兴起。

作为央行行长中的一员，伯南克提出，央行应当为大萧条担责，20世纪二三十年代的政治领袖和央行行长不应该对周围发酵的动荡视而不见。如果他们能更多地学习前辈经济学家的智慧，就会知道如何运用恰当的货币政策预防和应对大萧条造成的灾难性后果，这样历史可能会走向截然不同的方向。

如果说亚当·斯密的《国富论》是一本经典著作，使得经济学成为现代科学的一员，那么我们也可以说，亨利·桑顿的《大不列颠票据信用的性质和作用的探讨》（*An Enquiry into the Nature and Effects of the Paper Credit of Great Britain*，以下简称为《票据信用》）在货币经济学领域有相同的贡献（书中就将央行作为"最后贷款人"这一关键角色进行了论述）。即使在 21 世纪的今天，每一位经济学家仍然应该感恩亚当·斯密，而每一位货币经济学家也应感恩桑顿。桑顿的著作被认为是"古典货币理论的巅峰成就"，[44] 为我们提供了"需要不断提醒政策制定者的教训"。[45] 央行专家查尔斯·古德哈特（Charles Goodhart）将《票据信用》称为"有史以来关于货币政策的最伟大著述"。[46] 桑顿也由此被誉为"开创性的货币理论家和现代中央银行之父"。[47]

平心而论，"现代中央银行之父"的称号也可以授予美国第一任财政部部长亚历山大·汉密尔顿（Alexander Hamilton）。尽管没有接受过良好的教育，汉密尔顿在他短暂的一生中却充分展现了其作为一位才华横溢的政治家所拥有的强大的头脑、坚强的意志和丰富的智识。① 在美国成立之初的第一次金融危机即 1792 年金融危机期间，证券价格在两周内下跌了25%。面对这样一场灾难，汉密尔顿指导银行履行 "最后贷款人" 职能，以强有力的干预阻止了金融体系的内部崩溃，将金融动荡对实体经济的影响降到了最低。[48] 实际上，汉密尔顿 "为央行的管理制定并实施了白芝浩原则②，这比沃尔特·白芝浩 1873 年在《伦巴第街》(*Lombard Street*) 中提出这一规则早了 80 年"。[49]

汉密尔顿以常识和直觉作为他仅有的工具，在当时就运用了桑顿和后来白芝浩在 19 世纪提出的大部分规则和政策措施。同样的情况在中世纪时期经济繁荣的部分欧洲城邦也发生过。[50] 在这些城邦中，最典型的是威尼斯，通过垄断香料贸易，其经济实力在 15 世纪达到了顶峰。那时，威尼斯人已经发展出一套复杂的银行转账体系来结算支付。尽管这一体系在当时是先进的，甚至是革命性的，但威尼斯人最终还是面临了我们现在所定义的流动性危机和存款挤兑问题，这些问题危及到了金融基础设施，对更广泛的经济和贸易环境构成了威胁。威尼斯的精英们很快意识到，这一危机限制了政府的借贷能力。

由于 14 世纪和 15 世纪开始定期发生银行危机，威尼斯人不得不认真思考现在被我们称为 "央行政策" 的办法——尽管他们还没有建立起央行这样的特殊机构。当时，威尼斯人在几十年的时间里 "发展出了一整套全

---

① 目前还不清楚汉密尔顿出生于 1755 年还是 1757 年。1804 年 7 月 12 日，他在与挑战者、时任美国副总统亚伦·伯尔（Aaron Burr）决斗后死于枪伤。

② 这是英国经济学家白芝浩提出的用来解决流动性短缺问题的办法。他认为，在出现流动性短缺时，央行应作为 "最后贷款人"，向市场注入大量流动性。但是，为了防止投机分子趁机牟利，央行应收取较高的 "惩罚性利率"。——编者注

面的监管工具，与现今采用的工具没有什么不同。这些措施既包括事前干预，如设定业务的法律限制、建立特定监管机构以及明确披露要求，也包括事后干预，如作为最后贷款人进行干预"。[51] 基于此，威尼斯人于 1587 年创立了里亚托广场银行。这是一家特许私人银行，但实际上扮演的是央行的角色，包括履行"最后贷款人"的职责。1619 年，里亚托广场银行被吉罗银行所取代，后者经营得相当成功，直到 19 世纪初被接管威尼斯的拿破仑政府清算。

17 世纪初，阿姆斯特丹城邦创立了自己的公共银行阿姆斯特丹银行（也称维塞尔银行），任务是清理当时流通的各种贬值货币。阿姆斯特丹银行基本完成了这一任务。17 世纪末，阿姆斯特丹银行被赋予了其他职能，比如"允许政府和政府资助的实体（如荷兰东印度公司）通过其将不可抵偿的债务货币化。此外，该银行开始间接地充当'最后贷款人'的角色，为向资金紧张的商业银行提供贷款而设立的共同互助基金提供了流动性支持"。[52] 随着时间的推移，阿姆斯特丹银行逐渐演变为荷兰银行，也就是今天的荷兰央行。

在德国汉堡，以阿姆斯特丹银行为蓝本的汉堡银行偶尔会以"最后贷款人"的身份干预银行业，尤其是在 1763 年危机期间。汉堡银行于 1875 年并入德意志银行，后者是臭名昭著的德国央行前身，它在第二次世界大战后发展为严谨正派的央行的卓越象征。

尽管历史上有许多先例，但机构层面上的现代央行的先驱直到 17 世纪末才出现。1668 年，瑞典央行在瑞典成立。数次危机发生后，瑞典央行才最终承担起现代央行的主要职能。[53] 英格兰银行成立于 1694 年，虽然是一家私人银行，但它为现代中央银行提供了模板。[54] 一个多世纪后的

1800 年，又一家央行——法兰西银行诞生了。^①英格兰银行的创立是一群英国银行家和奥兰治的威廉（William of Orange）之间的一场交易，后者在 1689 年的"光荣革命"中成为尼德兰执政、英格兰国王。银行家们同意借给威廉 120 万英镑，这在当时不是一笔小数目。这笔钱被用来重建他的海军舰队，使其能与法国舰队相匹敌。作为回报，银行家们获得了建立英格兰银行的特权并有权发行纸币。很快，英格兰银行就演变成了英国政府的央行。

一位传教士银行家

在桑顿的著作问世之前，尽管在中世纪几个城邦国家的实践和汉密尔顿的未成形的危机处理方法中都涉及央行及其作为最后贷款人的角色，但经济学文献中明确提及的并不多。当亚当·斯密讨论国家在社会和经济中的角色时，他提到了国家创建"某些公共机构"的义务，但央行的设立不在其中。⁵⁵亚当·斯密对货币和银行问题的评论深受 1772 年苏格兰银行业危机的影响，⁵⁶他看到了这一危机的后果，意识到维护金融稳定对整体社会和经济发展至关重要。用他自己的话说，这对"国家财富"至关重要。亚当·斯密指出，英格兰银行"不只是一家普通银行，还应该成为国家强大的引擎"。可以说，他确实提议过英格兰银行应扮演类似"最后贷款人"的角色，但他的主要思想没有朝这个方向深入发展。⁵⁷

---

① 在 19 世纪上半叶，斯堪的纳维亚国家、比利时、荷兰、西班牙、葡萄牙和印度尼西亚建立了央行。在 19 世纪的最后 25 年，德国、日本、罗马尼亚和一些其他国家紧随其后。瑞士央行成立于 1907 年，美国联邦储备系统成立于 1913 年。

亚当·斯密间接地提示过我们，设立"最后贷款人"这一角色很有必要，但在古典经济学领域的另一位"巨星"——大卫·李嘉图的著作中，关于这一点，连最模糊的暗示都没有。李嘉图在最后一部著作《建立国家银行的计划》（*Plan for the Establishment of a National Bank*）① 中强调，有必要建立一个可以控制货币供应的银行，需要供应多少货币视经济需要而定。[58] 李嘉图还警告说，政治精英可能会滥用印钞机。但他从未指出过，当金融危机发生时，央行应该承担起"最后贷款人"的职能。像大多数古典经济学家一样，李嘉图相信，在黄金和货币可以自由兑换的背景下，市场力量在很大程度上能够进行自我调节。

弗朗西斯·巴林（Francis Baring）爵士对"最后贷款人"的描述比亚当·斯密或李嘉图更为具体。巴林与他的兄弟约翰共同创立了一家伦敦商贸公司，后来发展为巴林兄弟公司，其现代化身巴林银行于 1995 年因无良交易员尼克·李森（Nick Leeson）造成的损失而破产。[59] 在 19 世纪，巴林家族和罗斯柴尔德家族是伦敦主要的银行家族。1797 年，巴林发表了一篇关于英格兰银行的著名论文，文中他这样描述英格兰银行："为了使机器的每一个部分都能完美有序地运行，英格兰银行必须作为唯一中心或枢轴。"[60] 他称其为银行体系的支撑，"（因为）他们一旦拒绝，就没有其他资源"可以提供支持了。[61] 尽管他提到了央行作为"最后贷款人"的

---

① 大卫·李嘉图在 1823 年（即他去世那年）完成了这本书。该书于 1824 年出版。——编者注

功能，但巴林的论文未能充分搭建必要的经济和货币理论框架来定位"最后贷款人"这一角色在经济和货币体系中的功能，而这恰恰是亨利·桑顿的杰出贡献。

桑顿出生于商界世家。[62] 17 世纪晚期，他的祖父罗伯特创办了一家贸易公司，主要与俄国和波罗的海沿岸国家进行贸易往来。桑顿的父亲约翰子承父业，继续从事商贸。同时，他是英国清教徒福音派的成员。因为把大量财富捐赠给了慈善事业，约翰被称为"大善人"。

桑顿是三兄弟中最小的，他继承了父亲的虔诚和慷慨。他的长兄塞缪尔在伦敦也是相当重要的人物，曾担任英格兰银行的董事和行长。

桑顿没有听从父亲的劝告，于 1784 年加入了当恩 - 傅立银行，这家银行很快就变成了当恩 - 桑顿 - 傅立银行。他在 22 岁时就被选为下院议员。作为福音派的一员，他还领导了废除奴隶制的运动。他在银行业也非常成功，赚取财富的同时，他也继承了父亲乐善好施的传统。桑顿于 1796 年结婚，他与妻子玛丽安养育了 9 个孩子，并且孩子们都健康地长大了，这是很不容易的一件事，因为桑顿将自己收入的 6/7 捐献给了慈善机构。在结婚之前，他已经深入参与了与 18 世纪 90 年代的各种金融危机相关的信贷和货币问题的讨论。

1793 年，英国和拿破仑统治下的法国之间爆发了战争。大大小小的战斗持续了将近 25 年。战争引发了一场金融危机，英国伦敦等地的几家银行在这场危机中倒闭。1797 年，"法国士兵已经登陆英国领土"的谣言引发了另一场重大危机。这一次，英格兰银行被迫暂停纸币与黄金之间的兑换。虽然是暂时性政策，但它一直持续到了 1821 年。桑顿在议会讨论金融问题时发挥了核心作用。① 其中最重要的一条是，在战争开支的压力下，英国政府必须能够直接从英格兰银行借款。

在这一动荡时期，桑顿对货币事务的思考逐渐成形，并将其记录在前文提到的代表作《票据信用》中。在书中，他为与黄金脱钩的货币体系的可行性进行了辩护。该书出版后，他被同时代的人视为英国信贷和银行政策方面的权威。后来随着人们对这本书的关注逐渐淡去，他的声望也逐渐减退，但他仍然是一名活跃的银行家，并在余生中继续为自己的宗教信仰投入了大量的时间、精力和金钱。尽管桑顿在议员的任期内曾做过几次精彩的演讲，他还是逐渐失去了对议会工作的兴趣，尤其是在他为英国中央银行的辩护由于身份错认遭受了严重的批评（曾担任英国央行董事和行长的是他哥哥塞缪尔，而不是他）之后。1815 年 1 月 6 日，桑顿因长期患病去世，享年 54 岁。

通过对当前问题的详细分析，桑顿的《票据信用》经受住了时间的考验，它不仅出色地阐述了货币和银行政策，还阐述了整个经济体系的基本面。在 1981 年关于桑顿的一次讲座中，施瓦茨简明地描述了桑顿思想的广度和深度：

> 桑顿发现了很多问题，例如：真实票据原理的谬误；货币变化的首轮效应和最终效应的区别；市场参与者在区分相对价格变化与一般价格变化时面临的问题；内部和外部黄金流失的区别；影响外汇汇率的因素，包括购买力平价的作用；如何控

---

① 这场讨论通常被称为"黄金主义者的争论"，支持和反对恢复黄金可兑换性的人各占一方。

制通胀；英格兰银行与其他英国国内银行的关系；货币动荡对利率的影响类型；市场利率与自然利率，以及名义利率与实际利率之间的区别。[63]

施瓦茨的描述表明，桑顿在货币方面的认知远远超越了他同时代的人。他提出的一些基本问题，让货币经济学家在接下来的两个世纪里忙得不可开交。然而，施瓦茨的描述并不完整。桑顿不仅强调了信心和信任对经济和货币体系平稳运行的重要性，还清楚地认识到被称为"道德风险"的事物的存在和它与经济活动的关联，即当政府干预改变了人们生活和互动的外部环境时，人们的行为也会发生改变。桑顿对信贷市场运作、信贷刺激经济活动的方式①乃至通胀和通缩的过程以及它们对经济的影响的洞见远远超前于他所处的时代。桑顿认为，经济中的贷款利率和用借来的钱赚到的利润率之间的差值是至关重要的。如果贷款利率低于利润率，就会导致通胀；如果高于利润率，就会导致通缩。

桑顿敏锐地发现了经济波动的决定因素，特别是关于库存投资和工资刚性的作用。这些观察和当时主导经济学讨论的完美自由市场理论教条直接相悖。卢卡斯·帕帕季莫斯（Lucas Papademos）和弗兰科·莫迪利安尼（Franco Modigliani）在《货币经济学手册》（*Handbook of Monetary Economics*）中指出："根据古典经济学理论，包括劳动力市场在内的所有商品市场都是持续出清的，相对价格可以灵活调整，以确保达到均衡。资源得到充分利用，因此总就业和总产出总是处于'充分就业'或'自然'水平……在这样的经济中，货币……不会影响相对价格、实际利率、商品的均衡数量，从而也就不会影响实际总收入。"[64]桑顿意识到，这一经典的

---

① 他警告说，过多的信贷可能会变得极具破坏性。

经济图景是不完整的，经济系统中的主要刚性，尤其是工资刚性使得货币不是中性的。至少在短期内，货币政策的改变会给实体经济带来变化。

在《票据信用》一书中，桑顿清楚地意识到了金融和银行系统对整体经济状况的影响，用现代的话说就是，金融和银行系统如何影响整体宏观经济的稳定。企业倒闭可能导致银行倒闭和金融动荡，但反过来说可能也是成立的。**连贯而迅速的央行政策对于将恶性循环转变为良性循环是必要的。**这些听起来像是不言自明，但事实并非如此。正如本书关于2007—2009年全球金融危机的那部分中描述的一样，在这场危机爆发前的几年里，大多数央行行长已经忘记了金融动荡与宏观经济稳定之间的密切联系，这一关联肯定已从他们赖以制定政策的计量经济模型中消失了。[①]在重新吸取了"中央银行干预不力，从而造成了大萧条"这一重大教训后，21世纪的大多数央行行长和他们的经济顾问还是忘记了实体经济和金融部门之间存在重要互动这一现实。

《票据信用》中用很大篇幅阐述了央行作为"最后贷款人"的职能。经济思想历史学家尼尔·斯卡格斯（Neil Skaggs）指出："如果一定要选出《票据信用》想要传递的最主要信息，那就是英格兰银行作为英国金融体系流动性担保人的重要性。"[65]在整本书中，桑顿着重阐述了英格兰银行的公共职责，即通过调整纸币的发行量，将整个经济的货币（供应）量控制在一个适当的水平。由于央行纸币的稳定性和普遍可接受性，它构成了货币供应中的非黄金部分。这一职责意味着，英格兰银行的行为方式必

[①] 这种说法对央行行长是不公正的，他们仍能敏锐地意识到现实与金融领域之间的相互作用，以及金融危机对宏观经济潜在的破坏性影响。已故的保罗·沃尔克就是其中最重要的一位。

然与商业银行完全不同，尤其是在萧条或危机时期，当商业银行缩减贷款合同时，央行必须扩大纸币发行和贷款规模。

桑顿极力主张，英格兰银行必须维护和恢复人们对信贷体系的信心，并使用一切可能的手段来实现这一目标。对于桑顿的建议，英格兰银行显然听进去了。在 1825 年、1836 年、1847 年和 1866 年的金融危机中，英格兰银行所推行的政策明显带有桑顿的印记。1825 年金融危机期间，时任英格兰银行行长的耶利米·哈尔曼（Jeremiah Harman）宣称，"以我们从未采用过的各种可能的方式"进行放贷以遏制恐慌；"我们安全购入股票、回购国债、提前兑付国债，我们不仅直接贴现，还提前兑付了大量的汇票。总之，我们采取了能够让银行更加安全的各种方式，做得不能比这更好了"。[66]

桑顿指出，在履行"最后贷款人"职责的背景下，可能会出现一些政策问题。

第一，央行控制货币供应的职责与作为"最后贷款人"的职责之间可能存在矛盾。 下面这段摘自《票据信用》的话表达了桑顿对这个看似矛盾的困境的解决方案，被熊彼特称为"中央银行大宪章"[67]：

> 每当借贷的诱惑力较强时，央行要限制发行的纸币总量，而为了达到这一目的，央行需要采取一些有效的限制性规则；然而，在任何情况下，央行都不能大幅减少流通中的货币总量，而只能让其在一定的限度内波动；随着国家总贸易规模的不断扩大，货币量可以以一个缓慢且谨慎的速度扩张；为了防止国内对货币的需求量大幅增加，在发生紧急情况或困难时，央行

可以暂时性地增加货币供应量作为最好的方案；在对外贸易长期处于不利地位的情况下，为了防止黄金流出，货币供应量应当减少；以上是像英格兰银行这样的机构董事在某种状况或环境下似乎需要实际采取的政策。毫无疑问，处理银行事务的措施不应受到商人的恣意，也不应受政府意愿的左右，这些行为都是非常错误的。[68]

桑顿建议，为了避免通胀和通缩，货币增长应该大致与经济中的实际产出增长率保持一致，但在特殊情况出现时，央行行长必须做好准备进行特别干预。在桑顿的时代，央行通过买卖黄金储备控制货币供应。桑顿把英格兰银行当作黄金储备和所发行纸币的保管人。当出现桑顿所定义的（流动性）"外部流失"和"内部流失"，也就是现在被我们描述为外部或内部危机或冲击时，允许偏离这一规则。如果外部流失（如贸易赤字）是暂时的，那么该国可用的黄金储备应该用来补充这种流失。如果外部流失是持久性的，那么就有必要采取限制性货币政策，使国内价格与国外价格保持一致，从而阻止黄金储备的持续流失。如果恐慌导致内部流失，央行将不得不增加纸币发行和再贷款，以防止货币供应量收缩。桑顿强调，如果英格兰银行能明确其意图和策略，其干预措施将会更有效。

第二，央行对货币供应和整个银行系统的责任与它对单个银行和机构的责任之间的区别。桑顿在这个问题上观点明确，认为只有公共职责央行才必须履行。央行必须迅速而坚决地应对银行挤兑和随之而来的恐慌，以避免出现通缩和经济活动收缩的情况，尽快恢复社会信心。

然而，桑顿强烈反对救助行为不当或管理不善的银行：

这绝不意味着，英格兰银行将包揽每一个地方银行由于轻率决策带来的问题……央行的救济不应是仓促和随意的，银行因自身的不当经营导致的后果不应在救济的范围之内。涉及公共利益时，央行的救济不应过少和过于迟缓。虽然每一个痛苦地陷入巨大麻烦的机构都会请求把自己的业务归于公共利益之列，然而，它们的国家可能并不认可，有时也无力负担。[69]

显然，桑顿所指的是"大到不能倒"的问题。**央行应该只在不利的情况下提供支持，尤其是出于道德风险的考虑。**资不抵债的银行宣告倒闭，是在可以接受范围内的。

"永久的财政大臣"

桑顿的思想包含了央行作为"最后贷款人"的所有基本要素，这些要素被嵌入一个复杂（起码在当时是复杂的）而又更加全面的货币和经济框架中。然而，由于白芝浩对"最后贷款人"理论做出了清晰阐述，所以在这方面他比桑顿的知名度更高。默文·金称，白芝浩的《伦巴第街》是"一本在处理金融危机方面堪比《圣经》的书"。[70]白芝浩在《伦巴第街》中的分析和政策建议与桑顿在《票据信用》中的有许多相似之处。值得注意的是，就笔者所知，白芝浩并没有参考桑顿在货币经济学方面的开创性工作，特别是在"最后贷款人"这一领域。因此，虽然桑顿是这一思想的先驱，但白芝浩对"最后贷款人"学说的贡献在现代社会仍然具有重要意义。

尽管白芝浩的生命很短暂，但他留下了令人印象深刻的思想财富（不仅仅是在货币方面）。人们对他的印象并不仅限于知识分子，他还是英国政治家、作家、律师，白芝浩的作品编辑诺曼·圣·约翰-斯特瓦斯（Norman St. John-Stevas）将白芝浩称为"维多利亚时代英国最多才多艺的天才"。[71] 历史学家乔治·杨（George M. Young）将白芝浩称为"维多利亚时代最伟大的人"。[72] 一位同时代的人曾这样评价白芝浩："（他是）对生活无所不知的人，无论是文学、历史、宗教、政治学、经济学、社会学还是科学。"[73] 1913—1921 年担任美国总统的威尔逊曾说："一个人偶然地出生在这个世界上，他的使命就是梳理那一代人的思想并使之生动起来；在它迟钝的地方赋予它速度，在它看不见的地方赋予它视力，在它失去平衡的地方赋予它平衡，在它枯燥的地方赋予它幽默。沃尔特·白芝浩就是这样一个人。"[74] 白芝浩留下的作品集共有 15 卷之多。

1826 年 2 月 3 日，白芝浩出生在英格兰西南部萨默塞特郡的兰波特，是他的母亲伊迪丝·斯塔基第二段婚姻的第二个孩子（第一个孩子在童年时夭折）。白芝浩的母亲比父亲大 10 岁。她在第一段婚姻中育有 3 个孩子，但其中两个孩子同样在童年时就夭折了，第 3 个孩子患有严重的智力障碍。这些事情带来的创伤使她患上了周期性的精神错乱。白芝浩则成了母亲的精神支柱。1870 年，母亲的去世让他悲痛欲绝。很可能是因白芝浩与长期处在痛苦中的母亲的相处，让他写下了"与疯狂相比，生活中的每一个麻烦都只是一个笑话"这句话。[75]

白芝浩的父母把他送到布里斯托上文法学校①，然后他去了伦敦大学学习数学、古典文学和哲学。他是一个聪明的学生，但也有自己的烦恼，包括长时间的精神疲惫（部分是由于他母亲的问题）。1848 年，白芝浩离

① 西方一种历史悠久的普通学校类型，发源于古代雅典，是为 7～14 岁男孩设立的私立初等学校。——编者注

开大学后，他的父亲强迫他学习法律。1852 年，他被一家律师事务所招入，但那时，白芝浩已经决定不从事法律职业。

在短暂涉足法律行业后，白芝浩前往巴黎就职。他于《问询报》（Inquirer）上撰写了拿破仑政变的相关报道。基于他的折中主义观点和看待事物的方式，他的文章在某种程度上为拿破仑动用武力和削弱法国媒体的行为做了辩护，这一立场招致许多批评。离开巴黎后，白芝浩回到萨默塞特，加入了斯塔基银行，他的父亲是该银行的合伙人（该银行由白芝浩母亲的叔叔创办）。虽然他在银行工作，但那时写作已经成为他生活中不可或缺的一部分了。白芝浩最初的兴趣点在历史和散文上，但在 1857 年与詹姆斯·威尔逊（James Wilson）的一次具有决定性意义的会面后，一切都改变了。当时的威尔逊是英国国会议员、伦敦财政大臣，同时也是《经济学人》周刊的创始人和所有者。

在威尔逊的邀请下，白芝浩开始为《经济学人》撰写一系列银行业相关的文章。随着时间的推移，白芝浩开始与威尔逊的长女伊丽莎交往，二人于 1858 年结婚。威尔逊被财政部派往印度时，他任命白芝浩和理查德·霍尔特（Richard Holt）在他离开期间担任《经济学人》的联合负责人，后者是白芝浩大学时的朋友，也是《经济学人》的编辑。1860 年，威尔逊在印度去世，白芝浩的这一任命变成了永久性的。一年后，霍尔特离开了《经济学人》，成为《旁观者》（The Spectator）的编辑。白芝浩则出任《经济学人》的主编，此后他一直担任这一职位，直到 1877 年英年早逝。

为了工作需要，白芝浩搬到了伦敦，并在那里监督斯塔基银行的当地分行。在 19 世纪 60 年代，他曾四次竞选英国国会议员，但每次都失败了。

他的身体状况一直不太好，1877 年 3 月，他身染感冒并迅速恶化，最终离世。

除了对《经济学人》做出了大量贡献（主要是政治和经济主题）外，白芝浩还撰写了三本书。1867 年，他所著的《英国宪法》（*The English Constitution*）出版，这本书对英国政体的形式进行了实用的分析，其中特别强调了君主政体之谜对英国社会的重要意义。白芝浩指出："把女王置于尊贵的地位，其作用是无法估量的。"他进一步解释道，君主政体在宪法中有两个方面的作用；"一方面是激发和维护人民的敬畏"，"另一方面是起到实际作用的部分，使国家的运作和统治得以实现"。[76] 5 年后，白芝浩的《物理学与政治》（*Physics and Politics*）出版，这本书的副标题清楚地表明了其主旨——"关于'自然选择'和'遗传'原理在政治学中的应用的思考"。这两本书都是杰出的学术成果，但他的第三本书《伦巴第街》与我们现在讨论的主题有关，即央行及其最后贷款人的角色。白芝浩在这本书的开头写道："金钱不会自我管理。"[77]

20 世纪的经济学家和历史学家理查德·塞耶斯（Richard Sayers）曾简洁地评价了白芝浩作为经济学家的地位："当 20 世纪 20 年代两位杰出的央行行长斯特朗和诺曼在大西洋两岸就当前政策进行沟通时，白芝浩是双方都会引用的权威。这是一个令人敬畏的纪录。"[78] 在 20 世纪 20 年代，本杰明·斯特朗担任美联储纽约分行行长。正如前面所讨论的，根据弗里德曼和施瓦茨的说法，斯特朗的过早去世是美联储在大萧条前和大萧条期间政策失误的一个重要因素。蒙塔古·诺曼（Montagu Norman）在 1920—1944 年担任英格兰银行的行长，他性情古怪，但颇具权威。在白芝浩的一生中，各党派的政治家都在货币和银行问题上参考了他的建议，他也因此被形容为"永久的财政大臣"。[79]

孔子的教诲

比较"白芝浩和桑顿谁的贡献更大"可能是个棘手的问题。桑顿对经济和金融生活的洞察力总体上优于白芝浩。在讨论有关"最后贷款人"的"神话"时，英国经济学家查尔斯·古德哈特指出："最初的神话是，关于这个问题所有智慧的源泉，都可以在白芝浩的巨著《伦巴第街》中找到。"[80]古德哈特相信荣誉属于桑顿的《票据信用》，但桑顿的主导地位已经超出了"最后贷款人"这一概念的范畴。他对经济周期和市场刚性的影响也作出了深刻的评论。

白芝浩时代的货币状况与桑顿时代完全不同。当白芝浩撰写《伦巴第街》并思考货币问题时，英国已经恢复了黄金与英镑之间的可兑换性。而《票据信用》发表于黄金暂停兑换的时期。由于英镑与黄金之间可相互兑换，所以白芝浩并不那么关注稳定货币供应的必要性，而这恰好是桑顿论点的核心。稳定的黄金可兑换性使得货币供应的演变具有高度自主性。

白芝浩的分析和政策建议呼应了桑顿关于（流动性）外部流失和内部流失之间的区别与道德风险，以及明确沟通央行政策目标的必要性。白芝浩强调，央行必须坚定承诺，严格而不妥协地追求这些目标。白芝浩写道，英格兰银行必须明确表示，它将随时准备提供尽可能多的贷款以遏制恐慌。我们必须"在央行和公众之间建立明确的认识，即由于央行持有我们的最终储备金，它们需要认识到并履行与之对应的义务"。[81]

白芝浩在道德风险的问题上也与桑顿观点一致。他坚定地认为，英格兰银行不应该救助或支持不健康的机构，无论它们规模多大或联系有多紧密。至于外部流失，白芝浩强调，央行要提高利率，以保护国家的黄金储备，他与桑顿的分歧可以归因于白芝浩假设了黄金的可兑换性。

然而，在信任这个关键问题上，白芝浩和桑顿一样坚持己见："银行体系的特殊之处，在于它建立在人与人之间前所未有的信任之上。当这种信任因为一些隐蔽的原因而大大减弱时，一个小小的事故就可能使银行系统受到极大的伤害，而一个大事故则有可能使它几近毁灭。"[82] 这让人想起在公元前 5 世纪时，中国思想家孔子关于治理国家的教诲，大致意思是："政府必须具备三件东西：食物、武器和信任。如果迫不得已，这三件东西无法同时具备，那么政府应该先放弃武器，然后放弃食物，信任则需要守护到底。因为一旦没有了民众的信任，就失掉了民心，那这个政府就没有立足之地了。"①

白芝浩和桑顿都认同，当金融动荡威胁到经济体系时，央行必须坚守其作为"最后贷款人"的职责。白芝浩写道，英格兰银行在这种情况下提前兑付或贷款应该：

> ……抑制恐慌。为了实现这一目标，应遵循两条规则：第一，贷款只能以很高的利率发放。这样做可以吓退胆怯的人，并阻止不需要申请贷款的人提出申请……第二，在此利率下，应当响应公众要求，提前兑付所有优质的银行证券……拒绝（兑付）提供优质债券的人的请求是会引起警惕的行为……如果所

---

① 《论语》原文为：子贡问政。子曰："足食，足兵，民信之矣。"子贡曰："必不得已而去，于斯三者何先？"曰："去兵。"子贡曰："必不得已而去，于斯二者何先？"曰："去食。自古皆有死，民无信不立。"——编者注

有人都深知，英格兰银行会自如地为所有平时被认为是优质的债券提前兑付……有偿付能力的商人和银行家就不会引起警惕。[83]

换句话说，在恐慌期间，无论抵押品的来源是什么，央行必须以高利率并要求借款人提供优质抵押品作为担保，自由大胆地放贷。这被称为"白芝浩名言"，也可以被称为"桑顿名言"。[84]

货币启示录 THE MYSTIC HAND

在白芝浩看来，英格兰银行的关键任务是防止不健康机构的倒闭引发体系中健全机构的倒闭潮。白芝浩认为，为了实现这一目标，在英格兰银行不可避免地成为"唯一贷款人"的恐慌期中，英格兰银行必须向所有具备偿付能力的借款人放贷，而不仅仅是银行。[85] 为了避免道德风险，这种危机贷款必须具有足够高的利率，以确保那些借款人是在尝试过所有其他融资可能性之后才从央行寻求贷款。此外，高利率确保了一旦恐慌结束，紧急贷款就会迅速停止，这也有助于保护国家的黄金储备。鉴于经济活动的日益国际化，最后一点在白芝浩时代比在桑顿时代更有实际意义。

央行危机管理的蓝图

桑顿和白芝浩清晰而系统地阐述了央行履行其作为金融和经济系统"最后贷款人"角色的意义。随着时间的推移，作为经济思想史上的一个特殊转折，白芝浩获得了这一学术成就的大部分赞誉，尽管桑顿比白芝浩早 75 年就提出了更深刻的分析。①经济学家兼历史学家彼得·伯恩斯坦（Peter Bernstein）在白芝浩的《伦巴第街》的前言中称："白芝浩发明了危机管理办法；150 年后，他的智慧之言仍然是遏制金融危机的有效方法，且可以作为避免危机的'手册'。"这句话也同样适用于桑顿的《票据信用》。

桑顿和白芝浩的著作共同描绘了一幅央行的基本使命蓝图。英格兰银行前行长默文·金没有直接引用这些"19 世纪的巨人"的观点，他这样总结道："在资本主义经济中，（央行）负责货币管理的两个关键方面。第一是确保在繁荣时期，货币增长速度足以保持货币价值的持续稳定，第二是确保在经济不景气的时期，货币供应的增长速度足以提供所需的流动性……满足私营部门不可预知的波动需求。"[86] 在这种情形下，央行恰当地履行"最后贷款人"的职能至关重要。

货币思想历史学家托马斯·汉弗莱（Thomas Humphrey）将桑顿和白芝浩的观点概括为 6 个要点：

- 保持货币总量，而不是单个机构（的稳定）。

- 让无力偿还债务的机构破产。

① 探讨历史为什么会这样发展是很有趣的。人们发现了几个原因，例如桑顿的作品比白芝浩的作品更晦涩"难懂"，但这一点尚未有定论。在这个问题上，我倾向于同意弗兰克·费特尔（Frank Fetter）的观点，他在其关于英国货币正统主义的参考著作中声称，白芝浩的名声在外，更多的是出于其作为普及者的贡献，而不是原创思想的创造者："白芝浩的观点可能没有超出巴林和桑顿在 60 年之前所表达的内容，但他让更广的受众信服了他的观点，并传递给下一代人，这些人不再接受巴林和桑顿赖以得出他们结论的前提。"

- 只帮助经营良好的机构。

- 收取惩罚性利率。

- 要求优质担保物。

- 在危机发生之前公布这些信息，让市场确切地知道会发生
  什么。[87]

　　保持人们对金融体系的信任和信心，这些央银的行动准则在今天仍然有效，正如桑顿和白芝浩在 19 世纪提出这些政策建议时那样。此外，桑顿和白芝浩都对道德风险的问题提出了警告。如果人们知道"最后贷款人"可以提供紧急贷款，这可能会促使投资者加大风险投资，从而可能导致更严重的危机。在桑顿和白芝浩的时代，世界是由英国和英镑主导的。显然，如今的政治、经济和金融环境已经发生了巨大的变化，但他们能够产生如此持久的影响力就显得更加不凡了。

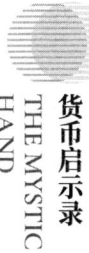

货币启示录
THE MYSTIC HAND

　　诚然，如果这些政策建议在大萧条前和大萧条期间得到货币当局的尊重，结果将会大不相同。不幸的是，20 世纪二三十年代的央行行长没有从桑顿和白芝浩身上学到什么。否则，世界范围的经济和社会崩溃肯定能够得到制止，政治极端分子由此而掌权的机会也会减少。当然，这只是一种基于历史的推测，但如果世界（特别是美国）遵循桑顿和白芝浩提出的"最后贷款人"原则，那么可能会有一个完全不同的历史。

　　正如伯南克在 2002 年 11 月米尔顿·弗里德曼 90 周年诞辰庆典上的

演讲中宣称的那样，当2007—2009年全球金融危机爆发时，央行行长并没有忘记这一教训。多亏了弗里德曼和施瓦茨的研究，央行行长才重新吸取了桑顿和白芝浩的教训。2007年夏天，当金融危机袭来时，他们迅速而坚决地采取行动，阻止了金融体系的全面崩溃，由此，21世纪的大萧条得以避免。我们幸免于毁灭性的通缩、经济和社会崩溃，以及这一连串事件的可怕政治后果。利率被大幅降低，富有想象力的新计划和干预方案不断推出，以拯救金融体系使其免于崩溃。在政府财政的帮助下，央行行长成功地扭转了局面。

后危机时代的金融世界

然而，当2007—2009年全球金融危机的严重阶段刚刚过去，央行行长面临的新情况就出现了，他们突然发现自己处于和平时期从未经历过的环境中。从大萧条中学到的经验教训已经得到了应用，那么现在呢？没有现成的教科书或情境可供他们参考。金融市场仍然非常脆弱，我们时刻面临新一轮经济衰退的风险。宽松的货币政策还能维持多久？改变政策会带来哪些风险？这种风险会迅速发生还是缓慢发生？随着时间的推移，这些政策会产生什么意想不到的后果？这些风险和后果是否超过了对通胀/通缩和经济增长的积极影响？问题比可靠的答案多得多。央行行长很快发现，除了从19世纪的大师那里重新学到的思想之外，他们在后危机世界里所扮演的角色要求他们还要学习更多。2020年初，新冠疫情在毫无防备的情况下冲击了整个世界，这进一步强化了这一点。

新冠疫情导致央行行长增加了对非常规货币政策工具的使用，以防止疫情引发深度萧条。许多国家制定了新的卫生和社交距离规则，这些规则对人民和经济造成的影响形成了令人害怕的局面。国际货币基金组织主席克里斯塔利娜·格奥尔基耶娃（Kristalina Georgieva）宣称："这是一场前所未有的危机……比全球金融危机严重得多。"[88] 2020 年 4 月，英国《金融时报》[①] 著名经济评论员马丁·沃夫（Martin Wolf）总结称，"世界经济正在崩溃……这是第二次世界大战以来世界面临的最大危机，也是自 20 世纪 30 年代大萧条以来最大的经济灾难"。[89]法国总统伊曼纽尔·马克龙（Emmanuel Macron）表示："为了拯救生命，我们让半个星球停止了运转，这是前所未有的。"[90]美国财政部前部长、哈佛大学校长劳伦斯·萨默斯（Larry Summers）声称："自南北战争以来，没有一件事能如此剧烈地改变这么多家庭的生活。"[91]

2020 年 5 月初，英格兰银行警告称，英国"正处于 300 年来最严重的衰退边缘"。[92]世界银行预测，新兴市场和发展中国家的经济将出现 60 多年来的首次下滑；该组织首席经济学家卡门·莱因哈特（Carmen Reinhart）指出："即使以系统性危机的标准来衡量，这也是一场百年一遇、真正意义上的全球危机。"[93]国际劳工组织警告称，全球至少有 1.95 亿个工作岗位将会消失。[94]经济合作与发展组织首席经济学家劳伦斯·布恩（Laurence Boon）称："这次经济衰退造成的经济损失超过了过去 100 年来，除战争时期以外的任何一次经济衰退，对个人、企业和政府都造成了可怕的持续性影响。"[95]国际劳工组织估计，2020 年前 9 个月，全球工人的收入下降了 10% 以上，约合 3.5 万亿美元。[96]

鉴于新冠疫情对社会和经济造成了严重影响，各国央行行长感到有必要推迟货币政策正常化的行动，并加强和扩大非常规货币工具的使用。

---

① 本书中出现的《金融时报》均为"英国《金融时报》"。——编者注

2020 年 3 月，欧洲央行前行长马里奥·德拉吉宣布："我们必须像战时那样行动。"[97] 美联储在危机初期发表了一份声明，称"美联储致力于在这个充满挑战的时期，使用其全部工具来支持家庭、企业和整个美国经济。"[98] 就在同一天，欧洲央行行长克里斯蒂娜·拉加德用自己的话阐述了她的前任德拉吉"不惜一切代价"的观点："我们对欧元负有无限的责任。"国际清算银行货币和经济部部长克劳迪奥·博里奥（Claudio Borio）总结道："（在疫情暴发的头几周）货币政策突破了原有的边界。央行比过去更进一步，寻求覆盖'最后一英里'，它们直接接触企业……为银行贷款提供支撑……在这个过程中，各国央行比以往任何时候都更大规模地扩张了信用。"[99]

为了更好地理解央行行长面临的问题，我们必须首先仔细审视 2007—2009 年的全球金融危机及其更广泛的背景。新冠疫情加速并加深了当前的经济困境，但各国央行行长在全球金融危机期间推出的非常规货币工具至今仍在使用。本书第 2 章记录了金融危机的驱动因素：巨大的房地产泡沫；金融工具（资产证券化）由于评级机构失责而变成欺诈；杠杆和债务水平加速飙升；过度扩张的货币政策；最后，心理因素同样重要，包括从众行为和短视风险。第 3 章主要阐述了全球金融危机演变的过程。

第 4 章详细叙述了各国央行在全球金融危机期间和之后推行的政策：极低甚至为负的基准利率；创设新的再融资机制以应对危机下的特殊情况；大规模资产购买计划（量化宽松）以及前瞻性指引。这些是大多数央行为应对金融危机而使用的非常规货币政策工具箱中的工具，在应对新冠疫情时，央行加速了对这些工具的使用。在疫情防控期间，各国央行进一步扩大了它们作为"最后贷款人"的操作范围。由于在很大程度上忽视了抵押品价值，央行行长成了全球范围内几乎所有类别资产的最后买家。

第 5 章概述了这些非常规货币政策带来的意外后果。随着时间的推移，这些意想不到的后果变得越来越严重，并日益覆盖了它们最初带来的积极影响。

第 6 章评价了以通胀为目标的央行政策框架的缺点，这一框架在近几十年来被大多数央行或明或暗地使用。分析表明，我们需要将重点放在价格稳定和金融稳定这对"连体婴"上，为央行政策制定一个新的框架。

THE
MYSTIC
HAND

第 2 章

杠杆是毒药

THE MYSTIC
HAND

现代金融的大厦建立在

流动性始终充足的假设之上。

第 2 章　杠杆是毒药

2007—2009 年，时任美联储主席本·伯南克、美国财政部部长汉克·保尔森（Hank Paulson）和纽约联储主席蒂莫西·盖特纳（Timothy Geithner）是密切参与控制当年那波全球金融危机的美国政策制定者，他们将这次金融危机描述为"几代人以来最严重的金融危机……这场大火阻断了全球信贷，破坏了公共财政，并使美国经济陷入自 20 世纪 30 年代出现排队买面包和兴建棚户区以来的最具破坏性的衰退"。他们称，"2008 年的金融冲击在许多方面都比大萧条之前的冲击更大，"而且"很难夸大它有多么混乱和可怕"。[1]

伯南克的个人回忆更加直接："在公开场合，我将正在发生的事情描述为'大萧条以来最严重的金融危机'，但私下里我认为，鉴于已经倒闭或接近倒闭的主要金融机构的数量，其在金融和信贷市场的广泛影响及其在全球扩散的范围，肯定是人类历史上最糟糕的一次。"[2]时任英格兰银行行长的默文·金认为："在 2007 年 9 月至 2008 年 10 月这一年多的时间里，曾经被视为智慧的年代现在被视为愚蠢的年代，信仰变成了怀疑。"[3]

正如大萧条一样，2007—2009 年的全球金融危机震惊世人，以下引自国际货币基金组织报告的内容说明了这一点。在危机开始前一年多，国际货币基金组织在 2006 年 4 月发表的《全球金融稳定报告》中指出："人们越来越认识到，银行将信贷风险分散给更广泛、更多样化的投资者群体……有助于提高银行业和整个金融系统的抵御能力……这种能力的提高可能体现在银行避免倒闭和获得更稳定的信贷供应上。因此，作为金融系统核心组成部分的商业银行可能不太容易受到信贷和经济冲击的影响。"[4]一年后，国际货币基金组织在《世界经济展望》中也同样持乐观看法："尽管最近发生了新一轮的金融动荡，但 2007—2008 年的世界经济仍有望持续强劲增长……经济前景的总体风险似乎比 6 个月前要小。"[5]

2008 年底，英国女王伊丽莎白二世访问伦敦经济学院时问道："为什么没有人看到危机的到来？"潮水般的沉默充斥着整个房间。英国商人和学者阿代尔·特纳（Adair Turner）说："2008 年 9 月 20 日是个星期六，我开始担任英国金融服务管理局主席。雷曼兄弟公司在这周一破产了……我们面临着 80 年来最大的金融危机。在我上任前 7 天，我不知道我们正处于灾难的边缘。几乎所有人也都不知道，不管他是在央行、监管机构或财政部，还是在金融市场或主要经济部门。"[6]

特纳的发言有些不公，因为有一些经济学家确实预见到了危机，但只有少数人具备这种远见，能够意识到正在发生的事情，并有勇气逆流而上，挑战危机发展过程中盛行的"皆大双喜"共识。这些"末日预言家"包括芝加哥大学的拉格拉姆·拉詹①、哈佛大学的肯尼斯·罗格夫（Kenneth Rogoff）、耶鲁大学的罗伯特·席勒（Robert Shiller）、纽约大学的努里

---

① 2007 年 1 月，拉詹辞去了国际货币基金组织首席经济学家的职务。

尔·鲁比尼（Nouriel Roubini）[1] 以及国际清算银行的威廉·怀特和克劳迪奥·博里奥，他们都是预测金融风暴来临的"卡桑德拉"（不为人所信的吉凶预言者）。[7]

并非所有人都欣赏他们对不断恶化的金融形势直言不讳的悲观态度。[2] 多年后，当我与拉詹、鲁比尼和博里奥交谈时，他们都承认，尽管当时他们预见到严重的麻烦即将到来，但仍然对危机的严重程度和蔓延速度感到惊讶。每一个经历过可怕的危机肆虐几天、几周、几个月的人，都不会忘记这段经历。

在危机最严重的时期，我正担任比利时一家智库的负责人。2008 年秋天的事态发展让我感到极度恐慌，我甚至一度让妻子悄悄地从我们的银行账户中提取大量现金。我担心我们正陷入混乱，银行的关门和倒闭将不可避免地引发大规模恐慌。多年以后，在担任比利时财政部部长期间，我在与一位政府官员和一位顶级银行家讨论时提到了这一插曲。这两位当年密切参与（政策）讨论的人都承认自己也做过同样的事情。我们当时真的担心天要塌下来了。

史上最大金融危机的 5 个驱动因素

2007 年 8 月 9 日，巴黎异常凉爽。这一天，法国最大的银行法国巴

---

[1] 鲁比尼预测，美元暴跌将导致巨大的危机。这场巨大的危机确实发生了，但并非美元崩溃的后果。

[2] 在 2005 年杰克·逊霍尔研讨会上，美国财政部前部长拉里·萨默斯（Larry Summers）猛烈地抨击了拉詹对即将到来的金融市场动荡发表的意见。

黎银行宣布将关闭三家内部对冲基金。理由是其投资组合存在问题。这些投资组合主要基于美国的抵押贷款票据，而担保债务凭证（CDOs 或 CDO）涉及次级贷款（简称"次贷"）部分。① 次贷是抵押贷款市场中质量最差的部分。

许多人以为，法国巴黎银行的公告是 2007—2009 年全球金融危机的起点。[8] 法国巴黎银行承认自己无法对其不断亏损的基金的资产进行估值，这是一个极其令人震惊的信号，市场也并没有错过这个信号。如果像法国大型银行这样的顶级机构都无法计算出其资产的价值，那么"其他银行怎么可能知道它的真实价值"？[9] 事实上，法国巴黎银行的公告是 2007 年夏天的第三个危险警告，那些没有注意到前两个警告的人终于意识到出问题了：地平线上已经升起了乌云。

同年 6 月，美国五大投资银行中最小的贝尔斯登② 释放了第一个明确信号，预警金融市场出现了重大问题。该投资银行不得不向它的两只基金注入 30 亿美元，而这两只基金被次贷抵押债务凭证淹没了（第 3 章将详述贝尔斯登的故事）。贝尔斯登发出信号几周后，德国又出现了预警信号。德国政府被迫介入并拯救德国工业银行以及萨克森银行和北莱茵－威斯特法伦银行这两家地方银行，因为这三家银行都大量持有美国的次贷票据。当时他们声称，次贷问题纯属美国的问题，后来的事实证明并非如此。

同年 7 月，时任花旗集团 CEO 的查克·普林斯（Chuck Prince）含蓄

---

① 2007 年 4 月，美国主要次级抵押贷款机构新世纪金融公司（New Century Financial Corporation）申请破产。

② 当时的另外四家公司是高盛、摩根士丹利、美林和雷曼兄弟。

地警告称："一旦音乐停止，流动性将变得复杂。但只要音乐还在播放，你就得站起来跳舞。我们一直在跳舞。"[10] 到了 8 月，美国、法国和德国的几家机构都陷入了严重的困境。起因都一样，全世界都热衷于购买美国的房地产票据。普林斯非凡而不寻常的警告表明，这场危机不会局限于少数国家或市场。事情将变得很糟糕，波及面不会仅仅限于小范围之内。

2007 年夏天，当贝尔斯登、法国巴黎银行和三家德国机构面临的麻烦浮出水面时，这场自 20 世纪 30 年代大萧条以来最严重的金融危机的驱动因素已经清晰可见：

- 美国房地产市场出现巨大泡沫，特别是其中次贷的急剧扩张。

- 证券化过程，证券化不断遭受破坏性的过度滥用。

- 大幅增加的杠杆率已经开始控制西方经济，主要是美国、英国和欧元区的一些经济体。

- 美国和其他国家在危机前几年一直奉行宽松和不对称的货币政策。

- 短视的羊群行为，它放大了金融和经济系统受到的冲击。

本章接下来将详细讨论这些驱动因素之间的密切联系，以及它们混在一起时是如何拥有更大的爆炸性的。

美国房地产泡沫背后的 3 大推手

2005 年年中，《经济学人》杂志曾警告称，美国的房价水平太高了，会威胁到整个世界经济的健康。[11] 可以肯定的是，这句话是有预见性的。1997—2006 年，美国的房价在修正了通胀因素后，按实际价值计算，平均上涨了 125%，于 2006 年达到顶峰。2007 年底，房价平均水平比峰值低 10%。最后，房价暴跌了 30% 甚至更多。次贷的情形尤其具有破坏性；严重拖欠或被弃贷的次级抵押贷款的比例从 2005 年秋季的不到 6% 飙升至 2009 年底的 30% 以上。[12]

三大因素助推了这场房地产泡沫：

- 美国人（也有不少外国人）根深蒂固的信念，即美国房地产价格只会朝着一个方向发展，那就是上涨，而且没有上限。
- 房利美和房地美在美国推行的一系列政策，这两家政府担保企业（GSEs）专注于为抵押贷款市场提供再融资。
- 外国投资者对美国房地产证券票据高收益率的无限渴望。

人们错误地认为美国房价只会上涨，购房从一开始就是纯粹的投机行为，但后来竟被视为一种合理的投资。历史告诉我们，这些做法带来了灾难。[13] 年收入不足以支付抵押贷款的购房者仍然决定购买，因为他们相信，以后可以用更高的价格出售房产并获得丰厚的利润。克林顿和布什政府为刺激所有收入阶层，特别是低收入阶层享有房屋所有权，也采取了支持抵押贷款市场的次贷政策。① 次级抵押贷款是提供给那些根据抵押贷款的标准要求（收入和信用记录）不应享有此类贷款的人的一种贷款。

关于次级抵押贷款市场的讨论顺理成章地引出了助长美国房地产市场

---

① 两届政府都将这一战略作为打击美国日益加剧的收入不平等问题的更广泛战略的一部分。

不健康发展的第二个因素，即房利美和房地美所推行的政策。这些政策是在不同的总统政府的住房政策基础之上形成的。[14] 伯南克、盖特纳和保尔森认为房利美和房地美"基本上是道德风险的化身"，这是来自一流的政策制定者的明确界定。[15] 在危机开始时，这两个机构负责为全国 12 万亿美元的未偿还抵押贷款中的一半以上进行再融资，而且房利美和房地美经常被立法者要求增加其再融资活动中的次级贷款比例。1996 年，克林顿政府命令房利美和房地美在其再融资活动中至少要有 42% 的抵押贷款用于收入低于地区中位数的人，而布什政府又在 2000 年和 2005 年将这一比例再次提升至 50% 和 52%。

房利美和房地美为抵押贷款支持证券的违约风险提供担保，并收取费用，这意味着这些证券的购买者完全没有信用风险。人们认为这些担保与美国财政部的担保一样可靠，这一假设被证明是正确的。自然而然，市场就会产生符合这些政策要求的抵押贷款。其中固然存在可怕的不负责任和公然的欺诈行为，但误导性的政府监管无疑推动了次级抵押贷款泡沫的膨胀。

哥伦比亚大学商学院金融学教授查尔斯·凯罗米里斯（Charles Calomiris）这样总结房利美和房地美的角色：

> 房利美和房地美的政治化以及国会议员以居者有其屋的名义鼓励政府担保企业进行不计后果的放贷行为，可以说，这是导致危机的最有害的政策行为……房利美和房地美最终持有 1.5 万亿美元的不良抵押贷款风险头寸……如果没有房利美和房地美从 2004 年开始积极参与次贷购买，不良抵押贷款的总规模可能还不到其实际规模的一半。[16]

查尔斯·凯罗米里斯的结论得到了纽约大学四位经济学家的证实，他们认为："如果没有政府担保企业的参与，抵押贷款融资的大规模扩张肯定是不可能的……金融危机的真相是，居民、抵押贷款人、证券从业者和抵押贷款支持证券的投资者都利用了政府担保企业直接或间接向他们提供的免费服务。"[17]

房地产泡沫背后的第三个因素是外国人对美国房地产证券化机器产生的票据的巨大胃口。随着中国和印度的经济自由化以及苏联的解体，新兴市场的收入大幅增长。此外，在 1997 年和 1998 年的亚洲和俄罗斯金融危机之后，各国政府大幅减少了预算赤字，这使许多新兴国家的国民储蓄率实现上升。这导致国际收支经常账户出现了可观的盈余，积累的大量国际储备，使其经济免受突然发生的大规模资本流动的冲击。这一过程催生了2005 年伯南克所描述的"全球储蓄过剩"。[18]新兴市场的储蓄率在国内生产总值（GDP）中的占比从 1999 年的 24% 上升到 2007 年的 34%。由于投资者会在长期的低利率市场环境中寻找高收益，这些储蓄便越来越多地流向美国。外国储蓄被较高的利率所吸引——特别是美国房地产市场泡沫中的收益率，而且美国金融市场具有较好的流动性和较为健全的法制。

显然，美国房地产行业（尤其是次贷市场）多年来的鲁莽行为在2007—2009 年全球金融危机的发展中发挥了关键作用。但实事求是地说，这里还有其他因素。伯南克、盖特纳和保尔森称，"2008 年金融危机的导火索来自美国次级抵押贷款部门不负责任的贷款。但如果不是整个金融系统都积累了干柴，信贷市场混乱的局部小动荡不可能造成全球金融市场无法控制的大火"。[19]

证券化：风险传染的载体

全球金融危机的第二个驱动力是证券化，具体而言，在危机爆发前几年，证券化进程走得很不顺利。这种金融手段包括将未来产生收入的资产打包成证券，在当下向投资者出售。所有类型的贷款都有资格成为证券化资产，其他资产也可以考虑。例如，1997 年，已故英国流行歌星大卫·鲍伊（David Bowie）将其作品名录版税的未来预期收入以证券化形式出售。投资者为鲍伊管理团队向市场发行的证券支付了 5 500 万美元。因此，鲍伊的创新不仅仅体现在音乐方面。

20 世纪 90 年代，抵押贷款的证券化开始真正启动，尤其是在美国。这一过程产生了大量的债务抵押债券、资产支持证券和抵押贷款支持证券。金融机构竞相开发出新的、日益复杂的 CDO 变种。尽管这些产品直到 90 年代后半期才被发明出来，但仅在 2006 年就有接近 6 000 亿美元的新的 CDO 发行①。与此同时，与这些产品相关的大量信用保险也被开发出来。这些被称为信用违约掉期（CDS）的产品在 2008 年 9 月使保险巨头 AIG 轰然倒下。截至 2007 年底，未偿付的 CDS 的名义金额共接近 60 万亿美元。[20]

理论上讲，这一证券化过程可以在整个市场上更加合理地分散风险，通过更复杂的风险管理，可以使金融体系更有弹性、更加安全。例如，证券化允许银行将其资产负债表上的贷款风险转移到市场中，从而使风险由那些最适合管理这种风险的人和／或具有合适风险偏好的人承担。21 世纪初，包括

---

① 根据国际清算银行统计。

美联储主席格林斯潘在内的许多经济学家坚信，证券化使金融系统更安全，更不容易发生毁灭性的银行危机。[①] 不幸的是，现实中的情况有些不同。用伯南克的话说，"证券化本应通过将成千上万的贷款打包成证券来分散风险……（但它却成了）全球风险蔓延的助推器"。[21]

伯南克对证券化，特别是抵押贷款票据证券化的脱轨作了最好的描述："在危机爆发前的几年里，银行及其监管机构都没有充分了解银行对可疑抵押贷款和其他风险信贷的风险敞口。"[22] 这一点在抵押贷款证券中体现得最为突出，但其他类型贷款的证券化也造成了严重的问题。

第一个因素是证券化导致承销商对申请抵押贷款的人的信用质量的关注度大大降低。[23] 如果抵押贷款可以在几周内被证券化、推向市场，并从贷款发放者的资产负债表中删除，那为什么还要花力气对购房者进行详尽的筛选？市场对证券化抵押贷款票据的需求是旺盛的，所以无论证券化机器生产出什么，感兴趣的买家都已经准备好了。每个人似乎都忘记了，通过证券化票据的交易来配置风险并不能使风险消失。相反，由于证券化允许银行从其资产负债表中把贷款甩走，购房者就会越来越多地寻求以同样方式抛售的新贷款。随着越来越多的贷款被创造和证券化，它们的质量也在下降，因为银行优先服务的是风险最小的借款人。

证券化手段的大量使用对风险进行了重新配置，同时也给金融系统带

---

① 1998 年冬天，在麻省理工学院经济系的一次采访中，2008 年 9 月至 2015 年 9 月担任国际货币基金组织首席经济学家的奥利维尔·布兰查德表达了同样的信念。

来了更多风险。然而，用伯南克的继任者、美联储前主席珍妮特·耶伦（Janet Yellen）的话说，证券化过程创造了"低风险的假象"。[24] 一旦人们开始怀疑风险在哪里，哪些证券是不良的，以及谁被困在垃圾投资组合中时，就会立即引发市场恐慌。正如伯南克所写，在金融危机期间，证券化以闪电般的速度发展成"全球风险蔓延的媒介"。

第二个因素是证券化过程中固有的连续切割，即证券化票据的重新打包。 对抵押贷款进行切割的初衷是微调贷款组合以满足投资者的不同口味。愿意接受高风险的投资者可以比那些厌恶风险的投资者获得更高的回报。但越来越多的情况是，重新打包的证券化抵押贷款掩盖了真正的风险。国际货币基金组织估计，90% 源自美国的次级抵押贷款最终都转化成了最高评级（AAA）的证券化票据。评级机构在竞争的驱使下急于收取费用，结果使他们的评级责任变成了一个笑话，他们也深知这一点。[①] 2014 年诺贝尔经济学奖获得者让·梯若尔（Jean Tirole）用半开玩笑的语言优雅地说："这些机构的激励措施与监管机构的目标不完全一致。"[25] 一旦市场发现这些机构（穆迪、标准普尔和惠誉是最重要的三个机构）对漂浮在世界各地的抵押贷款相关证券的评级是完全不可靠的，就会加剧金融市场的风暴和恐慌情绪的蔓延。

第三个因素是证券化的过程与金融部门的奖金发放之间存在着不正常的互动。[26] 大多数奖金制度都是以短期利益为导向的，即根据财政年度或更短的时间段内产生的利润来计算奖金。这种奖金制度激励金融部门尽可能地打包和重新包装抵押贷款，以最大限度地提高 AAA 评级比例。只有这样，才

---

① 2014—2018 年担任比利时财政部部长期间，我亲身体验了这些评级机构是如何加倍努力工作的，以表明他们这次真的很认真，并改掉了他们的坏习惯。

能从这些交易中获得丰厚的利润，并将与之对应的奖金收入囊中。至于这些证券化的定时炸弹在未来可能带来什么问题，就不是他们关心的了。① 简言之，这是一个典型的"我死之后哪管那洪水滔天"的例子，人们自私地忽略了未来可能发生的问题。

货币启示录
THE MYSTIC HAND

此外，证券化并不是唯一脱轨的新型金融手段，风险管理的盲目数学化也起了作用。有人认为这一切始于 1989 年，当时摩根大通的首席执行官丹尼斯·韦瑟斯通（Dennis Weatherstone）要求员工在每天下午 4 时 15 分之前向他提交一份公司资产负债表的定量风险评估。很快，风险方差法（VaR）就成为金融机构普遍使用的风险量化方法，量化分析员（擅长数学和统计方法的人）的时代到来了。[27] 我们没有必要深入探讨风险方差法和其他复杂的风险测度方法，但我们可以得出结论，金融机构领导层使用这些工具的方式经常公然地忽略了尾部风险。[28] 美籍黎巴嫩作家纳西姆·尼古拉斯·塔勒布（Nassim Nicholas Taleb）将尾部风险称为"黑天鹅"，即发生概率极低的事件。[29] 不幸的是，当金融市场上发生"黑天鹅"事件时，就像金融危机期间发生的那样，其后果是非常严重的。盲目相信风险管理的数学方法，使许多机构对"黑天鹅"的破坏性毫无准备。

---

① 1989 年，杰里米·斯坦概述了此类策略的"吸引力"，认为其对长期绩效不利。

这些量化模型在防止重大管理失误方面的明显失败让人想起爱因斯坦的一句话，"不是所有重要的东西都能被测量，也不是所有能被计数的东西都重要"。英格兰银行董事安德鲁·霍尔丹（Andrew Haldane）敏锐地指出："所有的模型都是错的。唯一没有错的模型是现实，而根据定义，现实不是模型。在这场危机中，风险管理模型从更加根本的意义上证明了自己的错误。他们没有通过凯恩斯的测试，即大体上正确比精确的错误要好。事后看来，这些模型非常精确，又非常错误。"[30]

令投资者"在海里裸泳"的超常杠杆

2007—2009 年全球金融危机背后的第三个驱动力是金融系统和其他经济部门的大量杠杆。杠杆是一个花哨的词，用来描述一个经济体、金融机构、公司、家庭或个人的负债程度。纵观整个经济和金融史，健康的杠杆率被证明是一件好事，因为它可以促进经济增长和社会进步。但是，好东西一多，很快就会变成一件非常糟糕的事情。正如默文·金所指出的，"尽管金融界有许多聪明的创造发明，但不管是过去还是现在，其脆弱之处始终在于这里有超常的杠杆水平"。[31] **过度的杠杆可能是金融危机背后的主要破坏力。**

想要在杠杆率问题上得出有意义的结论，债务水平就必须依据债务人的偿还能力来衡量，而偿还能力主要取决于可用收入。就个人或家庭而言，如果你的年净收入是 50 000 美元而不是 250 000 美元，那么同等数额债务的意义就大不相同。对整个经济而言，GDP 很好地衡量了政府可以用来偿还债务的收入。因此，公共债务占 GDP 的百分比是衡量一个国家杠杆率水平时的最相关的参数。盈利能力和现金流为公司和金融机构的偿债能力提供了基本的衡量标准，而家庭和个人则依靠可支配收入来履行他们所承担的债务负担。

当然，债务人的净资产状况（资产减去债务）也是判断债务负担和杠杆水平的一个重要因素，因为主权国家、公司、金融机构、家庭和个人都可以出售资产来履行债务。在本书中，我将重点关注根据收入指标来衡量的债务，因为以净资产状况衡量杠杆率可能会得出误导性的结论。如果扩大信贷导致资产价格上涨（例如房地产或股票），那么只看未偿信贷与资产价值的关系可能会给人一种印象，即在资产价格迅速上涨的情况下，杠杆率没有太大变化，甚至有所降低。然而，当资产价格下跌时，杠杆率问题会在眨眼间凸显出来，就像沃伦·巴菲特所言：只有当潮水退去时，你才知道谁在裸泳。

在 2007—2009 年全球金融危机之前的一段时期，以收入指标衡量的债务杠杆率急剧上升。债务增长的速度比经济增长快得多。世界上很多地方都出现了有史以来最疯狂的"杠杆狂欢"。到 2007 年底，未偿债务总额达到 142 万亿美元，相当于世界 GDP 的 269%，和 2000 年相比，未偿债务增加了 57 万亿美元，占了 GDP 的 23%。[32] 在各经济部门都可以看到：世界范围内的杠杆率正在大规模增长。在金融危机爆发之后，随着新冠疫情的到来，杠杆率将达到峰顶。① 在发达国家，2008 年之前的 20 年里，信贷规模每年都在以 10% ～ 15% 的速度增长，而同期年度名义收入增长仅约为 5%。[33]

在发达国家，特别是美国和欧元区，金融危机导致的债务增加十分显

① 详见第 5 章第二节。

著。美国经济中的债务总额从 2000 年 GDP 的 250% 左右飙升到金融危机开始时 GDP 的 350% 以上。[34] 相比之下，之前美国的总债务占 GDP 的比例增加 100 个百分点需要近 50 年，而不是 8 年。欧元区也出现了类似的情况，债务总额从 2000 年 GDP 的 280% 增长到金融危机开始时 GDP 的 350%。在美国和欧元区，私营部门（公司、家庭以及金融机构）杠杆的增长最快。

这里必须对公共部门和私营部门进行区分。在民主国家，政府通常在控制预算赤字方面存在持续的问题，这被称为凯恩斯主义留下的错误一面。[35] 当经济衰退时，失业救济和其他福利支出等自动稳定器会增加，税收也会减少。由此导致的预算赤字也是正常的。在经济向好的时候，赤字应该随着自动稳定器的反向效能而消失。因此，政府的杠杆率（债务占 GDP 的百分比）不应该有太大的变化。这种方法也为必要的公共投资和干预留下了空间，而这些投资和干预在金融危机和新冠疫情等突发事件发生时至关重要。政府必须有回旋的余地，以便为公民利益采取必要的手段。

货币启示录 THE MYSTIC HAND

不幸的是，历史向我们讲述了一个不同的故事。在政治家的手中，凯恩斯主义的遗产总是被用来为全面赤字辩护。在经济不景气时，有人认为，需要尽一切可能来应对经济衰退，政府部门可以通过增加开支、减税、到处撒钱等方式来留住选票，而不必太担心赤字和债务问题。当经济好转时，要避免做任何会扰乱经济增长的事情，所以，尽管对赤字问题存在一定担忧，还是应保持沉默。在一个民主社会，赤字问题会持续不断地出现，想要消除赤字并非易事。简单来说，经济会因政治而脱轨。当政治家们将目光集中在下一次选举时，他们宁愿扩大开支也不愿削减开支。左派政党增加政府开支来实现其意识形态目标使得这个问题更加严重。

在美国，尽管关于预算赤字的辩论经常会很激烈，但对预算赤字的结构性问题，却很少有人在意。这种态度在很大程度上与以下事实有关：鉴于美元在世界经济和金融事务中占据主导地位，美国可以相对容易地通过融资支撑这些赤字。任职于 20 世纪中期的法国传奇总统戴高乐首次将这种优势称为"嚣张的特权"（exorbitant privilege）。[36] 1971 年，曾担任理查德·尼克松的财政部部长的小约翰·康纳利（John Connally）对一群惊讶的欧洲多国的财政部部长说："美元是我们的货币，但这是你们的问题。"[37] 当然，随着美国经济主导地位的下滑及其货币贬值，这种"过分的特权"将逐渐消失。

在欧洲，预算赤字不断增加的同时也增加了政府杠杆，这与过去在社会保障福利领域作出的承诺有很大关系。但这并不是说美国没有面临过兑现过去的承诺这一微妙问题，而是说欧洲在这条路上走得更远。德国前总理安格拉·默克尔（Angela Merkel）有一句名言：欧洲占世界人口的 7%，占世界经济的 25%，占世界社会福利支出的 50%。[38] 在持续的高增长率和存在人口红利的时代很容易兑现的计划，在增长下降和人口进入老龄化时就变得难以兑现了。从政治上讲，背离社会福利支出（尤其是养老金）的承诺是非常困难的，尤其是当税率过高，以至于成为经济的拖累时。通过增加未偿债务来摆脱困境实际上是唯一的政治选项，特别是央行行长的神秘之手似乎有能力遏制任何随之而来的危机时。

危机中的流动性枯竭

在金融危机爆发前的时间里，私营部门的杠杆已经发展到了极致。在私营部门，杠杆可以大幅提高资本回报率。假设你投资了 1 000 万美元的自有资金，为你带来了 100 万美元的利润，你获得了 10% 的回报。现在，假设你只用 200 万美元的自有资金和 800 万美元的借入资金来进行同样的投资。假设借入资金需要支付 3% 的利息成本，那么你就会得到 76 万美元的净利润（100 万美元减去 800 万美元的 3%）。现在你的资本回报率是38%，几乎是初始投资回报率的 4 倍。[①] 同样，如果你只投资了 50 万美元的自有资金，剩余的 950 万美元均为借入资金，那么资本回报率就会远远超过 100%。

借贷成本越低，增加杠杆率就越有吸引力。当然，如果投资一个项目的利润很薄，投资损失会很快将整个项目抹杀。这就是为什么一旦市场转向，高杠杆率的金融机构会很快陷入动荡，就像金融危机所展示的那样。[②] 大多数银行的杠杆率之所以会很高，与银行资本监管的国际规则巴塞尔协议有很大关系。[③] 我们不必对这些规则作过多的技术分析，只需了解其中的基本一点：它们要求银行保持最低限度的资本，而银行资本缓冲的实际比例比大多数人想象的要小。[39] 此外，几乎所有的银行都会创建一些资本非常稀薄的用于特殊目的机构，法国巴黎银行和贝尔斯登就是如此。当一切都乱套时，银行将这些机构重新纳入其资产负债表，这使其陷

---

① 如果考虑到支付利息的最终税收减免，净回报甚至更高。

② 虽然金融危机的震中在美国，但欧洲主要金融机构的杠杆率高于美国。

③ 这些规则大多是在位于瑞士巴塞尔市的国际清算银行谈判达成的，因此也被称为"巴塞尔规则"。

入瘫痪。

金融系统的杠杆率增加推动了金融部门的增长。1950 年，金融业对美国 GDP 的贡献为 2.8%，1980 年增加至 4.9%，2006 年增加至 8.3%。[40] 在 1950—2006 年，美国金融业的增长速度是其他部门的 3 倍。欧洲和日本也有类似的情形。不可否认，金融发展给经济和社会的进步带来了积极的影响，但显然到了一定程度，金融的贡献就会由正转负，或者至少其好处会大大减少。[41] 芝加哥大学布斯商学院教授路易吉·津加莱斯（Luigi Zingales）令人信服地指出，金融专家夸大了金融的好处，误导了社会，他的结论是，"如果没有适当的规则，金融活动很容易沦为寻租活动"。[42]

令现代金融具有负作用的一个因素是，金融业在经济中的相对份额不断增加，加之金融业支付的工资较高，它可以将人力资本从那些对社会贡献更大的部门中轻易吸走。[43] 此外，在开发满足证券化机器所需的复杂衍生品时，金融业需要大量数学、统计学、物理学和计算机技术博士。特纳说："全世界的交易室里充满了数学和物理学领域的顶尖毕业生，他们将自己的技能用于交易策略和金融创新，而不是投入科学研究或工业创新中去。"[44]

货币启示录
THE MYSTIC HAND

杠杆通常是启动突破性创新的必要条件。近一个世纪前，传奇经济学家约瑟夫·熊彼特总结道："资本主义是私有产权经济的一种形式，在这种经济中，创新是通过借钱来实现的，一般来说，尽管不是出于逻辑上的必要，但这意味着创造信贷。"[45] 大多数时候，从事革命性创新的人缺乏资源来进行必要的投资。富人很少是那种跳出框框思考问题的革命性创新者。相反，他们往往对现状更感兴趣。
因此，原创性发明往往来自那些奇人异士。

　　尽管杠杆可能很有吸引力，但高杠杆会带来急性和慢性风险。正如卡门·莱因哈特和肯尼斯·罗格夫在《这次不一样：八百年金融危机史》(*This Time Is Different: Eight Centuries of Financial Folly*) 一书中总结的那样："高杠杆经济体，尤其是那些只有对流动性相对较弱的基础资产抱有信心才能保持短期债务滚动的经济体，很少能永远持续下去，特别是当杠杆不受控制地持续增长时。"[46] 对债务人偿还债务的意愿或能力的担忧可能会导致融资危机，由此，债权人不愿意提供新的贷款或展期现有的贷款，这会使建立在杠杆基础上的银行体系崩溃。如果市场出现恐慌，一个自我实现的厄运循环就开始了。风险溢价不断攀升，资产抛售使债务人的状况进一步恶化。像这样的融资危机在金融危机的发展中起到了关键作用。

　　现代金融的大厦建立在流动性始终充足的假设之上。虽然在正常情况下这是一个合理的假设，但当麻烦开始时，它很快就变得不再现实。正如经济学教授佩里·梅林所说：

　　　　你不知道你得到了什么，直到它消失。流动性就是如此。总有一天，你会得到一个收益很高的固定收益证券投资组合，你可以很容易地将这些证券作为抵押品，在深度流动的货币市场上进行融资。然而第二天，你很有可能就不能再以任何合理的利率借款了，也不能以任何合理的价格出售你完美的投资组合了。因为流动性消失了，而且它很快也会把你带走。[47]

　　金融业的一条铁律是："危机中流动性为王。"[48] **杠杆会以三种形式增**

加金融危机的风险，即银行危机、主权债务危机和通过杠杆在国外获得大量资金时可能发生的外部融资危机。当然，在现实世界中，金融危机可能同时包含以上几种形式。杠杆引起的危机往往具有长尾效应，它会导致GOP 在很长一段时期内增速放缓，而且，这个问题解决起来代价高昂。[49] 在杠杆率没有大幅上升的情况下出现的泡沫往往对整个经济的影响相对有限。1987 年 10 月的股市崩盘和 21 世纪初的互联网狂热消退之后，就出现了相对良性的去泡沫化事件。在这两个例子中，杠杆率在泡沫增大期间没有大幅增加，当泡沫破裂时，经济增长虽有所放缓，但没有陷入严重的衰退。然而，在 2007 年之前的几年里，不断攀升的杠杆率最终达到了峰顶，在这种情况下，泡沫导致了自第二次世界大战以来最大的金融危机和最严重的经济衰退。

泰勒规则

美国和一些欧洲国家的过度杠杆、证券化和其他花式金融手段的失控，以及巨大的房地产泡沫，几乎立即被认为是贝尔斯登、法国巴黎银行等金融机构在 2007 年夏天面临困境的主要驱动因素。人们越发怀疑：或许还有更多的金融机构处于类似甚至更加糟糕的境地，这一点毫不奇怪。但事实上，2007—2009 年全球金融危机背后的故事远不止于此。危机的第四个驱动因素在于央行，美联储在前几年推行的货币政策尤其如此。一旦危机开始，第五个驱动因素——人类短视的从众行为就变得很明显，19 世纪的一位敏锐的观察者将其描述为"异常普遍的妄想和人群的疯狂"。[50]

让我们仔细看看货币政策。央行在经济和社会进步中发挥着重要作用，尽管其货币政策的具体目标可能有所不同。例如，美国国会赋予美联储双重使命，它有三个明确的目标：就业最大化、价格稳定和温和的长期利率。[51]欧洲央行面临的似乎是一个更简单直接的任务，维持欧元区内的价格稳定。①欧洲央行将价格稳定定义为中期内年通胀率"低于但接近2%"。

在 2007—2009 年全球金融危机之前，世界上大多数央行将重点放在价格稳定和总体经济形势的改善上（以经济增长和就业为主要特征）。本质上，它们瞄准的是通胀目标，始终关注的是经济的整体状况。在金融危机爆发之前，央行的短期政策利率是它们指导经济和金融系统并完成其法定任务的主要工具（央行决策的总体框架将在第 6 章阐述）。

货币启示录
THE MYSTIC HAND

长期以来，如何判断央行政策的质量一直是研究人员、政治家、记者，显然也是央行行长的首要议题。具体来说，这一讨论中的关键点在于，央行行长是应该遵循具体规则，还是应酌情行事，即他们的行动应该视当时的具体情况而定。20 世纪 50 年代，米尔顿·弗里德曼极力主张央行应遵循严格的货币增长规则，即货币的年增长率应等于经济的实际增长率。[52]20 世纪七八十年代，央行应遵循规则还是应酌情行事成为一个热门话题。[53]在 20 世纪的最后 20 年里，人们达成了一个相对共识，这与桑顿和白芝浩的观点是一致的，即央行应该遵循某些规则，但要有足够的灵活性。在特定情况下，可以进行政策干预，使其大大偏离规则规定的实际政策利率。

---

① 根据欧洲央行章程第 2 条的规定。

斯坦福大学教授、经济学家约翰·泰勒（John Taylor）曾为多位美国总统提供过政策咨询，包括杰拉尔德·福特、吉米·卡特和两位乔治·布什。1993 年，泰勒提出了制定货币政策规则的想法，很快，这一规则就以他的名字命了名。随着时间的推移，这一规则逐渐成为整个行业研究的主题。[54] 渐渐地，泰勒规则被公认为指导和判断央行所推行政策的最佳方法之一。可以说，"泰勒规则彻底改变了许多央行决策者思考货币政策的方式"。[55] 泰勒规则有许多不同的形式，有些相当复杂。最终，三个变量共同决定了央行的政策利率应该是什么，我们会进一步分析和解释。**如果实际政策利率高于泰勒利率，那么货币政策就是限制性的；如果实际政策利率低于泰勒利率，那么货币政策就是扩张性的。**

泰勒规则方程中的第一个变量是自然利率。正如第 1 章中桑顿认为的那样，经济中的贷款利率和利润率之间的差异是至关重要的。用今天的话说，桑顿所说的利率是央行的政策利率，而利润率与自然利率非常相似。

19 世纪末，伟大的瑞典经济学家克努特·威克塞尔（Knut Wicksell）在定义自然利率的概念时进行了充分研究。如果在稳定的通胀环境下，经济中所有可用的生产要素都被使用，即当经济以其潜在的产出能力运行时，自然利率就会浮现出来。据他估计，自然利率约为 2%，但最近几年，人们认为自然利率接近 1% 甚至更低，当然，这衡量的是美国和欧洲的情况。[56] 2019 年过半时，美联储理事会认为自然利率仅仅只有 1.5%。[57] 做出这些估计时，周围还环绕着众多巨大的不确定性。[58]

泰勒规则方程中的第二个变量是通胀率。人们需要把通胀率和通胀预期的组合与央行设定的通胀目标进行比较。例如，对于欧洲央行来说，后者将"低于但接近 2%"。如果通胀率高于央行目标，央行应提高政策利率以减少通胀压力。

泰勒规则方程中的第三个变量是经济增长率。如果当前或预期的增长率低于潜在产出的年增长率（估值为 2%），那么就需要出台一些刺激经济的措施，央行应该降低政策利率。实际产出和潜在产出之间的差异通常被称为产出缺口，理论上讲，这是一个非常有吸引力的概念，但难以可靠地估计出来。各国央行对通胀变量和增长变量的权重并不相同。与那些认为经济总体状况是其政策决定中更重要的变量的央行相比，更保守的央行倾向于对通胀变量给予更大权重。

让我们用一个简单的例子来说明泰勒规则。假设自然利率为 1%。实际和预期的通胀率徘徊在 3.5% 左右，2% 是央行的通胀目标。接下来，假设年增长率为 3%，潜在产出增长率为 2%。对于假设的最后一部分，央行对价格稳定的重视程度略高于经济增长，这种选择意味着，通胀的权重为 60%，增长的权重为 40%。应用泰勒规则可以计算出利率：[1+0.6×（3.5%–2%）+0.4×（3%–2%）]=2.3%。如果政策利率保持在 2% 的水平，考虑到高通胀率和产出增长均快于潜在产出增长这一事实，央行应将利率提高至 2.3% 甚至更高。在泰勒规则的运行中，实际数字并不重要。在所举的例子中，央行显然应该提高其政策利率。

当然，这个例子非常简单，央行行长可以直接做出决定。在现实中，他们所面临的情况通常更为复杂。例如，当通胀变量表明需要限制货币政策（以提高政策利率）的时候，增长变量又表明存在降低政策利率的空间（实际增长低于潜在增长），央行行长就需要仔细判断和谨慎行事。但泰勒规则提供的指导很重要，因为它使央行行长能够进行结构化的政策讨论，且保持了时间的一致性。为了使央行选择的政策选项在金融市场和经济中产生最大的效用，确保时间的一致性是必需的。

尽管桑顿和白芝浩缺乏技术和工具来进行类似泰勒规则的推导工作，但我们很容易想象，他们会相当认同这种方法，因为它强调了基于规则透明度的重要性。两人都认为，货币政策要考虑到经济中正在发生的事情，明白央行行长的主要任务是避免通胀和通缩，同时也要仔细考虑经济的发展情况。泰勒规则得以良好运用，意味着使用者要意识到按照泰勒规则计算时存在着一定的困难和不确定性。**泰勒规则是一个很好的工具，有助于判断央行是否在通胀和通缩方面保持其政策轨道，出台的政策是否有利于整体经济形势，与此同时，是否考虑到了金融稳定。**

激发疯狂的宽松货币政策

按照泰勒规则，各国央行在过去 20 年中所推行的货币政策表现如何？对于整个世界经济，国际清算银行的经济学家计算出了有效政策利率，以及如果央行严格遵循泰勒规则，该政策利率应是多少。[59] 在 20 世纪 90 年代和 21 世纪初，泰勒利率和有效政策利率一直很接近。从 2002 年到全球金融危机爆发，政策利率远远低于泰勒利率，到 2007 年，政策利率几乎是泰勒利率的一半。在金融危机的严重阶段，两种利率再次重合。然而，从 2009 年开始，二者的分歧又开始了，政策利率又一次明显低于泰勒利率。[60]

在发达国家，美国的政策利率和泰勒利率之间差异最大，但在其他国家，货币政策也倾向于朝着同样的扩张方向发展。[61] 可以确定的是，在美国推行的货币政策存在着通过不同机制发挥作用的国际传导因素，其中最重要的是汇率。[62] 许多新兴国家都学习发达国家实行非常宽松的货币政策，因为它们担心：如果不跟随美国和其他发达国家的脚步，它们实行的宽松的货币政策就会推高自己的汇率，伤害自己的竞争力和发展前景。用克劳迪奥·博里奥的话说，"宽松的货币政策会带来全世界的宽松"。[63] 无论它们是否喜欢，鉴于美元在国际金融和贸易中的主导地位，新兴国家除了跟随美国的货币政策外，没有其他选择。[64]

在金融危机之前，有两个因素可以解释实际货币政策利率和泰勒利率之间存在的差异。**第一个因素是日本综合征。**2000 年网络泡沫破灭和 2001 年 9 月 11 日恐怖袭击的双重冲击打击了美国和欧洲的信心，它们害怕会发生像日本在 20 世纪 90 年代初巨大的房地产和股市泡沫破灭后所遭遇的持续通缩。许多经济学家认为，通缩是日本经历"失去的十年"这一经济衰退阶段的主要原因。[65] 2002 年 11 月，伯南克在他作为美联储理事的第一次演讲中明确表示，必须尽一切可能防止通缩在美国蔓延。[66] 伯南克的讲话包含了 5 年后全球金融危机肆虐时美联储政策的主要内容。**第二个因素是货币政策的风险管理方法。**这种方法是美联储前主席艾伦·格林斯潘发明的。[67] 这种方法基于的信念是：货币政策中有足够强大的工具，使其可以在泡沫破灭后做出快速和明智的反应。格林斯潘和其他坚持风险管理方法的人认为：首先，及时发现泡沫并加以解决是非常困难的；其次，就失业和生产损失而言，主动预防泡沫的代价太高。格林斯潘倡导的"事后清理"战略逐渐获得了更多的认同，因为积极的流动性注入似乎可以解决由连续发生的危机带来的问题。例如，为应对 20 世纪 80 年代的储蓄和贷款机构危机、1987 年 10 月的股市崩盘、海湾战争、亚洲和俄罗斯金融危机、90 年代的长期债务管理公司危机以及前述互联网去泡沫化和 21 世纪初的恐怖袭击所采取的政策。

格林斯潘在回忆录中总结的货币政策风险管理方法如下：

> 经过周密的思考，我认定，美联储能做的最好的事情就是坚持我们的核心目标，即稳定产品和服务价格。通过做好这项工作，我们将获得必要的影响力和灵活性，以在发生经济崩溃时控制损失。这成为联邦公开市场委员会（FOMC，美联储的中央政策制定机构）内部的共识。如果市场出现大跌，我们将积极行动，通过推出的货币政策降低利率，向系统注入流动性，从而缓解经济衰退。[68]

格林斯潘的同行，英格兰银行前行长默文·金在他的回忆录中总结道："随着时间的推移，当问题出现时，向系统注入流动性比设计一个能抵御道德风险的框架更容易。"[69]在全球金融危机期间以及之后的时间里，关于央行应"逆风而动"还是应"清理"货币政策风险管理方法的讨论变得十分激烈。[70]

在全球金融危机之前的几年里，我们不知为何货币政策会如此宽松。央行行长（主要是美联储）协调政策变化的方式导致私人市场参与者有了系统性预期。货币政策开始变得不对称：当市场下跌时，人们采取了迅速而积极的行动；但当市场上涨时，人们不愿意调整政策立场。在2000年底互联网泡沫破灭时，时任德意志银行证券公司负责人的埃德·亚德尼宣称："自己并不太担心，因为我知道美联储是我们的朋友。"[71]这种情况被称为"格林斯潘操作"，后来又被称为"伯南克操作"。相关内容将在第6章介绍。[72]

格林斯潘或伯南克操作引发的行为受到道德风险的强烈影响。当人们生活、工作和投资的环境发生变化时，他们会调整自身的行为。比如，监管或政府政策发生变化时。格林斯潘或伯南克操作的结果是，由于美联储和大多数其他央行准备在市场转向负面时迅速而有力地进行干预，投资者将对其战略的潜在损失的担忧降到了最低。由此，风险偏好缓慢但确定地进入了许多投资者的行为和策略中。[73] 像格林斯潘和伯南克这样的央行行长似乎很清楚这种偏好变化的意义，但他们对货币政策的风险管理方法的信念使他们尽可能将与货币政策战略相关的风险降至最低。[74]

货币启示录 THE MYSTIC HAND

在所有这些考虑和立场中，央行行长所使用的经济和计量模型发挥了重要作用。这些模型，无论是新古典主义还是新凯恩斯主义，都在很大程度上依赖于理性预期假设，由于这一内在假设，经济可以相当平缓地恢复到均衡状态。此外，这些模型基本上忽略了金融发展。[75] 货币在长期和短期内都被认为是中性的。在全球金融危机最严重的时期结束后，时任英格兰银行行长默文·金认可了货币经济学中主流计量经济学模型的结论，即"货币、信用和银行没有实际的作用"。[76] 如果桑顿和白芝浩"听到"这个消息，一定会在坟墓中背过脸去。央行行长没有学到桑顿以及他之后的许多人认为应该成为央行政策焦点的一个重要教训，即经济中的实体部门和金融部门会对彼此产生巨大影响。

尽管像伯南克、艾伦·布兰德（Alan Blinder）等著名学者和曾供职于美联储的官员，以及 2013 年诺贝尔经济学奖获得者罗伯特·席勒等重要作者都极力低估货币政策在全球金融危机之前的作用，但相反的论点及其证据还是相当有说服力的。[77] 高度宽松的货币政策和政策反应的不对称性助长了投资者对资产价格不断上涨的预期，从而带来了一种"普遍的狂热氛围，同时推动资产价格、消费和投资支出的增加，社会各阶层广泛参与到投机浪潮中"。[78] 正如经济学家海曼·明斯基（Hyman Minsky）在 20 世纪 80 年代提出"金融不稳定假说"时指出的那样，大量的信贷供应至少部分是由宽松的货币政策激发的，在向金融不稳定的演变中起着关键作用。[79] 2007—2009 年的全球金融危机成为这一逻辑的极端例证，并产生了灾难性的社会和经济后果。

罗素的"火鸡幻觉"

过度宽松的货币政策导致信贷供应大幅扩张，这推高了杠杆率，而房地产热潮和证券化的愚蠢行为创造了一种环境，人类的心理更容易被乐观情绪感染，甚至陷入彻底的狂躁。拉詹指出，根据明斯基的分析，金融稳定总是播下不稳定的种子，"周期性的乐观情绪……由繁荣产生的乐观情绪"经常占上风。[80] 莱因哈特和罗格夫在其开创性著作《这次不一样：八百年金融危机史》中总结道，"技术在变化，人类的身高在变化，时尚也在变化。然而，政府和投资者自欺欺人的能力似乎一直保持不变，这会引起周期性的乐观情绪，但通常会以泪水收场"。[81] 当乐观情绪稳定下来时，人们就会忘记一些基本的事实，就像金融界的一句老话：没有风险就没有收益。一般来说，投资回报越高，风险就越大。人们常常忘记：**隐蔽的风险仍然是风险，而且往往是最危险的。**

金融乐观情绪的现象以及随之而来的种种过度行为，一直是几本杰出著作的主题。[82] 最早被广泛记录的泡沫之一是 17 世纪 30 年代袭击荷兰的"郁金香狂热"①。数学家、占星家、哲学家和央行行长先驱（在这个概念出现之前）牛顿也知道泡沫的危险。1720 年，牛顿预感到"南海泡沫"即将破裂，他自己也将因此损失惨重，于是他喃喃自语，说自己"可以计算天体的运动，但不能计算人群的疯狂"。[83]

不同的心理因素每隔一段时间就会挑起金融乐观情绪。"火鸡幻觉"是由英国伟大的历史学家、哲学家和数学家罗素首次提出的概念。这一概念描述了一只火鸡的困境，它认为自己的舒适生活将永远持续，即每天在差不多相同的时间被喂食。[84] 在感恩节来临前几天，农夫突然停止喂食并要杀死火鸡时，火鸡感到非常惊讶。事实上，很多人都陷入了火鸡的幻觉中。当欣喜若狂以眼泪结束时（希望不是以血的代价告终），随着事态的发展，那些正在哭泣的人是最感到惊讶的。

罗素的"火鸡幻觉"显然与灾难短视和从众心理有关。灾难短视指的是人们认为某种灾难（例如金融危机）发生后，随着时间的推移，再次发生的可能性很低。[85] 正如伯南克、盖特纳和保尔森所总结的那样，"金融危机再次发生的部分原因是记忆的消退"。[86] 事实上，2005 年是自大萧条以来的第一个美国没有发生任何银行倒闭的年份，这促使人们相信重大银行危机已经成为过去式。灾难短视在群体压力下被加强成了普遍的情绪，因为没有人愿意成为宴会的扫兴者。约翰·肯尼思·加尔布雷斯（John Kenneth Galbraith）在谈到大萧条之前的 20 世纪 20 年代末的乐观情绪时说，"到了 1929 年夏天，（股票）市场不仅主导了新闻，也主导了文化"。[87] 罗伯特·席勒提到了"繁荣思维的社会传染病"。[88] 历史表明，传染病也强烈影响到了监管者和立法者的行为。

———————————

① 本书第 5 章将对"郁金香狂热"进行详述。

在 2007—2009 年全球金融危机之前的几年里，"大温和"的概念得到了广泛关注，这并非巧合。[89] 这一观点认为，由于央行采取了成功的货币政策以及存在其他影响因素，因此经济的发展在增长和通胀方面逐渐变得更加稳定。有些人认为，整个社会很大程度上已经接近于了解到宏观经济的所有知识。[90] 在全球金融危机之前的几十年里，几次重大危机都得到了成功的控制，市场和政策制定者（最重要的是央行行长）在应对不利事态发展方面变得更加明智这一认知由此被加强了。[91] 但是，正如美联储前主席珍妮特·耶伦所强调的，"大温和"概念也助长了"不谨慎"。[92]

值得注意的是，在 2005 年的杰克逊·霍尔研讨会上，人们对格林斯潘给予了极高的赞誉，他当时被认为是引导美国和世界经济渡过几次重大危机的"大师"。① 2007 年，已故美国参议员约翰·麦凯恩（John McCain）在谈到格林斯潘时曾说过一句著名的话，"他活着或死了并不重要。如果他死了，我们就把他供起来，给他戴上黑框眼镜，就像电影《老板度假去》（*Weekend at Bernie's*）里那样"。[93] 然而此后不久，格林斯潘就成了一个更具争议性的人物。全球金融危机摧毁了经济、企业、生活和声誉。事实证明，**"大温和"**至少在某种程度上是一个**"大幻觉"**。[94]

---

① 伯南克曾将他在华盛顿加入美联储描述为加入了"大师管弦乐团"。

THE
MYSTIC
HAND

第 3 章

通往地狱之路

THE MYSTIC
HAND

历史表明，

没有政治联盟的货币联盟无法生存。

在 2007—2009 年全球金融危机期间，将全球金融和经济体系推向悬崖边缘的巨大风暴可以总结如下：一贯宽松的货币政策（主要是在美国），创造了一个信贷繁荣并推动整个体系债务积累和杠杆率上升的良好环境，这种环境主要出现在金融部门，但不局限于此。在基于市场总是有充足流动性的假设下，不稳定的短期融资飙升。这时，监管不力且适得其反，将杠杆率推高至前所未有的水平。持续宽松的货币环境助长了房地产泡沫，不明智的政府监管、公然滥用证券化手段以及评级机构的不负责任又加剧了泡沫。

乐观情绪逐渐盛行，这使市场参与者、政府部门、央行行长和广大公众对风险和可能的不利事态发展的后果认识不足。道德风险、灾难短视和从众心理都在发挥作用。一系列错误甚至反常的激励措施和短视、幼稚乃至彻头彻尾的错误政策最终导致了 2007—2009 年的全球金融危机。[1] 英国商人、学者阿代尔·特纳认为这场危机"完全是自身造成的，但可以避

---

[1] 麻省理工学院经济学家达伦·阿塞莫格鲁曾令人信服地指出，如果仔细分析，人们强烈抗议说"贪婪是金融危机的主要原因"这一点是站不住脚的。

免"。[1]看上去没有人关心极不可能发生的"黑天鹅"事件发生的可能性。然而，该事件一旦发生，就会造成巨大的破坏，甚至会使整个体系崩溃。美联储前主席、现任美国财政部部长珍妮特·耶伦总结道：

> 我们经历了一场完美的金融风暴：极其脆弱且具有系统重要性的金融机构遭遇挤兑；大多数证券化信贷市场功能失调；银行间拆借减少；除了最安全的借款人之外，所有借款人的利率都提高了；国债收益率接近于零；股价下跌；金融机构信贷供应缩减。一旦大规模的信贷危机爆发，用不了多久我们就会陷入经济衰退。随着需求和就业下降，金融机构的信贷损失激增，经济衰退反过来又加深了信贷危机。[2]

第一张"多米诺骨牌"倒下

危机是如何发展的？如前所述，2007 年夏天，贝尔斯登、三家德国金融机构和法国巴黎银行面临房地产相关的巨额亏损信息引发了这场危机。在得知法国巴黎银行的问题后，时任欧洲央行行长的让－克罗德·特里谢立即意识到他必须采取行动。几个小时后，欧洲央行就对外宣布，将向市场提供"无限"流动性。这一举措第一次明确表明，我们已经吸取了大萧条的教训，桑顿和白芝浩的建议这次受到了认真对待。

欧洲央行立即提供了 950 亿欧元的应急贷款，美联储也拿出了 640 亿美元。央行行长，尤其是美国的央行行长马上就遇到了一个问题：如何将资金转移到无法直接获得央行融资的影子银行系统（投资银行、对冲基金、货币市场共同基金等）？紧张、不适和彻底怀疑的情况一触即发。伦敦国际银行间同业拆借利率的大幅上升清楚地说明了市场中日益增长的不安和不确定性。不信任和不确定性充斥着整个金融体系。

下一张倒下的"多米诺骨牌"是英国的北岩银行，该银行杠杆率很高，在抵押贷款融资方面曾发挥着巨大作用。此外，北岩银行的大部分融资都是短期的。2007 年 9 月，发生在这家英国银行的挤兑事件在 150 年来首次成为新闻：人们在北岩银行的分支机构排队数个小时取钱。一些观察人士认为，北岩银行挤兑事件"预示了全球金融危机"。[3] 2008 年 2 月，英国政府将北岩银行收归国有。

与此同时，世界各地对持续变化的局势的不安和担忧不断升级。美国许多地区房地产价格的急剧下跌加剧了这种担忧。各国央行大幅降低了政策利率，并在需要时提供了充足的流动性。他们也清楚地意识到问题的国际性，因此互相提供了大量的信用额度。美联储认识到，全球范围内存在着众多融资美元的需求，于是采取行动，与其他央行签订了广泛的货币互换协议，这一举措被证明对抗击危机至关重要。所有这些行动显然都是 21 世纪对桑顿和白芝浩剧本的更新。

美国仓促出台的 1 500 亿美元财政刺激方案根本不足以阻止 2008 年头几个月不断加剧的危机。股市开始暴跌，银行宣布出现巨额亏损。2008 年 1 月底有消息称，流氓交易员杰罗姆·科维尔通过一系列灾难性的交易，给法国主要银行之一的法国兴业银行造成了 70 亿美元的损失。这一行动进一步加剧了不确定性、恐惧和怀疑，因为每个人都想知道，其他银行是否也有流氓交易员制造了严重破坏。

3 月 10 日是历史学家哈罗德·詹姆斯所说的"贝尔斯登慢性崩溃"

的开始。[4] 在贝尔斯登作为重要投资者的凯雷资本破产后，作为一家无法直接获得美联储贷款的高杠杆投资银行，贝尔斯登不可能再找到足够的市场融资了。[①] 在4天的时间里，贝尔斯登手头的180亿美元现金储备消失了。在3月14日至16日的那个周末，当局竭力阻止贝尔斯登彻底崩溃。他们的理由是，贝尔斯登并不是大到不能倒；但它与其他金融部门的联系太过紧密，这让它不能倒闭。在美联储的慷慨干预之后，摩根大通出手接管了贝尔斯登。[②] 伯南克、盖特纳和保尔森总结道："美联储通过干预来防止非银行机构的崩溃，从而渡过了难关。"[5]

贝尔斯登事件的解决在一定程度上安抚了市场，但到了2008年7月，危机卷土重来。一些美国官员公开质疑，由政府提供担保的抵押贷款再融资机构房利美和房地美能否挺过危机。7月11日，加州大型银行印地麦克银行因背负大量抵押贷款和相关衍生品而宣告破产，房利美和房地美面临的压力急剧增加。恐惧和不确定性的加剧，日益削弱了金融市场。传统的融资市场开始冻结，这迫使那些无法再融资的人大量出售与抵押贷款相关的资产。这些甩卖行为导致资产价格暴跌，市场状况和未来前景进一步恶化。

8月20日，曾在2001—2004年担任国际货币基金组织首席经济学家的哈佛大学经济学教授肯尼斯·罗格夫，勇敢地说出了许多人担心的事情："最糟糕的情况即将到来……在未来几个月，我们不仅会看到中型银

---

① 在很大程度上，贝尔斯登是通过"回购市场"进行融资的，投资银行和其他金融机构在这一市场上会进行相互间的短期融资。伯南克担心，贝尔斯登的破产可能会导致回购市场的全面崩溃，它对金融市场乃至整个经济都会产生重大影响。

② 当天结束时，摩根大通斥资15亿美元收购了贝尔斯登。据估计，贝尔斯登位于麦迪逊大道的纽约总部至少价值14亿美元。

行倒闭，还会看到一场巨大的灾难，将有一家超大型投行或大型银行倒闭。"[6] 这话说了还不到一个月，他可怕的预言就成真了。

地狱烈火蔓延全球

2008 年 8 月，房利美和房地美面临的压力进一步加大。他们总共损失了 150 亿美元，并且没有办法找到足够的私人部门资本来填补资产负债表上的亏空。事实上，外国投资者持有至少价值 1.5 万亿美元的房利美和房地美证券，这极大地影响了华盛顿的决策。美国政府感到有必要挽救房利美和房地美免于破产，于是，9 月 6 日，这两家政府担保的实体被纳入联邦住房金融局的托管之下。当财政部部长汉克·保尔森承诺用 2 000 亿美元纳税人的钱对这些银行进行资本重组时，它们实际上被国有化了。人们反对这种干预的呼声非常强烈，尤其是在时任总统布什的共和党中非常普遍。

房利美和房地美的故事仅仅只是开始。美国五大投资银行中的第四大银行雷曼兄弟，被认为是继五大投行中最小的贝尔斯登被接管后下一个即将倒闭的投资银行。由于杠杆化程度过高，且深度参与抵押贷款支持证券和衍生品业务，雷曼兄弟不得不每月在市场上筹集 1 000 亿美元，以维持其投资组合的资金链。[7] 一旦市场开始冻结，雷曼兄弟就面临着巨大的资金短缺问题。雷曼兄弟与多家机构进行了沟通，包括韩国开发银行、中国投资基金、中信服务、至少两家来自中东的主权财富基金、美国大都会人寿保险公司，甚至沃伦·巴菲特也在为雷曼兄弟寻找新的资本，但都失败了，至少在某种程度上是因为雷曼兄弟当时的首席执行官理查德·福尔德（Richard Fuld）的粗暴、傲慢和固执，他在华尔街被称作"大猩猩"。

雷曼兄弟的损失很快达到数十亿美元，美国政府在 9 月 12 日至 14 日的周末竭力避免其破产。欧洲央行行长让－克罗德·特里谢在那个周末警告称，雷曼兄弟的破产将导致"彻底崩溃"。⁸ 美洲银行已经在仓促间讨论如何收购正在崩溃的美林投行了。人们普遍认为，美林将是继雷曼兄弟和贝尔斯登之后下一个被送上断头台的投行。在最后一刻，试图让英国巴克莱银行参与进来，让雷曼兄弟复制贝尔斯登的道路的努力也没有成功。雷曼兄弟迫切需要 1 000 亿美元的额外流动资金，而筹集到这么多资金是不可能的。

2008 年 9 月 15 日是个星期一，这天凌晨 1 时 45 分，雷曼兄弟申请破产。雷曼兄弟拥有超过 6 000 亿美元的未偿债务，是美国历史上最大的破产企业；① 其衍生品持有量是贝尔斯登的两倍。对于它的破产，整个世界都屏住了呼吸，惊讶、困惑、绝望和彻底的恐慌占据了主导地位。时任美联储主席本·伯南克在回忆录中总结道："那是一个可怕到甚至不真实的时刻。我们凝视着深渊……雷曼兄弟的破产引发了金融恐慌的大火……两家标志性的华尔街投行，雷曼兄弟和美林，挺过了世界大战和大萧条，却在一个周末消失了……我知道，这两家投行的破产不仅危及企业，而且危及全球经济，带来了不可知的后果。"⁹

然而，一个巨大的难题仍然存在。伯南克在回忆录中继续说道：

> 我们毫不怀疑，雷曼兄弟的破产会严重扰乱金融市场，雷曼兄弟的股东、管理者和债权人也会付出沉重的代价。此外全球数以百万计的人也将受到其经济冲击的伤害……可是我从未

---

① 雷曼兄弟倒闭造成的最终亏损估计为 2 000 亿美元。

听到美联储或财政部的任何人暗示，让雷曼兄弟破产将是一场
灾难，或者我们应该审慎考虑要不要让该公司破产。我们需要
尽快把火扑灭。[10]

这一说法与伯南克在雷曼兄弟破产一周后在美国参议院委员会上所说
的话完全相反："众所周知，雷曼兄弟的麻烦已经有一段时间了，投资者
也清楚地认识到……该公司破产的可能性很大。因此，我们判断投资者和
交易对手有时间采取预防措施。"[①] 即使是美联储主席也不能一边说着雷曼
兄弟破产将是一场巨大的灾难，而当他和华盛顿的其他政策制定者站在一
起时又说，市场应该已经为这场冲击做好了充分准备。

因此，问题依然存在：在 2008 年 9 月 15 日凌晨之前那戏剧性的几个
小时里，到底发生了什么？为什么允许雷曼兄弟破产？为什么美联储对贝
尔斯登"采取越界行动"，而不对雷曼兄弟及时出手呢？伯南克和其他相
关官员辩称，拯救雷曼兄弟没有法律依据。的确，法律赋予美联储只向银
行和储蓄机构放贷的权力。由于雷曼兄弟是一家投资银行，这些规则并不
适用。但《联邦储备法》第 13（3）条赋予了美联储在"异常和紧急情况"
下向任何个人、合伙企业或公司放贷的权力。很难说 2008 年 9 月中旬的
那几天并不构成"异常和紧急情况"。伯南克清楚雷曼兄弟的破产将引发
的后果，显然符合这一规定。那么，为什么不引用第 13（3）条来挽救雷
曼兄弟？挽救雷曼兄弟存在法律障碍的观点说不通。[11]

虽然没有一家私有公司像摩根大通对贝尔斯登那样挺身而出，收购
雷曼，但仍然有一种可能证明，让雷曼兄弟破产是出于政治考量。首先，

---

① 2008 年 9 月 23 日，伯南克在美国参议院银行、住房和城市事务委员会作证。

2008 年 11 月的总统选举压力很大。布什政府担心对贝尔斯登、房利美和房地美的救援行动收效不佳且代价高昂，在此情况下，让政府再去救援另一家类似的金融机构等于是政治自杀，因为该机构同样存在行为不端甚至欺诈的贪婪高管。而且，更多的救援行动即将展开。[12]

其次，在应对危机的领导人中，保尔森、伯南克和盖特纳的绝望情绪已经渗透进来；他们可能发现国会议员并没有意识到形势的严重性和紧迫性。三人在其关于危机的集体回忆录中隐晦地提到了这点，称政治家们有能力在危机中做出勇敢的事情，"尽管可能不会早于此刻。"[13] 此外，伯南克、盖特纳和保尔森认为，"如果不是雷曼兄弟这样的重大事件"，他们永远不会得到国会批准向银行注资。[14]

如果让雷曼兄弟跌入深渊是为了唤醒沉睡的国会，那么这一策略取得了辉煌的成功。然而，雷曼兄弟破产后引发的全球大火将世界金融和经济体系带到了灾难的边缘，这场灾难甚至可能比大萧条还要严重。让形势变得更为复杂的是，美联储和财政部的行为被市场认为是摇摆不定的。拯救贝尔斯登而放弃雷曼兄弟是不一致的，桑顿和白芝浩都认为在危机中前后矛盾是有害的。所以，每个人都想知道，他们下一步会做什么：干预还是放手？

货币市场与华尔街巨头的生死博弈

雷曼兄弟破产两天后，一场新的冲击袭来。世界上最大的保险公司美国国际集团因其金融产品部的不当行为使整个公司陷入困境而受到监管关注。20 世纪 80 年代末，投资银行德崇证券倒闭后，一些员工来到了 AIG，成了 AIG 金融产品部的核心团队成员。AIG 金融产品部全力投身于房地产热潮之中，他们开发了信用违约互换，为基于次级抵押贷款的证券化票据提供保险。到 2008 年年中，AIG 金融产品部已经发行了大量的信用违约掉期，覆盖超过 5 000 亿美元证券化票据。这些保险产品更加危险，因为人们认为 AIG 的担保足以保护这些产品，从而减少这些产品的资本需求。AIG 收取了巨额费用，一旦房地产泡沫破裂，AIG 金融产品部发行的 CDS 持有者就会站出来索赔。

到 9 月 16 日，由于 AIG 金融产品部的巨额亏损，AIG 已经无路可退了。伯南克在他的回忆录中提到，当时的金融状况非常混乱，"如果 AIG 违约，糟糕的情况会变得难以想象，这会给美国和全球经济带来无法预知但肯定是灾难性的后果"。[15] AIG 与国际金融体系完全纠缠在一起。AIG 拥有超过 1 万亿美元的资产，其资产负债表上的亏损是雷曼兄弟的两倍。这家保险巨头活跃在 130 个国家，拥有 7 400 万个人和企业客户，包括政府机构、大型公司和众多养老基金。AIG 破产后，市场上能立刻计算出的损失估计将达到 1 800 亿美元甚至更高。[16]

经过激烈的讨论，美国当局于 9 月 16 日采取了行动。美联储向其提供了 850 亿美元的巨额贷款，并持有该公司 80% 的股份；三周后，注资额增加了 378 亿美元。这些贷款的协议利率很高，后来，AIG 不得不出售资产以偿还贷款。AIG 首席执行官罗伯特·维伦斯坦德（Robert Willumstad）被赶下台。将救助贝尔斯登、房利美、房地美、AIG 以及各种规模较小的机构所花费的资金加在一起，美国纳税人被套了近 1 万亿美元。在回忆录中，伯南克毫不掩饰他对 AIG 这出闹剧的感受，他写道，这让他"愤怒……我理解美国人民为什么愤怒。用纳税人的钱来支持一家下了如此多糟糕赌注的公司，这绝对是不公平的"。[17]然而，AIG、房利美、房地美和贝尔斯登最终还是得救了，雷曼兄弟却没有。

那一周，似乎仅有 AIG 的崩溃还不够，信贷市场的崩溃也全面展开了。就在 AIG 接受救助的当天，金融市场又引爆了一颗炸弹，这次是货币市场共同基金。货币市场共同基金是一种投资基金，通常投资于期限短、风险低的债务证券。该类基金于 20 世纪 70 年代首次推出，目的是让投资者能够购买比标准银行账户回报更高的证券，同时又很方便变现。当货币市场共同基金不能为投资者每一美元的投资提供即刻本金偿付时，他们就"跌破 1 美元"了，货币市场共同基金一直试图避免这种情况的发生。

9 月 16 日，储备一级基金跌破 1 美元后宣布，其资产单位净值为 97 美分，对此，全球投资界受到剧烈冲击。这只基金由布鲁斯·本特（Bruce Bent）于 1970 年创建，后来，他被称为货币基金行业之父，这只基金也成了该行业的旗舰基金之一。当时，其 650 亿美元的投资组合中有 56% 是由抵押贷款支持证券和金融部门相关的证券化票据组成的。在储备一级基金的持仓中，只有 1.2% 与雷曼兄弟直接相关，但这比例已足以在其客户中引起恐慌。在雷曼兄弟破产后 24 小时内，要求撤出该基金的金额超过了其资产的 50%。像野火一样，从其他货币市场共同基金中撤出的情况呈指数级蔓延。

鉴于货币市场共同基金的重要性，美国财政部不得不进行干预。向货币市场共同基金投资了大约 3 万亿美元后，货币市场共同基金的撤出订单被停止了，财政部为货币市场共同基金的投资组合提供了一项担保，并称其为货币市场基金"临时担保计划"。为了应对货币市场共同基金的问题，美联储创建了另一个工具 [1]，允许向这一部分市场提供流动性。央行行长又一次复制了桑顿和白芝浩的方案。

---

① 它被称为"系紧安全带"，即资产支持的商业票据货币市场共同基金流动性工具（AMLF）。

从雷曼兄弟破产带来的恐慌这一周开始，华尔街尚存的两家大型投资银行高盛和摩根士丹利也发生了重大变化。美联储同意将这两家企业转变为银行控股公司，允许其从美联储直接融资。除此之外，它们还吸引了大量新资本：沃伦·巴菲特向高盛注资 50 亿美元，三菱日联金融集团向摩根士丹利的资本池注入了 90 亿美元。这些行动在一定程度上降低了市场的不确定性，但要平息危机还需要更多的努力。

步步瓦解的欧洲金融系统

雷曼兄弟破产后，一场毁灭性的"野火"席卷了全球金融体系。在美国，美国最大的储蓄银行之一华盛顿互惠银行在房地产领域的巨大风险敞口吓到了客户，导致存款大量外流。在美国第六大银行美联银行身上，这种情况很快变得难以维持。华盛顿互惠银行被摩根大通收购，美联银行在与花旗集团进行了艰苦的博弈后收购了富国银行（Wells Fargo）。而且，金融风暴并不局限于金融机构，即使是令人敬畏的工业巨头通用电气也一度难以获得其商业票据的展期。

在欧洲，形势更是以惊人的速度恶化。如果说美国的决策者意识到应对危机的紧迫性有些晚的话，那么欧洲决策者的惊讶和冷漠就更糟糕了。2008 年 9 月下旬，几个关键国家的相关负责人发表的声明表明，他们完全没有意识到在他们眼皮底下发生的事情的严重性。时任法国央行行长兼欧洲央行理事克里斯蒂安·诺亚（Christian Noyer）说，他认为欧洲没有发生"剧烈的变化"。[18] 时任德国财政部部长皮埃尔·斯坦布吕克（Peer Steinbrück）表示，"美国作为金融世界超级大国的日子已经不多了"，[19] 他的幸灾乐祸几乎无法掩饰。许多人认为，在这个因美国的错误和不当行为而动荡不安的世界上，欧洲是稳定之岛。

冰岛是世界上最发达的国家之一，[①] 在经历了一场金融系统的巨大崩溃和经济史上最大的银行业危机后，它成为世界各地的头条新闻。[20] 这个国家很小，面积与美国肯塔基州相当，在 2008 年只有 32 万人口。在 2008 年之前的 10 年里，冰岛这个传统上以渔业和相关产业为主的国家，已经变成了一个巨大的银行业中心。但实际上，2008 年的冰岛犹如一只杠杆率极高的对冲基金。以下数字令人难以置信：危机爆发时，冰岛三大银行——冰岛交易银行、冰岛国民银行和冰岛光明银行的总资产是冰岛 GDP 的 11 倍。这些银行通过大多来自国外的短期存款大量投资长期证券化票据。在 2008 年年中，冰岛的外债至少是该国 GDP 的 7 倍。

雷曼兄弟破产后，不确定性和恐惧使金融市场陷入瘫痪，冰岛的银行业也像纸牌屋一样被摧毁了。银行破产，巨大的金融崩溃导致国家陷入萧条。随之，GDP 降幅超过 10%，成千上万的工作岗位流失了，市民的生活水平严重下降。如果没有国际货币基金组织和其他北欧国家提供的 50 亿美元援助计划，冰岛的经济萧条将会更加严重。

冰岛当局拒绝履行政府为外国储户提供的存款担保，由此引发了一场国际事件。荷兰居民和英国居民在冰岛的银行或其在欧洲的分支机构中有大量的存款，他们渴望从冰岛的银行在过去几年繁荣时期提供的高利率中获利。在冰岛克朗大幅贬值后，冰岛经济开始了比预期更快、更强劲地复苏。

---

① 冰岛在联合国 2009 年人类发展指数中排名第三。

在欧洲大陆，比利时成为又一次银行业危机的中心。富通银行前身为比利时银行，在 21 世纪的大部分时间里，它都在欧洲、美国和土耳其进行扩张和收购。2007 年，富通银行部分收购了欧洲第八大银行荷兰银行集团，这是其积极收购战略中的一个亮眼成就。由于富通银行的杠杆率高到了极致，并在南欧大量从事房地产票据和信贷业务，雷曼兄弟炸弹的弹片对富通银行造成了致命打击。富通银行不再能动用必要的资金来维持其融资了，比、荷、卢三国政府不得不在 2008 年 9 月最后一个周末介入并注资 110 亿欧元。[①] 一个月后，富通银行成为法国银行巨头法国巴黎银行的一部分。

在我担任比利时财政部部长期间，迪迪埃·雷恩斯（Didier Reynders）担任比利时政府的外交部部长。在 2008 年那个可怕的秋天，他告诉我："我们真的有天要塌下来的感觉。在正常情况下，需要花费数周甚至数月的精心准备才能做出的重大决定，现在却不得不在几个小时内做出。信息的缺乏和不确定性的程度是惊人的。这是一种令人终生难忘的经历。直到今天，我有时还会想，那段黑暗时期到底发生了什么。"

让雷恩斯和其他许多人夜不能寐的不仅仅是富通银行。在富通银行获救的当天，轮到德克夏银行破产了。德克夏银行成立于 1996 年，是一家法国 – 比利时银行集团，由比利时市政信贷银行和法国地方信贷银行合并而成。该银行最初专注于为两国本地社区融资，随后轻率地开始了一轮国际扩张，这是金融危机爆发前十年以来典型的增长模式。其资产负债表膨胀到资本金的 40 多倍，这比雷曼的杠杆率还要高；其资产的资金来源中，仅有不到 20% 的稳定存款，其余大多来自短期批发融资；其衍生品投资

---

① 欧洲央行系统曾一度向富通银行和德克夏银行提供了约 1 000 亿欧元的紧急融资。

组合不仅复杂得令人难以置信，而且风险极大；通过其美国子公司，该银行还持有大量美国证券和房地产相关票据。当市场一片混乱时，很明显，德克夏银行也会破产。9 月 30 日，法国和比利时政府纷纷介入并提供了 64 亿欧元的资金以防止其破产。德克夏银行成为一家坏账银行，为免破产，它还需要法国和比利时政府再提供 850 亿欧元的担保。

比利时并不是欧洲金融危机的唯一温床。① 在 9 月的最后几天，德国政府不得不向该国第二大抵押贷款公司海波房地产控股公司（Hypo Real Estate Bank）注资 350 亿欧元。在荷兰，几家银行不得不接受政府的救助。在英国，政府不得不将苏格兰皇家银行、劳埃德银行、哈里法克斯银行这三家最大的银行国有化，重要的房地产投资商布拉德福德和比格利，也不得不接受政府的救助。在最正统的金融中心瑞士，当时，世界上最大的资产管理公司瑞银集团在美国房地产相关资产上损失了 400 多亿美元，不得不接受瑞士当局的救助。欧洲各地的股市也都遭受了重创。9 月 29 日，富时 100 指数下跌了 15%，经济衰退之风渐趋猛烈。

爱尔兰的情况几乎和冰岛一样可怕。1988—2007 年，爱尔兰年均经济增长率达 6%，从最贫穷的欧盟成员国一跃成为最富有的欧盟成员国之一。在这个过程中，它获得了"凯尔特之虎"的绰号，[21] 1999 年，它成为首批使用欧元的国家之一。

欧元货币联盟的建立导致整个欧元区的利率大幅下降。欧盟所有成员国都继承了德国央行的信誉，后者因其坚定不移地坚持正统货币政策而在

---

① 与日本银行一样，法国和北欧国家的银行在金融危机中安然度过，损失相当有限。部分原因是他们从美国纳税人对 AIG 的救助中获得了巨大收益。

世界范围内受到尊重。利率大幅下降再加上监管松懈，在爱尔兰催生了大规模的房地产和银行业繁荣。像冰岛一样，爱尔兰银行用短期资金为飞涨的房地产贷款提供资金，这些短期资金主要来自国外。1994—2006 年，爱尔兰的实际房价翻了 3 倍。不用说，雷曼兄弟的炸弹也击中了极其脆弱的爱尔兰银行。9 月 30 日，爱尔兰政府为爱尔兰银行的所有债务提供了总额达 4 400 亿欧元的国家担保，这一担保金额超过了该国 GDP 的 60%。几年后，爱尔兰危机成为整个欧元区危机的一个组成部分。

重振美国经济的 TARP 计划与压力测试

当危机在欧洲以灾难性的方式蔓延时，美国的决策者们逐渐达成共识，要采取严厉措施阻止危机。美联储无法继续独自承担这一任务，因此，时任美国财政部部长汉克·保尔森提出了一项名为"问题资产救助计划"（TARP）的倡议。TARP 的任务是从银行手中收购 7 000 亿美元的问题或不良资产，有效清理后，使银行糟糕的资产负债表账面情况得到好转。保尔森希望 TARP 能恢复金融市场的信心，但该计划在 9 月 29 日被国会否决。伯南克说，这个决定让他觉得"好像被卡车撞了一样"。[22]

在市场持续动荡的压力下，美国国会在 10 月 3 日的第二次投票中批准了 TARP，但只批准了保尔森要求数额的一半。出于现实、金融和政治原因，购买不良资产的想法被放弃了；相反，这些资金将用来加强银行的资本。美联储可以提供无限的流动性，但银行急需资本来扭转其资产负债表上的不利局面。10 月 13 日，保尔森迫使所有美国银行同意 TARP，这实际上导致了美国银行业的部分国有化。9 家最大的银行获得了 1 250 亿美元的资金，还有相当数量的资金被用于其他企业；① 直接注资是以无表决权优先股的形式进行的，优先股确保了政府将是第一个获得股息的投资者，而无表决权则避免了该行业真正走向国有化。如果银行的股价上涨，纳税人将分享收益。英国也采取了类似的行动以加强银行的资本金。

尽管许多观察人士认为，美国和英国银行业的注资是 2007—2009 年全球金融危机的转折点，但实际上，此举并未在市场中产生多大的积极影响。2008 年底，纳斯达克科技股交易所前主席伯尼·麦道夫（Bernie Madoff）因大规模欺诈案被捕。② 花旗集团这家历来需要政府援助的银行[23]也每况愈下，最初 250 亿美元的 TARP 注资不足以恢复人们对这家银行业巨头的信心。因此，11 月 23 日，美国政府再次向其注入了 200 亿美元的 TARP 资金，同时还提供了总计近 3 000 亿美元的额外担保。公众对再次动用纳税人的钱来拯救银行巨头的强烈抗议震耳欲聋。③ 但花旗集团并不是唯一需要帮助的银行，美林高于预期的亏损对美洲银行来说是个很大的麻烦，后者在危机最严重的时候接管了美林，因此美洲银行获得了 200 亿美元的 TARP 资金加强了资本。与此同时，国会已经同意向 TARP 提供金额高达 3 500 亿美元的第二笔资金。在危机爆发后的几年里，财政部收回了全部 TARP 资金，包括利润。

当然，金融市场的崩溃严重影响了实体经济。2007 年 12 月，美国经

① 通用汽车和克莱斯勒的财务部门以及汽车制造商收到了总计 800 亿美元的 TARP 资金。

② 欺诈金额高达 650 亿美元，这个数字令人震惊。这是那个年代的典型现象，麦道夫不仅可以欺骗大量个人投资者，还可以欺骗信誉良好的机构，如桑坦德银行、安盛银行、巴黎银行、野村控股、汇丰银行等。

③ 联邦存款保险公司董事长希拉·拜尔（Sheila Bair）强烈要求对花旗集团进行清算。这家大公司在华盛顿争取到了足够多的支持，使这项提案得以通过。

济正式进入衰退阶段，直到 2009 年第三季度才开始复苏。许多其他国家也经历了类似的过程，失业率飙升，消费支出大幅下降。2009 年，发达国家整体经济萎缩了 3.4%，新兴国家的增长也仅为 2.8%，增长率不到危机前的一半。[24] 世界经济在 2009 年第一季度遭受了 6.5% 的产出下降，全年世界贸易总量下降了 12%，创下了第二次世界大战后的纪录。

　　2009 年，市场终于开始平静下来。TARP 对银行的成功注资，以及美国政府对银行业实施的压力测试，都对本轮复苏起到了重要作用。测试显示，当时美国十大银行需要 750 亿美元的额外资本，这是它们在 2009 年底前能够在市场上筹集到的资金。**一旦市场意识到测试是有意义的，信心和信任就会恢复。**关于压力测试的价值，伯南克毫不含糊地说："（这）是一个决定性的转折点。"[25] 私人和公共预测机构上调了他们曾给出的糟糕的增长预测。然而，尽管 2009 年底和 2010 年经济增长势头强劲，[①] 但美联储还是认为有必要保持货币引擎的运转。2008 年底，他们通过零利率和第一个量化宽松政策来带动货币引擎。当美国的天空开始放晴的时候，乌云继续笼罩在欧洲上空。

欧洲央行的拯救之战

　　在金融危机最紧急的阶段过去之后，始于 2009 年 10 月的欧元危机使欧洲央行和其他主要欧洲国家央行不得不继续保持高度警惕。2008 年底，为纪念货币联盟成立 10 周年而举行的庆祝活动洋溢着欣欣鼓舞的气氛，但危机一爆发，欧元就像雪一样在阳光下融化。2009 年初，几乎没有人

---

① 2009 年 2 月，即将上任的奥巴马政府启动了 7 870 亿美元的财政刺激计划。

意识到，2004 年加入欧盟的波罗的海小国拉脱维亚需要紧急财政援助，而这实际上是欧元危机的先兆。[26] 2009 年 10 月，随着新当选的希腊政府宣布其 2009 年预算赤字将至少是此前预测的 GDP 的 6% 的两倍，危机进一步加剧。仍然脆弱的金融市场尚未从金融危机中恢复过来，就不得不对此立即做出反应。希腊债券和德国债券之间的利差急剧上升。爱尔兰、葡萄牙和西班牙紧随其后，意大利和比利时也承受到了一定压力。

欧洲和各国当局的反应既混乱又不连贯。欧元区内的财政部部长和欧洲理事会在无休止地召开着会议，讨论欧元区可采取的救助计划和改革措施，会议彻夜进行。欧洲各国政府动用了数千亿欧元来拯救陷入危机的国家，防止货币联盟解体。

从本质上讲，欧洲货币联盟的问题在于它缺乏一个政治联盟。很明显，这是货币联盟成立时犯的一个大错误，但这可以解释为，推动货币联盟的人将其视为达到终极目标的一种手段，而终极目标正是建立一个政治联盟。① 欧盟的缔造者们坚信，危机会促使成员国逐渐意识到"成立联盟"的必要性。这是个糟糕的赌注，因为历史表明，没有政治联盟的货币联盟无法生存。用默文·金的话来说："没有一个货币联盟能存活下来，除非它发展成一个政治联盟，而后者通常先于前者，就像在俾斯麦领导下的德国完成统一后才出现了单一货币一样。"[27]

---

① 1990 年德国的统一是一些像法国总统弗朗索瓦·密特朗一样的政治家努力推动建立货币联盟的另一个原因。密特朗和其他人担心，统一的德国将完全主宰欧洲，所以他们将货币联盟视为限制德国力量的一种方式。

1999 年欧洲货币联盟成立之初，没有多数人支持建立政治联盟，20多年后的今天，情况仍然如此。因此，有必要制定《稳定与增长公约》（SGP），设立一系列规则和标准，以形成使成员国的经济和社会政策保持最低程度的一致性和承担最基本责任的次佳选择。3% 的预算赤字上限和最高债务上限是这些规则和标准中最广为人知的，然而，如何遵从这些规则和标准一直是困扰欧元区的共同问题。一旦欧元危机爆发，对维持欧元区纪律至关重要的"不救助条款"在政治上就站不住脚了。欧元区制度上的不完善使各国推行了一些不负责任的政策，并导致许多成员国面临根本性的失衡和结构性问题。当 2020 年初新冠疫情到来时，搁置 SGP 规则是欧洲当局的首批决定之一，因为这需要进行大规模财政干预，才能限制疫情对社会和经济造成损害。

2009—2012 年在希腊发生的欧元危机蔓延到整个欧洲后，这场危机一直持续到 2016 年，但与本节主题相关的故事发生在 2012 年夏天。[28] 2012 年伦敦奥运会前夕，时任欧洲央行行长的马里奥·德拉吉在伦敦向一群投资者发表了讲话。德拉吉确信，需要一场冲击来避免欧元危机进一步加剧和货币联盟解体，他解释道，欧洲在应对欧元危机方面取得了比人们公认的更多的进展，大多数人往往"低估了投资在欧元上的政治资本"。随后，他在完美的时机以极其自信的态度投下了这颗"炸弹"："在我们的职责范围内，欧洲央行已准备好不惜一切代价保护欧元。相信我，措施的力度将是充足的。"[①]

德拉吉在伦敦的讲话不仅震惊了当时的听众，也震惊了整个金融市

---

① 本段中德拉吉的所有引述均来自其 2012 年 7 月 26 日在伦敦举行的全球投资会议上的讲话（可在欧洲央行网站上查阅）。

场。这一神奇的时刻包含几个要素。首先，德拉吉表示，他将执行桑顿和白芝浩认为的对央行来说至关重要的事情，即认真对待央行作为"最后贷款人"的任务。鉴于欧洲央行的限制性条款，市场一直怀疑欧洲央行能在多大程度上发挥真正的"最后贷款人"的作用以阻止危机的蔓延。其次，在德拉吉发表讲话后不久，欧洲央行就宣布了直接货币交易（OMT）计划，可以说，这是在兑现德拉吉的承诺。OMT 计划对可再融资的金额没有限制，也没有给出结束日期。最后，时任德国总理安格拉·默克尔和时任法国总统弗朗索瓦·奥朗德立即表示支持德拉吉的举措。

具有讽刺意味的是，德拉吉选择英国首都伦敦作为他拯救欧元的地点，而英国后来决定退出欧盟。鉴于欧洲货币联盟仍不完善，德拉吉对欧元的拯救只是一个暂时性的胜利。我曾经问过德拉吉，他是否认为欧元已经确定得到了拯救。他回答说："生命中没有什么是确定的，除了出生、死亡和税收。只要货币联盟不是一个政治联盟，麻烦就会再次出现。"

下一章将详述央行在金融危机及其后续期间采取的许多计划和政策措施。在 2020 年初新冠疫情发生后，这些措施被进一步延长时间和扩大实施范围。这两次危机都让央行行长的神秘之手大显神通。

THE MYSTIC HAND

第 4 章

打破常规

THE MYSTIC
HAND

狐狸洞里没有无神论者，
金融危机中也没有空想家。

央行在应对金融危机中发挥的关键作用早在 19 世纪就为人所知，当时的经济学家亨利·桑顿和沃尔特·白芝浩清晰地认识到了这一点，并对央行应该扮演的角色给出了明确的定义。他们提供了独到且经久不衰的见解，为央行的运作创建了一个概念性的框架。随着各经济体及其金融体系的发展日趋复杂，桑顿和白芝浩给出的基本做法也愈发重要。桑顿和白芝浩都强调了央行作为"最后贷款人"的关键职责，这在金融危机发生时至关重要，它能避免金融系统发生崩溃，以及由此产生的对实体经济的生产、投资、收入和就业造成的灾难性后果，没有让严重的经济和社会萧条影响到国家的政治民主。

当央行行长履行其"最后贷款人"的职能时，人们通常会认为有一只神秘之手在给予其指引。之所以神秘，是因为大多数人都意识到了央行行长在危机时刻的重要性，但是其具体执行决策的方式、原因和时机，即便对央行行长本人来说也是模糊不清的，甚至是完全神秘的。桑顿和白芝浩强调，央行的行动应该迅速而果断，其传达的信息应该透明且一致。除此之外，他们还应该在危机时期无限制地发放贷款，收取高额利息并接受任何来源的抵押品，只要其品质良好。这些规则通常被称作白芝浩准则，也可以称之为桑顿准则。

根据桑顿和白芝浩的说法，抵押品可以来自传统银行、其他金融机构，甚至是一些非金融机构。受到桑顿著作的影响，英格兰银行在1825年发生的金融危机中采取的贷款政策非常激进。时任英格兰银行行长的耶利米·哈曼（Jeremiah Harman）曾说道，英格兰银行"通过各种可能的手段，以我们从未采用过的方式"发放贷款。"为了帮公众走出困境，我们尽全力进行一切援助"。[1]当时的英国经济状况被之后的贸易委员会主席威廉·赫斯基森（William Huskisson）描述为"处于随时准备以物易物的状态"。①

在央行发放贷款的问题上，白芝浩和桑顿的观点同样直接明确，他们认为，只要有好的担保或抵押，央行就应该向任何人发放贷款，无论他是商人、小银行还是"张三李四"。央行应该"向所有拥有优质抵押品的人提供迅速、无限制且便捷的贷款"，并且应该接受"所有在'正常时期'属于优质资产的抵押品"，[2]这一点不容忽视。白芝浩对"正常时期"的特别强调意味着他和之前的桑顿一样，希望央行能够在危机时刻清晰地辨别出金融危机对资产价格的异常影响。

金融危机中没有空想家

在美国对抗2007—2009年全球金融危机时，其领头的三位人物——

---

① 这呼应了伯南克2008年9月下旬对国会领导层的讲话。伯南克声称，如果这些领导人不决定采取果断行动，"经济可能在周一就不存在了"。

伯南克、盖特纳和保尔森——虽然没有明确地提到桑顿和白芝浩的名字，但是他们在思考问题时仍然无条件地遵从了他们的分析和应对金融危机的方案：

> 当恐慌袭来时，政策制定者需要尽其所能来平息恐慌，无论政治后果如何，无论他们的意识形态如何，也无论他们在过去说过什么或承诺过什么。拯救经济的过程中遇到的政治是可怕的，但经济萧条更糟糕……一旦确定危机是系统性的，反应不足将比反应过度更加危险，太晚比太早会造成更多的问题，而半途而废只会火上浇油。[3]

在那段黑暗时期，这些话从任何一位央行行长口中说出都是不足为奇的。他们与白芝浩的观点完全一致："银行行长一般都是谨慎的人……因此他们很容易拖延行动。但不可避免的是，延迟出台严厉措施只会使更严厉的措施变得不可避免。"[4]

在大萧条时期，桑顿和白芝浩的建议几乎被完全忽视，但在2007—2009年的金融危机中，尽管当时的情况和经济、金融和制度环境与之前完全不同，但他们的建议被广泛采用，事实证明，其基本原则和相关政策建议在几个世纪后仍然有效。优质抵押品的定义在很大程度上是一个资产升值的问题，而足够高的利率具体指多少还有待商榷。央行行长"为了适应新的经济现实，调整了历史悠久的'最后贷款人'职能，实际上，央行成了最后的做市商"。[5]在金融危机期间，央行行长触及了桑顿和白芝浩所认为的或者建议的"最后贷款人"职责的极限，甚至有过之而无不及。考虑到桑顿和白芝浩在各自著作中体现出来的鲜明立场和清晰认知，即不惜一切代价来避免金融崩溃，所以我认为，如果他们目睹了这次危机，我相信他们大体上是会认同央行行长在危机最严重时期所采取的行动的。然而，对于央行行长在最紧急的时期结束后所采取的政策，桑顿和白芝浩的态度可能就不那么清晰了。

央行在危机期间实施的广泛而密集的贷款和再融资激发了默文·金这样的描述："全年无休的典当商人……随时准备向几乎每个能够提供足值抵押品的人发放贷款。"央行行长们确实使出了浑身解数以避免在金融危机和新冠疫情之后出现毁灭性的经济萧条。在这两种情况下，没有什么是不能做的，正如伯南克所言："狐狸洞里没有无神论者，金融危机中也没有空想家。"[6]鉴于伯南克对导致20世纪30年代经济灾难的原因有深刻的了解，在许多人看来，他是出现在正确时间和正确地点的正确人选。在当时的政策制定者中，没有人比伯南克更了解大萧条背后的原理。

央行行长为应对金融危机及其对实体经济的影响而采取的行动演变成了一揽子非常规货币政策。随着新冠疫情在2020年初的暴发，央行加强甚至扩展了它们对非常规货币政策工具箱的使用。它们不再像全球金融危机前那样，仅仅关注政策利率的变化，而是使用了非常规货币政策包里的所有四个基本工具：

- 将政策利率降至零或接近零（在某些情况下甚至降至负值）。

- 根据具体情况的需要建立新的再融资机制。

- 推行量化宽松或大规模资产购入计划。

- 对政策利率提供明确的前瞻性指引。

唯有零利率

　　大多数央行在金融危机期间采取的第一个行动都是降低政策利率，希望能够借此缓解市场的金融压力，遏制通缩并控制其对实体经济的危害。若将所有发达国家视作一个整体，其名义政策利率的加权平均在金融危机开始时保持在 5% 左右。[7] 随着危机的逐渐加深，各国央行迅速而果断地降低了其政策利率，使其在短期内达到零或接近零。最终，一些央行（如欧洲央行以及瑞士和瑞典的央行）采用了负利率政策。这些利率政策的选择引起了央行决策者们的激烈讨论，因为如此极端的政策一旦出现偏差，则有可能点燃恶性通胀的烈火或是导致金融系统的剧烈动荡。

　　按照通胀调整后的实际利率计算，在危机期间和之后，发达国家的政策利率仍是负值。在新兴市场中，名义利率虽然被大幅削减，但仍高于零利率的界限，而实际政策利率最终接近于零。在危机发生前的几年里，发达国家和新兴市场的实际政策利率平均值接近 2%。这些关于政策利率的全球性变化是相当反常的，但这并不是因为它们或多或少被降到了零值附近。大多数政策制定者都能意识到，由于危机的严重性，采取这样的行动是必需的。相反，使它们显得反常的原因是利率保持在零值附近的时间长度。而那些政策利率为负的情况就更不用说了，因为它们本身就是非常反常的。

　　按照泰勒规则进行计算，结果显示，在危机最严重时期，政策利率等于或接近零或多或少是最佳的选择。但在这之后，政策利率应该逐渐提高到零以上，以保持与泰勒规则的逻辑一致。与之相反，央行行长在经济形势达到谷底之后，仍然长期将政策利率保持在很低的水平，原因有四点：

- 他们担心投资者、生产者和消费者的预期会加剧通缩。

- 令人失望的经济表现加剧了人们对金融系统稳固性的担忧，因此他们致力于避免经济再次探底，以防全球金融系统以及许多国家的公共财政受到接连不断的打击。

- 在金融危机最严重的时期结束后，欧元危机仍在肆虐。包括央行行长在内的许多政策制定者都在担心，欧元危机可能重新点燃金融危机，从而加剧欧元危机对全球经济的巨大拖累。

- 央行行长发现自己处于一个进退两难的境地：他们害怕到不敢妄动，不知道自己该提升多少利率、何时执行这项决定以及该决定会带来怎样的后果。

在金融危机后，为了打破这种恶性循环，美联储成为第一个开始逐步提高利率的央行。在将政策利率保持在等于或接近零的近 10 年后，美联储在 2015 年底提高了利率。原因是经济形势已经在逐步回暖，随后，特朗普政府于 2017 年实施了减税政策，加之通缩情况有所好转，经济迎来了短期大幅增长。自 2008 年 12 月以来，联邦基金利率的目标范围一直被锁定在 0 ～ 0.25%，2015 年底时提高了 25 个基点。2016 年 12 月，美联储又将目标范围提高了 25 个基点，随后在 2017 年提高了三次，2018 年又提高了四次。每次加息都是 25 个基点，到 2018 年底时，目标范围已被推至 2.25% ～ 2.50%。

随着金融和股票市场波动性的大幅上升，整体经济的前景变得越发不景气，美联储决定在 2019 年夏季转变其政策。2019 年 8 月初，美国央行将联邦基金利率下调了 25 个基点。美联储主席杰罗姆·鲍威尔（Jerome

Powell）将此举称为"周期中期调整"，并声称这不会根本性地改变美联储的基本政策立场。[8] 尽管美联储董事会的一些成员提出异议，但在 2019 年底之前，联邦基金利率的目标范围又经历了两次每次 25 个基点的下调。2019 年秋季，没有人会预料到，经济和金融系统即将在未来的几个月内面临巨大冲击。

2020 年前三个月，遏制新冠疫情的措施，包括封锁、停业和严格的社交距离政策等，使世界经济几乎陷入停滞状态。美联储在 3 月 3 日首次采取行动，将联邦基金利率下调了 50 个基点至 0.50%～0.75%。危机在以迅雷不及掩耳之势发展着，这迫使美联储在 12 天后再次将联邦基金利率下调 50 个基点，使其基本降至为零。

美联储这一决定是在 3 月上旬美国国债市场爆发了动荡后做出的，该市场价值 20 万亿美元，是全球金融体系中的基石。[9] 首先，随着新冠疫情的不断蔓延，全世界出现了现金短缺，恐慌和不确定性使世界经济和金融体系陷入瘫痪。其次，电子交易放大了最初冲击的影响，一些试图从非常细微的价格差异中套利的对冲基金受到的影响最大。这场突如其来的强烈动荡让美联储不得不快速调整利率政策并采取其他一系列行动。

尽管美联储在经济形势恶化时也会采取降息政策，但是它一直试图避免让政策利率离零值太近。而另一边，欧洲央行和日本央行的情况却与之有所不同。面对迅速恶化的经济形势，以及远达不到 2% 目标值的实际通胀率，2009 年 5 月，欧洲央行将其再融资业务的基准利率从 2008 年 7 月的 4.25% 下调到 1%。① 欧元危机和随之而来的经济萎靡使欧洲央行在

---

① 欧洲央行目标通胀率的确切定义是"低于但接近 2%"。

2015 年 3 月将这一基准利率再次降低至零。

　　欧洲央行在存款基准利率方面走得更远。该基准利率在 2008 年 10 月为 3.25%，2012 年 7 月被迅速降至零。2014 年 6 月，欧洲央行引人注目地决定将存款基准利率降为负值。该政策利率最初为 -0.10%，随后在 2019 年 9 月降至 -0.50%。通过负存款利率，欧洲央行实际上是在惩罚那些在欧洲央行存放超额准备金的银行，因此，这些银行会寻求其他方式来使用这些准备金。央行希望这些银行对准备金的有效利用能够助力经济发展，推高通胀。负利率政策也倾向于压低欧元的汇率，为欧元经济提供额外的刺激。然而，负利率政策有严重的意外后果，相关内容将在下一章中讨论。

　　尽管许多人猜测新冠疫情会促使欧洲央行进一步降低其政策利率，但这并没有发生。欧洲央行并没有改变其政策利率，转而采取了其他重要措施以减轻疫情冲击带来的后果，本章稍后将对此进行介绍。就利率而言，与上任欧洲央行行长德拉吉 2019 年秋季任期的最后几周相比，欧洲央行已经执行了激进的负利率政策，而如今的欧洲央行管理委员会拒绝将利率进一步降低。当我在欧洲议会就这一事件以及欧洲央行管理委员会内部的分歧采访德拉吉时，他含糊其词，并且显然被激怒了。

　　尽管欧洲央行内部存在巨大的分歧（又或者正是因为如此），但执行委员会还是提出了一项重要创新，即双重利率结构，有些人将其称为"货币火箭燃料"。[10] 双重利率结构意味着欧洲央行针对贷款利率和存款利率分别设置基准，允许其在降低贷款利率的同时不必相应降低存款利率。欧洲央行提供的贷款利率可以下降到什么程度，取决于商业银行向经济体提供多少贷款。通过制定双重利率结构，欧洲央行可以摆脱政策利率越来越低的陷阱。当然，这种操作会给央行带来负的净利息收入。总体来看，这种损失的风险对欧洲央行来说是一个严重的风险，因为负利息收入的损失导致的资本缩水将很快成为欧元区的一个热门政治议题。

对日本央行来说，应对金融危机几乎是家常便饭，或者更准确地说，一切照旧。20 世纪 90 年代初，在经历了 10 年的房地产价格暴涨、离谱的股票价格和荒谬的杠杆水平后，日本的经济泡沫破裂了。人们常说的"失去的 10 年"专指日本这段特殊的经历。[11] 在接下来的 10 年中，日本经济陷入了某种程度上的昏睡状态，在最好的情况下，也只是伴随着持续通缩的低增长，尽管颁布了无数积极的货币和预算政策，但都无济于事。20 世纪 90 年代初以来，日本的预算赤字每年都占 GDP 的 3% 以上，有些年份甚至超过了 10%。这些持续的赤字使日本成为世界上负债最多的国家，到 2020 年底，其公共债务占 GDP 的比例达到 266%，而且增长势头并没有停止。在同一时期，日本央行还率先颁布了量化宽松政策。虽然一开始许多人认为这些问题是日本独有的，但在全球金融危机使许多发达国家陷入困境后，人们不再这么认为。[12]

1985—1987 年，日本央行将其主要政策利率（即贴现率），从 5% 降至 2.5%，这与任何版本的泰勒规则都是相悖的。与美联储和欧洲央行在全球金融危机前几年的情形一样，日本央行推行的政策助长了各种资产繁荣。1988 年，日本央行开始推行高利率政策，将贴现率从 1988 年的 2.5% 提高到 1990 年的 6%，此举试图在不对实体经济造成太大损害的情况下去除泡沫，但为时已晚。泡沫总是要破灭的，由于已经累积了巨大杠杆，其后果是灾难性的。到 1995 年时，贴现率被逐步削减到 0.5%。在 21 世纪初，时任日本央行行长速水优将贴现率进一步降至零，但日本国会议员仍在向他施压，要求他采取更多措施。速水优回答说："我们正在尽一切努力，但相信我,这没什么用。"[13] 此后,政策利率一直维持在零值附近。

2016 年初,日本央行将金融机构存放在央行的超额准备金利率定为 -0.1%。从那时起,日本央行的发言人就经常暗示,如果经济恶化,这一存款利率将会变得更低。尽管新冠疫情的暴发并没有刺激日本央行进一步降低政策利率,但却让其大大加强了对各市场的直接干预。我们将在后文中详细介绍这些干预措施。

监管视野外的影子银行

通常来说,央行在金融危机期间采取的第二个常见措施是针对特定情况创建新的贷款和再融资机制,第三个则是实施一系列量化宽松计划。由于这两种措施之间的区别并不总是很明确,所以我们把它们放在一起讨论。首先,我们将重点关注美联储。美国处在全球金融震荡的中心,无论在过去还是当下,美元都是最重要的国际货币,因此美联储的主导地位是不言而喻的。然后,我们将继续研究欧洲央行和日本央行的行动,它们是发达经济体的另外两个极为重要的中央银行。对于其他发达国家和发展中国家的央行来说,它们在新冠疫情暴发之后采取了类似于美联储、欧洲央行和日本央行的措施,因此不作单独讨论。

在金融行业日趋多样化的今天,各个市场都有全新的参与者,美联储亟须建立一个新的融资机制。先前从美联储获得再融资便利的资格仅限于传统商业银行,但另外一个领域在金融业务中也变得越来越重要,它就是影子银行系统。影子银行系统是促进和积极参与整个全球金融系统信贷创造的金融中介机构的集合。过去 20 年中,它在全球得到了极大的发展,包括中国和印度。尽管有时它也会履行其他传统银行的职能，但它受到的监管非常少，或者根本没有受到任何监管。[14]

　　投资银行、货币市场基金、对冲基金，甚至大型互联网公司都是影子银行系统的重要组成部分。许多人担心，如果影子银行系统比传统银行部门受到的监管少得多，那么它的重大失误有可能会拖垮常规的银行系统，而这种后果可能并不会立即显现。[①]尽管如此，我们必须承认，美联储在创造新融资机制方面采取的前两项行动与影子银行系统的存在并没有直接关系。

　　伯南克及其美联储委员会，以及其他大多数央行行长很早就意识到，这场危机的影响可能会波及全球，牵扯到世界各地的金融机构。毕竟，贝尔斯登并不是"大而不能倒"，而是由于太"复杂的关联"而不能倒。[②]由于国外市场出现了对美元的巨大需求，美联储与世界上其他主要央行建立了货币互换协议，欧洲央行和瑞士国家银行是第一批能够吸纳新的美元需求的银行。在危机后期，互换额度被进一步扩大。事实证明，它们是危机处理工具箱的重要组成部分。当新冠疫情席卷全球时，这些互换协议被重新开放并得到进一步加强。

　　2007 年底，美联储创建了固定期限拍卖机制（Term Auction Facility，TAF），允许银行借助除正式申请央行贴现贷款以外的其他方式获得美联储的流动性支持。一些人担心，当某个金融机构通过贴现窗口进行融资

---

① 本书将在第 5 章详细讨论影子银行。

② 同样，一个明显的矛盾是：如果贝尔斯登必须被拯救，因为它的关联性太强而不能倒闭，那么雷曼兄弟也应该被拯救，因为它的关联性甚至比贝尔斯登还要强。

时，即使这只是它为扩大自己流动性而采取的预防性措施，市场也有可能将其解释为该金融机构遇到了一些实质性困难，这种负面猜测会导致该金融机构陷入自我实现的困境。而借助 TAF，美联储通过拍卖定期向有机会接触美联储的机构提供一定数量的抵押贷款，以扩充其流动性，这会使这些机构避免了因使用贴现窗口而可能引起的负面印象。在一场"常规"的金融危机中，流动性是王道。在全球金融危机这样严重的事件中，流动性就是一切。

特殊时期的特殊手段

2008 年 3 月，伯南克说服了美联储委员会和联邦公开市场委员会，启动了定期证券借贷机制（Term Securities Lending Facility，TSLF）。TSLF 的初衷是防止流动性紧缩，因为这会对包括大型投资银行在内的影子银行系统主体造成毁灭性打击。当时这种压倒性的力量正在压垮贝尔斯登，而且，它还使抵押贷款相关问题在国际金融体系中不断升级发酵。伯南克在给美联储同事的一封电子邮件中写道："（TSLF）是一种非常规手段，但是特殊时期需要有特殊手段。"[15] TSLF 允许五大投资银行等非银行机构用流动性较差甚至缺乏流动性的资产（如抵押贷款相关证券）进行再融资。伯南克承认："我们正在越过某些界限，做以前从未见过的事情……我认为，面对真正的非常时期，我们必须保持灵活性和创造性。"[16]

然而，事实证明，TSLF 并不能满足五大投资银行和影子银行系统的其他组成部分的需求，所以美联储创造了另外一种工具，即一级交易商信贷便利（Primary Dealer Credit Facility，PDCF）。PDCF 旨在通过允许美联储接受更多样的证券作为抵押品，包括风险更高的资产，来消减在贝尔斯登救援事件后迅速升级的负面市场情绪。尽管美联储对许多在 PDCF 窗口提供的证券都进行了打折处理，但根据桑顿和白芝浩的剧本，PDCF 的推出仍是在铤而走险。美联储在 PDCF 窗口接受的抵押品到底有多大的含金量？流动性不足和资不抵债之间的区别变得模糊不清，巨大的不确定性使明确合适的扣减比例变得非常困难。[①] 在界定流动性不足和资不抵债方面，即便失误不可避免，美联储也在极力选择更"安全"的后果，即不惜一切代价避免整个金融系统的崩溃，因此它准备并乐意接受"不太安全"的抵押品。

接下来是商业票据融资机制（Commercial Paper Funding Facility，CPFF），这是一种阻断从金融危机向实体经济传导的破坏性机制的手段。随着金融市场开始冻结，非金融公司在获得商业票据再融资和配售方面遇到的困难越来越多。欧洲的公司一般依靠银行的信贷服务来满足其融资需求，但美国公司依赖的是在市场上投放的商业票据。CPFF 保证，即使金融市场出现了动荡，美联储也可以介入实体经济并试图确保其能够获得足够的融资。CPFF 的推出使美联储再次处于桑顿和白芝浩制定的界限边缘，因为商业票据涉及的风险更难确定。[②] 然而，对 CPFF 的需求是显而易见的。2008 年 10 月 27 日，在其推出后的两天，1 450 亿美元的三月期商业票据已经通过新的融资机制发售。一周后，总额上升到 2 420 亿美元，并在 2009 年 1 月达到了 3 500 亿美元的峰值。[17]

---

① 扣减是中央银行为弥补某些抵押资产所涉及的风险而采取的借贷金额抵减措施。如果一项名义价值 100 美元的资产被判定为有风险，中央银行将以 90 美元的价格对其进行再融资。本例中的扣减为 10%。

② 美联储试图通过让希望选用 CPFF 的公司预付一笔费用来解决这个问题，这笔费用是美联储为防止可能的损失而预留的。此外，每个选用 CPFF 的公司可以提供的票据数量也受到限制。

　　由于金融系统仍在雷曼兄弟倒闭带来的余波中挣扎，为了控制局势并防止实体经济进一步恶化，美联储需要建立一个新的机制。定期资产抵押证券贷款机制（Term Asset-backed Securities Loan Facility，TALF）建立的初衷是为了允许对信用卡贷款、学生贷款、汽车贷款和小企业贷款支持的证券进行再融资。美联储再一次决定突破其作为"最后贷款人"的职责边界，允许把这些证券作为抵押品——当然，要进行打折处理。TALF 在避免消费信贷市场进一步崩溃方面发挥了重要作用，否则经济衰退将会更加严重。TALF 最初设计的限额为 2 000 亿美元，在蒂莫西·盖特纳的坚持下，其额度在 2009 年初被扩大到 1 万亿美元，但实际值从未接近此上限。① 通过 TALF 发行的未偿贷款余额峰值约为 710 亿美元。[18]

　　美国财政部的另外两项举措也值得一提：货币市场基金临时担保计划（Temporary Guarantee Program for Money Market Funds，TGM）和前面提到的 TARP。设立 TGM 是为了保护货币市场基金的投资者不会因基金跌破面值而蒙受损失，防止资金大规模流出对基金市场和实体经济造成巨大破坏。而 TARP 对美国各银行的资本重组起到了重要作用，现在大多数人都认为 TARP 支持的银行资本重组是危机中的一个重要转折点。

　　到 2009 年 2 月，美联储在危机期间建立的大多数特殊融资机制已经终止，与外国央行的互换协议也已关闭；唯一还在运作的融资机制 TALF 也在 2010 年 6 月底终止了。财政部对货币市场基金的担保以及 TARP 也结束了。最终，这些政策并没有为财政部带来持续的损失。事实上，货币市场基金为获得担保支付的费用为财政部带来了 12 亿美元的收入。[19] 不能否认的是，美联储和财政部建立的特殊机制在应对全球金融危机的过程

---

① 纽约联邦储备银行前主席盖特纳接替汉克·保尔森担任奥巴马政府的财政部部长。

中发挥了举足轻重的作用。[20]

2020 年初疫情期间，美联储几乎是立即采取行动，将政策利率降至接近零的水平，并建立了几个新的再融资机制。这些新的机制侧重于帮助企业、家庭和政府部门（如市政府）解决在经济下滑和金融市场经历动荡时面临的巨大流动性问题。美联储不再只是"最后贷款人"，而是巩固了其作为"最后的买方"的地位。

2020 年 3 月至 4 月，美联储创建了 11 个紧急机制，承诺提供总额达 2.6 万亿美元的资金。其中包括一级市场企业信贷机制、二级市场企业信贷机制、中产贷款机制、中产一级贷款机制、市政流动性机制和工资保护计划流动性机制。在疫情的第一阶段，美联储主要关注商业部门的流动性。封锁、停业和限制社交距离措施导致经济活动陷入停滞状态，使无数中小企业处于濒临破产的境地。一夜之间，大规模破产的海啸从远在天边变为近在眼前。为了应对这种情况，美联储开始购买现有和新发行的公司债券，并扩大对商业票据市场的干预。到 2020 年 7 月中旬，美联储将其数十亿美元的贷款计划的使用范围扩大到包括医院和大学在内的非营利组织。

这些措施在市场上受到好评。投资管理公司黑岩的首席投资官里克·里德（Rick Rieder）评论说，"（美联储措施的）变革、创新和规模……是如此之大，以至于它们的可信度比以往任何时候都高……你不可能设计出比这更好的方案"。[21]从短期市场的视角看，这种反应是可以理解的，但从长期和更全面的社会视角看，这种赞扬听起来相当夸张。《金融时报》评论员吉莉安·泰德（Gillian Tett）写道，美联储主席杰罗姆·鲍威尔受疫情启发而采取的干预措施"不仅跨越了传统的'红线'，而且是故意加速迈过了它……（新计划）的规模……将使得美联储在将来面对疫情催生的其他金融和经济冲击时变得捉襟见肘。这些疯狂的试验也在创造前所未有的道德风险；或者更准确地说，放大了自 2008 年以来就困扰金融系统的道德风险"。[22] 我们将在第 5 章讨论非常规货币干预的意外后果时再次讨论这些主题。

桑顿和白芝浩可能会对许多央行行长的行动持保留意见。当美联储和其他中央银行推出这些有针对性的再融资计划时，它们真的只接受"资质良好的抵押品"吗？再融资机制采用的利率是否足够高？考虑到一些金融机构的极端风险行为，央行对它们提供的抵押品给出的折扣是否过于宽松了？然而，很难想象桑顿和白芝浩不会在更广泛的层面上同意央行行长的做法。美联储和其他央行为应对金融危机和疫情的紧急阶段而建立的特别机制有助于避免另一次大萧条的发生。在伯南克的推动下，美联储发现有必要采取进一步的措施，帮助经济从金融危机及其余波中恢复过来，而这些措施将是更剧烈的。

押注量化宽松

虽然美联储在政策利率和新融资机制方面的举措已经相当引人注目了，但绝大多数人还是将注意力放在其量化宽松政策上。尽管世界各国央行行长推出的各种量化宽松政策之间存在显著差异，但它们都旨在通过大规模购买最初由公共和私人实体发行的长期债券来降低长期利率。[①] 尽管

---

① 这些差异涉及一些技术含量很高的细节。然而，尼尔·欧文声称，对于不同的量化宽松政策，最重要的是"没有区别的特质"有一些优点。

人们很容易将长期利率的持续下降归因于量化宽松政策，但这是错误的。
长期利率的下降始于 20 世纪 80 年代，这清楚地表明，量化宽松并不是其
唯一原因。生产力增长放缓、全球储蓄过剩和人口结构变化也在长期利率
显著的结构性下降中发挥了作用。[23]

大规模购买债券和其他证券会导致其价格上升，收益率下降。央行行
长期望量化宽松政策能对长期利率产生影响，从而实现投资组合的重构。
实际上，各国央行都在押注，寄希望于那些寻求高收益率的投资者会将资
金投向其他地方，比如公司债券。投资组合重构可以刺激私人投资，从而
刺激整个经济的发展。在最初阶段，量化宽松政策的目的也包括完善危机
影响下踉跄的金融和资本市场的功能。

从宏观经济的角度来看，央行重新启用量化宽松政策是为了使通胀
率接近目标水平（对大多数央行而言约为 2%），并刺激经济增长和就业。
量化宽松政策的出现也是为了避免货币政策束手无策，因为政策利率已经
降至零，甚至在某些情况下低于零。早在 2002 年，伯南克就相当自信地
提出，一旦政策利率被卡在零值，就应该把量化宽松政策纳入考虑范围。[24]
当时，这仅仅是美国和欧洲的选择可能性，但仅仅几年后，它就变成了残
酷的现实。

货币启示录　THE MYSTIC HAND

事实上，各国央行近年来在量化宽松政策的名
义下进行的许多操作并不新鲜，更不是革命性的。
现代央行一直在不断进行公开市场操作，即买卖债
券和其他证券以辅助管理银行准备金和货币供应。
公开市场操作用于使联邦基金利率达到预期水平，
该利率是短期市场利率的主要决定因素。颇具革命

性的是，金融危机导致央行前所未有地大规模进行着相关操作，而且资金只出不入，导致其资产负债表规模爆表，银行准备金急剧上升。所有这些债券和证券的购买为市场提供了大量的流动性，但这种演变也激发了持续不断的评论、分析和争议。[25]

新冠疫情的暴发加速了量化宽松政策在全球范围内的使用。这在发达市场经济体中的四大央行美联储、欧洲央行、日本央行和英格兰银行的资产负债表上一览无遗。如果以 2008 年 1 月为起点，这些央行的资产负债表的总额在接下来的 5 年里共增加了 5 万亿美元；而在 2020 年 2 月之后的短短 8 个月内，其资产负债表总额就增加了 8 万亿美元。疫情让量化宽松政策像打了激素一样，央行行长的神秘之手对世界的影响比以往任何时候都更加强烈。

就在量化宽松干预开始之前，美联储还为其工具箱增加了一个重要的政策杠杆。量化宽松操作大幅增加了银行准备金，这使得美联储难以控制其最基本的政策利率，即联邦基金利率。2006 年，美国国会允许美联储从 2011 年开始对银行的准备金余额支付利息。当金融危机爆发时，这一开始日期提前到 2008 年 10 月。通过调整准备金利率，即使在银行准备金充足的情况下，美联储也能够控制联邦基金利率。提高存款准备金利率，能使银行将其准备金从经济和金融系统的其他地方转移至美联储。降低存款准备金利率则能达到相反的效果。

美联储量化宽松政策的实施分为三个阶段。① 第一个阶段 "QE1 计划"

---

① 伯南克对量化宽松这个术语从来都不满意。他总是倾向于谈论信贷宽松，因为量化宽松的含义是这些行动的目的是增加货币供应量，而在美国，其目的只是降低长期利率。

始于 2008 年 11 月，当时美联储宣布将购买 6 000 亿美元的政府债券和抵押贷款支持证券。QE1 计划的主要目的是避免房利美和房地美出现崩溃的局面，并为低迷的房地产市场和抵押贷款注入新的活力。然而，美联储很快认识到，这些干预措施并不足以产生真正的影响，于是决定在 2009 年 3 月将该计划增加到 1.75 万亿美元的"上限"。① 由于这些操作的实际效果有着很大不确定性，美联储公开市场委员会保留了在达到该限额之前停止该计划的选择。

尽管增强版 QE1 计划的规模确实惊人，但经济仍在下滑，并且通缩预期仍然存在。作为回应，美联储在 2010 年 11 月宣布了"QE2 计划"。虽然进行得相当低调，但内部对伯南克量化宽松政策的批评开始变得更加直接。对于 QE2 计划，美联储承诺在 2010 年 11 月至 2011 年 6 月期间购买 6 000 亿美元的长期证券。显然，这些资产购买正在成为美联储执行货币政策和管理经济的工具箱中的一部分。尽管美联储呼吁包括国会和总统在内的美国其他决策机构在应对危机及其后果方面发挥作用，但这一呼吁没有引起任何回响，美联储董事会越来越深刻地意识到，他们在"孤军奋战"。[26] 包括圣路易斯联储主席吉姆·布拉德（Jim Bullard）在内的一些观察家和美联储成员都表示，QE 计划中的严格时间限制将降低该计划影响市场行为的有效性。

2011 年 9 月，美联储宣布了另一项 QE 计划，即延期偿债计划（Maturities Extension Program，MEP），该计划被媒体戏称为"扭曲操作"。MEP 一般被认为是 QE2 计划的一部分。正如该计划的名称所示，它旨在

---

① 在美联储内部的政策审议期间，研究部门进行了模拟，考虑到当时的情况，联邦基金利率必须为 -6%！大规模量化宽松干预被认为是将政策利率降至完全不现实水平的替代方案。

延长美联储投资组合中资产的平均期限。依据 MEP，美联储打算在 9 个月内购买 4 000 亿美元距到期日至少为 6 年的国库券，并出售同等数量的距到期日少于 3 年的证券。2012 年 6 月，美联储将该计划延长至 2012 年底；在此期间，总共有 6 760 亿美元的短期证券被长期证券替代。

MEP 试图在不进一步增加美联储资产负债表的前提下加强 QE 的影响。在美联储打算进一步深化量化宽松政策的影响时，批评声有增无减。包括美联储堪萨斯城分行行长托马斯·霍恩（Thomas Hoenig）在内的董事会成员都对美联储的资产负债表规模表示出了担忧。一些以共和党议员为主的国会议员对此发表了严厉的批评，有时甚至是针对伯南克本人的。参加了 2008 年大选的共和党副总统候选人莎拉·佩林（Sarah Palin）对货币政策并不感兴趣，也不太了解，但她认为"是时候让伯南克主席暂停并终止（行动）了"。[27] 由于零利率对老年人的储蓄账户有负面影响，田纳西州共和党参议员鲍勃·考克（Bob Corker）指责伯南克"把老年人扔下车"。[28] 越来越多的经济学家也在劝说美联储重新考虑甚至停止实施量化宽松政策，[①] 并表达了对通胀的担忧和对金融稳定的关注。

此外，国外的批评声也此起彼伏。当时的德国长期以来备受尊敬的财政部部长沃尔夫冈·朔伊布勒（Wolfgang Schäuble）表示："我不认可这项措施背后的经济论点……美联储的决定给全球经济带来了更多的不确定性。"[29] 在担任比利时财政部部长期间，我认识了朔伊布勒。我在 2015 年的一次非正式谈话中提到了他的这句话，他回答说："我仍然坚持这一批

---

① 2010 年 11 月 15 日，23 位知名经济学家在《华尔街日报》发表了一封反对实施量化宽松政策的信。在这些经济学家中，最著名的是哈佛大学的尼尔·弗格森（Niall Ferguson）、斯坦福大学的迈克尔·博斯金（Michael Boskin）和约翰·泰勒。

评。美联储和其他中央银行在金融危机期间采取了勇敢和正确的行动。然而，我认为它们为了操纵长期利率，在大规模干预的道路上花费了太长时间。这些政策不仅会导致重大的通胀风险，还给金融市场和实体经济带来了过多的扭曲。"

朔伊布勒还认为，美联储的政策人为地压低了美元汇率，从而给其他国家在国际贸易中的竞争力造成了问题（特别是德国的汽车工业）。新兴国家的一些政策制定者也赞同这一观点。时任巴西财政部部长吉多·曼特加（Guido Mantega）声称，为了弥补因美元贬值而失去的竞争力，各国将要进行"国际货币战争"。[30] 时任中国财政部副部长的朱光耀也抨击了美联储的政策，因为他认为这些政策给"新兴国家的金融市场带来了过度的流动性"。[31] 在 2010 年 11 月 11 日和 12 日的首尔 G20 峰会上，许多与会者向奥巴马总统问及有关美联储的量化宽松政策。①

来自国外和国内的批评使伯南克和他领导的美联储的处境更加复杂。此时，美联储正在耗尽短期证券，MEP 正在迫近其上限，但经济仍然疲软，失业率超过了 8%，不断严重的欧元危机给经济前景蒙上了一层阴影。鉴于这些因素，伯南克开始意识到，他需要采取更多而不是更少的行动来稳定经济。在美联储理事会的内部讨论中，一些成员表达了他们的担忧。②

尽管时任费城联储主席查尔斯·普罗索（Charles Plosser）等人强烈

---

① 美联储反驳了国际上的批评，并称美联储的行动加强了美国的经济扩张，这有助于其他地区的增长。

② 被普遍认为与伯南克关系密切的美联储前理事凯文·沃什（Kevin Warsh）于 2010 年 11 月 8 日在《华尔街日报》发表了一篇评论文章，对伯南克推行的政策提出了相当严厉的批评。

反对，伯南克最终还是说服了他的同事在 QE3 计划中进一步推出货币政策宽松措施。美联储宣布将每月购买 400 亿美元由房利美和房地美担保的抵押贷款支持证券和 450 亿美元国债，以每月 850 亿美元的规模进一步扩大其资产负债表。与早期的 QE 计划不同，此次 QE3 计划是没有上限的。美联储明确规定，这些月度购买将在达到 6.5% 的失业率和 2.5% 的通胀率时中止。以上举措传递的信息并不是美联储会在达到这些阈值时停止购买；相反，它将在这种情况下重新考虑其政策立场。

居高不下的资产负债

2013 年 5 月和 6 月，在董事会和联邦公开市场委员会不断增加的抵制压力下，美联储主席伯南克暗示，美联储可能在当年晚些时候开始缓和其资产购买。市场对伯南克的暗示做出了强烈的反应：长期利率飙升，股票市场下跌。由于投资者急于从美国预期的更高利率中获益，资本纷纷逃离新兴市场。几位与伯南克关系密切的时任美联储理事（他们也对 QE 计划持批评态度），如杰里米·斯坦（Jeremy Stein）、杰罗姆·鲍威尔和时任纽约联储主席威廉·达德利（William Dudley），都和伯南克一起竭力辩称，只要经济表现仍然疲软，美联储就会继续推行其政策。直到这时，市场才稍稍平静下来。这一"缩减恐慌"事件明确表明，美联储因其非常规货币政策而处于一种非比寻常的处境。美联储是否在很大程度上（甚至于完全）失去了应对金融市场的能力？

尽管一再有传言称"美联储将改变方针"，但每月购买 850 亿美元的资产操作仍在继续。《金融时报》称伯南克为"缩减叛徒"，因为他拒绝自 9 月起减少每月的干预措施。[32] 伯南克在回忆录中说："在我的任期内，我并不在乎那些评论，也不在乎债券交易员因为被打个措手不及产生的愤怒。"[33]

伯南克的淡然态度还受到另一个事态的影响。2013 年秋天，"谁是伯南克的继任者"这件事成为一个热门话题。尽管时任美国总统奥巴马曾在多个场合公开赞扬过他，但伯南克已经决定离开。自 2010 年以来一直担任美联储董事会副主席的珍妮特·耶伦在 2014 年 2 月成了他的继任者。4 年后，耶伦不愿意在不信任与奥巴马政府有关的一切的特朗普手下工作，于是，杰罗姆·鲍威尔继任。

在离开美联储之前，伯南克再一次令评论家和市场感到错愕。2013 年底，与预期相反，美联储宣布将每月购买证券的速度减少到 750 亿美元。耶伦在上任后继续放松操作，到 2014 年 10 月，美联储停止了资产购买。当时，美联储的资产负债表为 4.5 万亿美元，占 GDP 的 26%；在金融危机之前，其一直在 1 万亿美元左右徘徊。在 2014 年 9 月 17 日的声明中，美联储解释了其"退出战略"，并强调了它将继续以联邦基金利率为目标执行其货币政策。当时许多人认为，事情将回到"旧常态"……

从 2014 年到 2017 年底，美联储通过对其到期证券进行展期，将资产负债表维持在 4.5 万亿美元左右。2017 年 9 月，美联储开始逐步减少其资产负债表，停止展期操作。在资产负债表的高峰期，美联储每月有 300 亿美元的国债和 200 亿美元的抵押贷款相关证券到期。在 2019 年第一季度末，美联储的资产负债表总额仍为 3.9 万亿美元，银行准备金约为 1.5 万亿美元。2019 年 3 月 20 日，为应对金融市场的波动，美联储宣布到 9 月前将停止其资产负债表的收缩。然而到 2019 年底，资产负债表又开始上升至接近 4.2 万亿美元。同年 10 月，货币市场的问题促使美联储重新开始以每月 600 亿美元的速度购买短期债券。彭博新闻社尖锐地将重新开始的资产购买称为"解除放松"。[34] 似乎金融市场的起伏比其控制通胀和失业的双重任务更能主导美国的货币政策。

随着新冠疫情的突然到来，一切又发生了变化。《金融时报》称，几乎在一瞬间，就出现了"经济撞上冰山导致的对现金的狂热"。[35] 股票市场大跌，在几周内损失高达 25%；债券市场的风险利差飙升，许多新兴市场瞬间面临债务危机。"泛滥的债券降级"肆虐着金融市场。[36] 央行迅速而果断地开始采取行动，如提供大量流动性以阻止致命的信贷紧缩循环。这场疫情如果应对不力，可能会触发违约，造成银行损失和市场恐慌，导致信贷停止和更多的违约，从而陷入恶性循环。

随着 2020 年 3 月联邦基金利率的第二次下调，美联储加强了量化宽松干预措施，以应对这场疫情对经济的破坏性影响。美联储宣布，"在未来几个月内"将进行 7 000 亿美元的额外资产购买（5 000 亿美元的国债和 2 000 亿美元的抵押贷款支持资产），这一举措很快得到了 11 项具体再融资机制的支持。美联储还与其他央行建立了新的美元互换协议，以满足国际上对美元快速上升的需求。在短短几周内，这些量化宽松措施将美联储的资产负债表总额从 4 万亿美元推至 7 万亿美元，远高于金融危机期间的水平。在美联储重新打开货币闸门的同时，美国国会推出了一项 3 万亿美元的危机救助方案，其中包括对企业的支持和大额度对家庭和个人收入的支持。

在讨论量化宽松政策时，人们容易忘记这些大规模的资产购买为美国财政部带来了大量资金，从而改善了联邦预算状况。美联储通过其投资组合中的证券赚取的利息为其所有运营提供资金，并将剩余的大部分收入汇给财政部。2007 年，美联储向财政部汇入的款项为 350 亿美元，但在随后几年里，这一数字急剧上升。2010—2017 年，美联储的汇款增加了一倍多，达到平均每年 750 亿美元。2018 年，汇款下降到 620 亿美元，但仍大幅高于金融危机前几年。汇款情况未来会怎样，取决于美联储如何管理其资产负债表以及利率。

欧洲央行的困境

虽然金融危机起源于美国，但欧洲的银行系统与美国的银行系统一样不稳定。欧洲央行对危机的第一反应与美联储一致，也采取了各种措施以防止金融市场冻结和银行间拆借枯竭。纯粹的量化宽松操作始于 2014 年年中，距离危机最严重时期已经过去了 5 年。从危机发生的第一天起，欧洲央行就很清楚保持银行信贷在整个系统中畅通的必要性。[37] 毕竟，欧洲经济的非金融部门对银行贷款的依赖程度远远高于美国。[38]

欧洲央行立即承担起"最后贷款人"的角色，扩大了其主要的增强流动性操作，并启动了多轮长期再融资操作（Long-term Refinancing Operations，LTROs）——这完全是桑顿和白芝浩的做法。接下来，它试图解决由不确定性升级导致的银行间业务突然急剧下降的问题。欧洲央行组织了几次期限从 6～36 个月不等的 LTRO 拍卖，以及一项旨在改善市场流动性及银行和企业融资条件的担保债券购买计划（Covered Bond Purchase Program，CBPP）。

2009 年底，希腊披露其财政赤字被严重低估，由此引发了欧元危机。这使欧洲央行的工作变得更为复杂。损失不仅限于希腊，葡萄牙、西班

145

牙、爱尔兰和意大利的融资成本也有所上升。由于《欧盟运作条约》第123 条禁止对成员国进行货币融资，因此，欧洲央行陷入了一个微妙的窘境。证券市场计划（Security Markets Program，SMP）被视为解决这一问题的方法，因为它允许欧洲央行在二级市场购买政府债券。但这样做就意味着需要越过一条重要的"红线"，这会造成相应的混乱。时任德国联邦银行行长、欧洲央行理事会成员艾克赛尔·韦伯（Axel Weber）公开表示反对，称 SMP 计划有违《欧洲货币联盟条约》。①

围绕 SMP 计划的讨论一直没有结束，但该决议对欧盟及其共同货币的未来极为重要。时任德国财政部部长沃尔夫冈·朔伊布勒赞同韦伯的观点，并多次告诉我，他不赞成这样的操作，尽管他也意识到，如果欧盟 /欧元要继续生存，这些操作是不可避免的。所以，即便是在他 2017 年离开财政部部长的职位后，朔伊布勒仍公开反对负利率，并对欧洲央行的政策持续发声。2020 年 9 月，朔伊布勒同其他几位德国主要政治家一致认为，欧洲央行的货币政策需要从根本上改变，资产购买和负利率必须停止。[39]

在朔伊布勒推动欧洲央行对货币政策进行重大改革之前，德国联邦宪法法院②对欧洲央行的债券购买计划做出了一项极为严厉的裁决。③该法院裁定，欧洲央行的理事们没有充分考虑到这些计划对储蓄者和金融机构的副作用。这些来自德国主要政治家和德国联邦宪法法院的争议反映了德国在欧盟问题上与日俱增的根本困境。

---

① 韦伯于 2011 年 4 月从欧洲央行辞职，当时距离他在欧洲央行的任期即将届满还有一年。

② 该法院更为人所知的名字是卡尔斯鲁厄（Karlsruhe），这也是其所在的城市名字。

③ 这不是德国联邦宪法法院第一次处理欧洲央行的政策。欧洲央行的直接货币交易计划是由德拉吉的"不惜一切代价"演讲推动的，受到了几名德国原告的质疑。2015 年，德国联邦宪法法院相当冷淡地给出了裁定：直接货币交易计划是可以接受的。

在货币政策方面，欧盟很多做法没有得到德国人（和荷兰人）的认可。但出于对联盟整体性的考虑，他们不敢直接反对。但这种双重性能持续多久？

尽管德国方面态度复杂，但至少在 2008 年 5 月至 2012 年 9 月 SMP 计划结束时，欧洲央行还是购买了 2 180 亿欧元的希腊、爱尔兰、葡萄牙、西班牙和意大利证券。到那时，作为德拉吉"不惜一切代价"言论的另一个产物，直接货币交易（OMT）计划已经上线（德拉吉于 2011 年 11 月 1 日接替让-克罗德·特里谢担任欧洲央行行长）。OMT 计划旨在让欧洲央行解决政府债券市场的扭曲问题，这种扭曲源于对欧元收缩"毫无根据的"担忧。欧元区成员国可以请求进行 OMT 计划干预，但必须接受 OMT 计划对其政策的监督。换言之，欧洲央行的行动是有条件的。值得注意的是，并没有哪个国家正式提出过启动 OMT 计划的请求。

到 2013 年底，除希腊外，欧元区经济已经走出衰退，货币联盟危机最严重的时期已经过去。然而，经济增长仍然非常疲软，且通胀率远低于目标的 2%。德拉吉领导的欧洲央行意识到他们需要采取更多行动。

2014 年 6 月，欧洲央行有史以来第一次实行了负存款利率政策，并启动了有针对性的长期再融资操作（Targeted Long-term Refinancing Operations，TLTROs）。"有针对性"是指借贷给家庭和企业的银行可以从欧洲央行获得更有利的融资条件。负存款利率和 TLTROs 并行是为了彼此加强应对疲软的经济和顽固的低通胀的效果，[40] 欧洲央行分别在 2016 年 3 月和 2019 年 3 月启动了第二轮和第三轮 TLTROs。

欧洲：踏上量化宽松之路

在负存款利率和第一轮 TLTROs 生效后不久，德拉吉和他的同事们认为还需要采取更多行动。2014 年 9 月，欧洲央行决定以资产购买计划（Asset Purchase Program，APP）的形式开启量化宽松的道路。欧洲央行宣布，它不仅将购买政府债券和证券，还将购买资产支持证券、担保债券和企业部门债券。APP 计划下的月均净购买量各不相同：2015 年 3 月至 2016 年 3 月为 600 亿欧元；2016 年 4 月至 2017 年 3 月为 800 亿欧元；2017 年 4 月至 2017 年 12 月再次调整为 600 亿欧元；2018 年 1 月至 2018 年 9 月降至 300 亿欧元。在 2018 年的最后 3 个月，平均每月净购买量降至 150 亿欧元。

在暂停了 10 个月之后，欧洲央行管理委员会决定从 2019 年 11 月 1 日起以每月 200 亿欧元的规模重新启动 APP 干预。[①] 欧洲央行表示，这些净增购买将继续"强化其宽松的政策利率，将在欧洲央行关键利率提升之前结束"。[41] 欧洲央行的资产负债表从 21 世纪初的不到 1 万亿欧元，增加到 2012 年的 3 万亿欧元，2019 年底，进一步增加到 5 万亿欧元以上。随着时间的推移，我们越来越难以否定这样一个假设：欧洲央行做出的政策决定受金融市场的波动和脆弱性影响，而不是出于对通胀或整体经济前景的担忧。

APP 的重启在欧洲央行管理委员会内部产生了巨大分歧。德拉吉获得了多数人的支持，但德国、法国、荷兰和几个小国的代表投了反对票。就欧元区内的经济权重而言，超过 50% 的货币联盟投票反对德拉吉的提

---

① 与此同时，欧洲央行存款利率降至 -0.50%。

议。德拉吉的最终政策方案也遭到了一些重量级前央行行长的抨击，如德国的尤尔根·斯塔克（Jürgen Stark）、奥特马·伊兴（Otmar Issing）和赫尔穆特·施莱辛格（Helmut Schlesinger），法国的埃尔维·哈农（Hervé Hannoun）、克里斯蒂安·诺亚和雅克·德拉罗西埃（Jacques de Larosière），以及荷兰的努特·威林克（Nout Wellink）。[42] 但在 2019 年 11 月 1 日国际货币基金组织前总裁克里斯蒂娜·拉加德接任德拉吉时，人们对德拉吉及其遗产的看法已经变得相当分化。一些人认为，他是一位几乎以一己之力挽救了欧洲货币联盟的英雄；另一些人认为，他是货币冒险的象征，迟早会导致灾难。

拉加德经历了一场大火的洗礼。她刚刚在法兰克福的办公室安顿下来，新冠疫情就像陨石一般袭击了欧洲。尽管欧洲央行管理委员会内部存在意见分歧和分裂的情况，但这一事件的严重性迫使这位新任行长证明她能够胜任领导工作。在拉加德的领导下，欧洲央行维持政策利率不变，但倍增了量化宽松的力度来稳定经济和刚刚从衰退与巨大不确定性中挣扎出来的金融市场。[①] 3 月 12 日，欧洲央行宣布增加 1 200 亿欧元的资产购买，并通过额外的 LTRO 为银行提供流动性支持。一周后，又推出了购买总金额为 7 500 亿欧元资产的疫情紧急购买计划（Pandemic Emergency Purchase Program，PEPP）。欧洲央行还允许银行以负利率借款，只要它们能够保持经济的信贷流动。[②] 2020 年 4 月，欧洲央行放宽了多项关于公司债券的抵押品规则，"以进一步缓和评级下降的影响"。[43]

---

① 利率并没有真正保持不变，因为欧洲央行启动了双利率体系，允许银行在低于 -0.5% 的存款利率下借款。

② 参见本章对双重利率结构的讨论。

6 月初，欧洲央行宣布将通过 PEPP 再购买 6 000 亿欧元的债券，至此，金额总计 13 500 亿欧元。拉加德认为，额外的刺激措施是必要的，因为欧元区正在"经历前所未有的收缩……伴随着严重的就业和收入损失以及超乎寻常的不确定性"。[44] 当时欧洲央行预测，欧元经济在 2020 年将收缩 8.7%，如果疫情继续下去，这个数字可能会上升到 12.6%。这一措施是在德国政府宣布将推出 1 300 亿欧元的刺激计划后几个小时内宣布的，这显然呼应了拉加德的观点，即在疫情的极端情况下，财政和货币政策必须密切协调。

2020 年秋末，第二波疫情袭击了欧盟。作为回应，欧洲央行加大了控制经济损失的力度，将 PEPP 购买债券的额度提高到 1.85 万亿欧元，将 PEPP 的结束日期从 2021 年 6 月延长到 2022 年 3 月，并宣布，准备将所有到期债券的收益用于再投资，这一动作至少持续到 2023 年底之前。然而，如果经济复苏的速度超过预期，拉加德表示，上述内容"不必全部推行"。[45] 欧洲央行还收紧了关于提供超低价贷款（利率为 -1% 的贷款）的规定。对此，欧洲央行理事会的几位成员认为这过于慷慨了。

日本：把货币刺激用到极致

日本央行率先将量化宽松作为一种在政策利率停留在零的时候还能保持货币政策活力的工具。尽管此举在当时还没有被定义为量化宽松，但它在 20 世纪 90 年代末拯救了深陷证券泡沫损失中的日本央行，并带动了数万亿日元的商业票据发行。到 2001 年 3 月，日本经济和银行业仍处于崩溃状态，因此，日本央行为银行进一步注入了流动性，并以购买长期政府债券的形式来降低长期利率。

在 20 世纪 80 年代的泡沫时期及其之后的时间里，日本自身的问题越来越多，随后的全球金融危机又对日本造成了相当严重的冲击。然而，日本央行一直等到 2010 年 10 月雷曼兄弟破产整整两年后，才对危机采取了重大应对措施。日本央行先是宣布将购买 5 万亿日元的资产，此后不久，又将数额提高到 20 万亿日元（相当于其 GDP 的 4%）。2012 年 2 月，资产购买计划增加了 10 万亿日元。日本央行重申，只要金融失衡的风险没有明显增加，就不会提高利率，日本央行会在必要时继续实施资产购买计划。

2012 年安倍晋三当选日本首相后，黑田东彦成为日本央行的新行长。与安倍政府关系密切的黑田东彦宣布了第一轮量化、质化宽松政策（QQE1），每年将购买 30 万亿日元的政府债券和 1 万亿日元的交易所交易基金（或股票）。这一革命性的举措暴露了日本央行的绝望程度：日本央行认为有必要开始购买私人公司的股票。随着 2014 年 10 月通缩危险的再次出现，日本央行开始转向 QQE2，将政府债券的购买量增加到 80 万亿日元，交易所交易基金（或股票）的购买量增加到每年 3 万亿日元。

2016 年 9 月，日本央行提出了一个新的政策目标，即收益率曲线控制（Yield Curve Control，YCC）。虽然央行的储备金应付利息将保持在 -0.1%，但他们会购买更多的政府债券，以将十年期利率或收益率保持在零。据日本央行估计，每年 80 万亿日元的购买量足以实现这一目标。但如果有必要，日本央行将加大购买量以实现预期的收益率曲线控制。此外，日本央行还推出了一项"通胀突破承诺"，这意味着已经推出的政策将继续实施，直到通胀持续超过 2% 的目标。

新冠疫情开始后，日本央行和其他发达国家的央行一样加码了非常规手段。2020 年 4 月，日本央行资产负债表上有未偿还政府债券总和的 50% 和 30 万亿日元的股票，但它仍决定将商业票据和公司债券从 5 万亿日元增持到 20 万亿日元。它还放宽了抵押品规则并大幅延长了公司债券的到期日。

由于日本央行推行了上述政策，截至 2020 年底，其资产负债表总额达到 700 万亿日元（超过 6 万亿美元），是其 5 年前的两倍多。它的资产负债表已经超过了国家的 GDP，成为发达国家中的特例。2019 年年中，美联储的资产负债表占其 GDP 的 20%，欧洲央行的资产负债表略低于其 GDP 的 40%。

公平地说，在使用非常规货币政策工具方面，世界上没有其他国家像日本这样走得这么远，日本仍然是世界第三大经济体。政策工具还包括四种非常规工具中的最后一种，即"前瞻性指引"，相关内容将在下一节详细讨论。从整体经济角度来看，日本未能实现重大转变，这充分说明了这些政策的效果。

前瞻性指引能否改变预期

在金融危机后和疫情防控期间，主要央行启动的非常规货币工具箱中的第四种工具就是关于其政策的前瞻性指引。[46] 前瞻性指引是一种旨在减少经济和货币环境的不确定性以及降低货币市场对宏观经济和政治新闻的敏感性的沟通策略。通过前瞻性指引，央行希望能够在消费者、生产者和投资者做出消费和投资决定时对他们产生影响。它是央行用提供有关其未来操作方向的信息来影响私人部门当下决策的一种工具，[①] 也是理性预期支配消费者、生产者和投资者行为这一假设的应用。

自从央行引入前瞻性指引的概念以来，央行行长一直在发出信号，说明他们认为货币政策会如何随时间而变化，尽管经常很模糊。只是到了近些时候，前瞻性指引才成为央行行长的一种特定工具。前瞻性指引共有三种类型：第一种类型基于状态条件的阈值，这意味着只要经济需要某种政策（例如零利率政策），这种政策就会继续下去；第二种类型与具体日期相关联，比如，一项政策将持续到"年底"；第三种类型是开放式的，意味着该政策没有具体的结束日期或与状态相关的阈值。

日本央行开创了量化宽松的先河，在前瞻性指引方面也是如此。事实上，日本央行早在该术语被广泛使用之前就开始使用前瞻性指引。1999年 4 月，时任日本央行行长速水优宣布，央行"将维持零利率政策，直到通缩担忧消除"。两年后，他宣布："量化宽松政策将继续实施，直到核心消费者物价指数（CPI）稳定在百分之零或以上。"2012 年 2 月，日本央行宣布，零政策利率和资产购买将继续进行，"直到央行认为 1% 的（通胀）目标是可见的"。[47] 2019 年 10 月，日本央行向市场表示，"只要需要，不管多久，将持续保持短期和长期利率在现有或者更低的水平上，直到实现其价格目标势头的可能性消失"。[48] 这些声明只是关于前瞻性指引如何使用的一个例子，本分析的目的并不是要深入探讨每一个前瞻性指引声明的细节。以下是美联储和欧洲央行的一些其他案例。

2008 年 12 月 8 日，联邦公开市场委员会宣布，"疲软的经济状况可

[①] 本书将在第 5 章"布奇·卡西迪综合征"一节中讨论这些政策"偷窃"的内容。

能会在一段时间内使联邦基金利率处于超低水平"。这一声明在 2009 年 8 月被再次提出，并把"在一段时间内"改为"在更长时期内"。2011 年 8 月，联邦公开市场委员会宣布联邦基金利率将保持超低的水平，"至少到 2013 年年中"，几个月后变成了"至少到 2014 年底"，2012 年 9 月，又被重新表述为"至少到 2015 年年中"。2012 年 12 月，新的信息出现了，联邦基金利率将保持在 0 ～ 0.25% 的范围内，"只要失业率保持在 6.50% 以上，预计未来一到两年的通胀率将不超过委员会规定的 2% 的长期目标的半个百分点，长期的通胀预期将继续保持稳定"。2014 年 10 月，联邦公开市场委员会宣布，"如果未来的信息表明，实现委员会的就业和通胀目标方面的进展比委员会现在预期的要快，那么联邦基金利率目标区间的上调可能会比目前预期更早发生"。2016 年 12 月，在第一轮新的利率目标区间上调之际，该委员会宣布，预计"经济状况将以只需逐步提高联邦基金利率的方式演变"。[49]

2013 年 7 月，欧洲央行开始涉足前瞻性指引，当时德拉吉表示，"理事会预计欧洲央行的关键利率将在很长一段时间内保持在当前甚至更低的水平"。欧洲央行会定期重申实施其政策路线的各种类似条件。2018 年 6 月，欧洲央行为其资产购买计划提供了前瞻性指引："我们预计，在 2018 年 9 月之后，如果获得的数据证实了我们的中期通胀预测，我们将在 12 月底之前将每月净资产购买的规模降至 150 亿欧元，然后结束净买入。"作为德拉吉最后倡导的重大政策决定之一，欧洲央行表示，将存款利率降至 -0.50% 时，预计利率将会保持在当前甚至更低的水平，直到通胀将"在其预测范围内稳定地低于但接近 2% 的水平，而且这种接近是持续的"。[50]

前瞻性指引应被视为一种强化手段，央行行长可以通过其对利率、特定再融资机制和量化宽松的决定来强调和深化其基本政策立场的影响。① 在央行整体政策立场的关键转折点上，前瞻性指引可能具有至关重要的意义。因为在这些时刻，针对转折点真实性的实质性怀疑有可能破坏政策的有效性。当人们对央行未来的行动方式仍然存在巨大的怀疑时，前瞻性指引可以成为一个强有力的工具。

然而，前瞻性指引并非没有风险。首先，它存在时间不一致的风险，因为不断变化的情况可能会导致后续实行的政策严重偏离已展示的前瞻性指引路径。其次，对未来增长潜力隐晦地表示悲观的前瞻性指引有可能会让这种情况自我实现。再次，如果前瞻性指引特别有说服力，那么它会刺激短期债务为长期资产融资，因为这种策略被认为风险较小。[51] 最后，前瞻性指引有可能会增加金融系统中的杠杆，也可能导致群体行为，从而导致投资者忽视来自金融市场和整体经济的其他重要信号。在下一章中，我们将对非常规货币政策工具箱的意外后果进行评估，并更详细地阐述这些风险。

---

① 哥伦比亚大学的迈克尔·伍德福德（Michael Woodford）是一位著名的货币经济学家，他认为前瞻性指引本身非常重要，甚至比美联储实际购买资产更具决定性。

THE
MYSTIC
HAND

第 5 章

高昂的代价

THE MYSTIC
HAND

今天的支出无法用于明天。

全球金融危机和新冠疫情的重大影响，促使世界主要央行推出并定期加强了非常规货币政策。非常规工具箱中主要包括四个工具：零利率甚至负利率政策、针对金融动荡等特定因素的定向贷款安排、资产购买计划或量化宽松政策，以及对未来利率政策的前瞻性指引。尽管自 19 世纪以来，政治、经济和制度环境已经发生了巨大变化，但这些政策创新依然很好地遵循了先驱经济学家亨利·桑顿和沃尔特·白芝浩在他们那个时代所提出的危机处理策略。

桑顿和白芝浩都认为必须不惜一切代价来避免金融崩溃，20 世纪 30 年代的大萧条印证了他们的观点：如果政策制定者不果断采取行动，将会发生严重后果。央行行长没有听取桑顿和白芝浩的重要告诫，在大萧条期间袖手旁观，任由经济遭受摧残并引发了后续的政治和军事恶果。好在相同的错误没有再犯，当全球金融危机和新冠疫情来临时，他们听取了桑顿和白芝浩的告诫，并采取了适当的行动。

毫无疑问，各国央行为应对金融危机和新冠疫情所采取的大胆创新的行动，对于避免造成不可估量的金融、经济、社会和政治后果是至关重要的。不论金融危机前的货币政策存在什么缺陷，本·伯南克、让－克罗德·特里谢、马里奥·德拉吉、默文·金，以及其他众多央行行长在2007—2009年的表现都值得尊敬。然而，世界主要国家和地区的央行在金融危机剧痛期结束后的很长一段时间内，仍在沿用非常规工具，在某些情况下，它们甚至加快了这些工具的使用。殊不知，这些政策实施的时间越长，一些意想不到的后果就越不能被忽视。新冠疫情证明，各国央行需要采取新的措施来维持系统运作，但这也会强化一些意想不到的后果。目前，央行行长已经开启了新一轮学习过程，但没人知道这最终会将行业引向何处。

除了几个显著的例外，如德国央行前行长延斯·魏德曼（Jens Weidmann）、荷兰央行行长克拉斯·诺特（Klaas Knot）、费城联储前主席查尔斯·普罗索、堪萨斯城联储前主席托马斯·霍恩、印度央行前行长拉格拉姆·拉詹，以及新西兰储备银行副行长克里斯蒂安·霍克斯比（Christian Hawkesby），大多数央行行长和学术界人士都在淡化这些问题，辩称货币政策的好处远远超过了其副作用。有趣的是，德拉吉在担任欧洲央行行长的最后几周也承认，针对超宽松货币政策预期之外的负面后果的担忧是"有道理的"，并补充说，与降息相比，量化宽松的副作用"不那么明显"。[1] 德拉吉的继任者拉加德向欧洲议会表示，她"完全了解"欧洲央行政策的"副作用"，但没有进一步说明。[2] 而经济研究以及扎眼的现实情况与他们对副作用的淡然态度形成了鲜明对比。

这些复杂和难以量化的问题让人想起了凯恩斯关于长期和短期的言论：

我们不知道未来会发生什么，只知道它将与我们所能预测到的一切完全不同。我在另一个场合说过，从长远来看，我们都会死，这是"长期"的缺点。但我同样可以说，短期内我们都还活着，这是"短期"的巨大优势。人生和历史都是由短期运行组成的。如果我们能在短期内处于和平状态，就是一种成就。我们所能做的就是推迟灾难的发生，哪怕只是希望，不一定遥远，但总会有一些改变。[3]

那么，在金融危机期间及之后所采取的政策是否会给未来增加产生更多混乱的风险？我们是否能通过接受和助长长期风险为代价，来换取短期（现在已经超过 10 年）的安宁、秩序与"和平"？人们可以用凯恩斯的言论解释那些短期内将政策抛到一边、不去考虑长期的观点，他们只希望并祈祷有什么结果会出现。在某些情况下，这种态度可能是有道理的，但若从非常规货币政策角度来考量，这种理由就越来越难以令人信服了。这些政策的一些意外后果的有害性已经相当明显了，并且随着时间的推移有恶化的趋势。

我将按照以下标题详细介绍这些不利后果：

- 布奇·卡西迪综合征（Butch cassidy Syndrome）

- 迈克尔·杰克逊综合征（Michael jackson Syndrome）

- 大卫·科波菲尔综合征（David copperfield Syndrome）

- 圣·奥古都斯综合征（Semper augustus Syndrome）

- "救世主变恶霸"综合征（Savior-turned-bully Syndrome）

- "26=38 亿"综合征（"26 = 3.8 billion" Syndrome）

- 僵尸综合征（Zombie Syndrome）

- 树懒综合征（Sloth Syndrome）

在深入探讨各种不利后果之前，我们必须提出两点警告：**其一，如果央行没有推行非常规货币政策，或者它们更早地放弃了这些政策，我们无法知道事态将如何发展。**[4] 可能长期来看事态会转好，也可能金融危机和随之而来的经济衰退会更糟糕，这些我们都无法确定。但是，即使人们暂且相信央行行长自金融危机以来实施的政策是明智的，也不能否认非常规货币政策存在预期之外的负面后果。**其二，大量使用非常规货币政策的意外后果是有意地将通胀排除在外。**这是因为，当长期的货币创造过程超越了经济体的实际增长，通胀的爆发就在预料之内。全球几个世纪的货币发展史充分证实了这一真理。

随着非常规货币政策在十多年里成为主要央行的标准惯例，通胀警告也被多次提出。但鉴于消费价格的通胀仍然顽固地保持在低水平，有时还显示出通缩的趋势，这些警告就被忽略甚至嘲弄了。事实上，通胀始终存在，但主要局限于资产（股票、房地产、艺术品及其他资产）价格方面，往往不涉及更受关注的消费价格指数。

导致消费价格通胀没有显现的原因是非常规货币政策主导时期的各种特殊情况：中国的崛起、人口结构的变化以及信息和计算机技术增强了消费力。然而，与此同时，大规模的货币扩张释放出了潜在的压力。CPI 通胀的出现只是时间问题，而新冠疫情则为通胀的实现提供了动力。我们将在下一章中将更详细地介绍通胀。

布奇·卡西迪综合征

1970 年，那时我才 15 岁。我的高中校长禁止学生在没有家长监督的情况下去影院看电影，并警告说：违反禁令的人将受到严厉的惩罚。然而，他的禁令使影院对我产生了不可抗拒的吸引力。因此，我和四五名高中同学一同潜入了当地的一家影院，开始了我们在影院的初次体验，那是一次大胆的行动。我们看的电影是《虎豹小霸王》（Butch Cassidy and the Sandance Kid），由保罗·纽曼（Paul Newman）饰演布奇·卡西迪（Butch Cassidy），罗伯特·雷德福德（Robert Redford）饰演桑丹斯·基德（Sandance Kid）。这部电影很精彩，虽然我没有再看过，但我仍然清楚地记得影片中的某些场景和对白。但话说回来，每一个初次体验都是令人难忘的吧？

真正的布奇·卡西迪出生于 1866 年，原名罗伯特·勒罗伊·帕克（Robert LeRoy Parker）。他一生行窃，最后于 1908 年去世。卡西迪创建了臭名昭著的"野蛮恶棍"团伙，该团伙的一些事迹让他成了一名真正的美国传奇。将卡西迪和他的"野蛮恶棍"团伙与央行行长所推行的政策的后果相关联似乎很牵强。央行行长们固然展现出了一些缺点和行为障碍，但他们肯定不会成为一个"野蛮恶棍"。然而卡西迪的"野蛮恶棍"和推崇非常规政策的现代央行行长之间有一个相似之处：都以市场和经济的整体利益为行动的出发点。只不过，央行行长在不断地从未来和邻国窃取，而且其规模比"野蛮恶棍"所能做到的要大得多。

首先，我们来看看他们是怎样从未来窃取的。央行的非常规工具箱中，有一个工具能系统性地抑制利率。抑制短期市场利率的方法是将政策利率设为接近甚至低于零，并宣布利率将长期保持在这一水平上（即前瞻

163

性指引）。抑制长期利率则是通过量化宽松政策中的大规模资产购买来实现。其结果就是，连续多年以来，一些先进国家的名义利率和实际利率（即名义利率减去通胀）一直保持在很低的水平，甚至出现了负值。

名义利率和实际利率持续走低，对经济学家所说的消费者、投资者和政府的跨期选择产生了影响。用通俗的话来说就是，在所有其他因素都相同的情况下，持续的低利率将使今天的支出（无论是消费还是投资）都比明天的支出更具吸引力。[1]不进行当前消费并不会带来实质性的回报，因为低利率环境对这种延迟消费的补偿（即从存款中得到的回报）非常低。此外，借贷成本降低还会促进债务积累，并进一步刺激当期支出。

这种跨期选择也同样存在于政府决策中。只有未偿还公债的利息成本会被计入年度预算，极低甚至为负的利率意味着新债务对当期预算的影响相对较小或接近于零，因此，各国政府能借机减少对当前收支的控制。如果有一天利率开始上升，民选官员会认为，届时他们可能已经不在位了，这将是别人的问题。永远不要低估政治中无可救药的短期偏好，[2]我们将

---

[1] 在某些情况下，极低的利率可能会激励人们更加努力地增加储蓄，因为他们觉得储蓄存量的增长率会很低。在这种情况下，不会对未来有任何偷窃，但也不会对现在的支出产生积极影响。当低利率导致更多储蓄时，试图刺激当前支出的政策就会失败。鉴于整体债务水平的上升，当人们开始担心是否有足够的资源来维持养老金支付时，当前消费和投资的流失可能会加剧。经济合作与发展组织（以下简称"经合组织"）前主席、国际清算银行经济学家威廉·怀特在这方面提到，"家庭和企业的不安程度不断上升"。

[2] 2014—2018 年担任比利时财政部部长期间，我努力地充分利用了政府债券的长期利率非常低这一优势。鉴于比利时的债务与 GDP 之比已超过 100%，因此，确保长期廉价融资显然是一个明智的策略。这样做，意味着需要放弃具有相对较小优势的短期融资，因为短期利率低于长期利率。在几次预算会议上，我不得不努力维持这一战略，因为一些同事对利率略低的短期优势更感兴趣，而不是获得有吸引力的长期融资的长期效益。选择较低的短期利率而忽略了长期利率，会在短期内削弱我们降低赤字的努力。

在本章的"树懒综合征"一节中重新审视这一概念。

　　通过使支出比储蓄更有吸引力，以及降低信贷成本，从而刺激债务积累和不审慎的财政政策，非常规货币政策正在窃取未来。一位分析家[①]曾指出，央行行长依靠量化宽松政策，"把未来的需求吸噬到当期"。[5] 2014年，国际清算银行首席经济学家克劳迪奥·博里奥警告，非常规货币政策"从未来偷走了增长和繁荣"。[6]威廉·怀特是为数不多的在金融危机发生前就明确提出警告的人之一。他表示，"反复使用货币宽松政策来刺激需求，会导致根本性的跨期不一致"。[7]

货币启示录 THE MYSTIC HAND

今天的支出无法用于明天。为今天的支出而举债，将必然减少明天的支出，因为债务必须在未来偿还。普林斯顿大学经济学家阿蒂夫·迈恩（Atif Mian）及同事提出了"负债需求"的概念，他们写道，宽松的货币政策"产生了以牺牲未来的负债需求为代价的债务融资短期繁荣。当面临充分的负债需求问题后，经济就会陷入债务驱动的流动性陷阱，或者说债务陷阱"。[8]这种债务陷阱使央行行长越来越难以摆脱非常规货币政策。

　　当然，这些非常规货币政策的目标之一是创造这种跨期支付转移，以填补总体需求中的一个明显缺口。[②]这种政策措施减少了当前经济衰退的危险，但增加了未来经济总需求出现问题的风险，除非这些政策提高了该

---

① 伊恩·赫斯洛普（Ian Heslop），梅里安全球投资的全球股票主管。

② 事实上，所有反周期政策都试图推动消费和投资，以避免令人担忧的衰退。过去 10 年的非常规货币政策之所以异常，是因为它们持续实施了太久。

经济体长期增长的前景。更高的结构性增长可能会导致未来收入的增加，从而减少债务偿还对总需求的影响，但这一结果并不在预期之内。经济理论和实证研究证实，这种结果极不可能发生。

非常规政策所带来的增长效果是有限的。实证研究对于短期定量增长的效果存在各种结论，但人们普遍认为，这些政策的增长效果是暂时的。[9]令人特别担忧的是，极低利率的副作用之一是抑制企业投资。负债需求降低了投资的吸引力，因为未来需求的削弱会降低投资回报。负债需求也危害了企业的养老金计划，而这会削弱未来的现金流，并进一步减少未来的投资潜力。

极低利率鼓励企业领导以另一种方式减少投资。如果利率较低，企业可以大规模借贷，为股票回购提供资金，从而提高股票价格，并因此增加企业领导所持有的股票期权价值。但是，这些行动是以未来作为抵押的，因为缺乏对生产资本的投资，这意味着，企业在未来的竞争力会有所下降。[10]在过去的10年里，央行行长曾呼吁进行更多的结构性改革，以刺激经济增长和投资。这主要是因为大多数人已经意识到，除非出现新的经济增长点，否则，因非常规货币政策导致的负债需求陷阱将会在未来成为严重的问题。

其次，我们再来看看他们是怎样从邻国窃取的。非常规货币政策通常会导致实施这些政策的国家或地区的货币贬值。货币贬值是用于摆脱经济衰退或经济增长低迷的惯用伎俩，有助于国内企业至少在短期内增强国际竞争力。它鼓励出口，抑制进口，最终会刺激货币贬值国家加大投资力度、增加就业机会，最终实现经济增长。但是，如果所有国家都试图通过货币贬值来解决问题，那么就没有人会得到任何好处。更糟糕的是，每个人都会有损失。竞争性货币贬值是典型的以邻为壑政策，可能导致政治敌意、贸易战，甚至引发国家之间的军事战争。[11]

大量证据表明，非常规货币政策（尤其是量化宽松）会导致货币贬值。[12]尽管央行行长从未将货币贬值明确为其非常规货币政策的目标，但这些政策还是导致了货币贬值。在担任比利时财政部部长期间，我曾与几位央行行长就此进行过交谈，他们并不否认自己乐于接受量化宽松政策对汇率的影响（通常来说，财政部部长们也很喜欢）。因此，这种汇率影响并不是量化宽松干预的一个意外后果。如果各地的需求都很疲软，那么一个国家采取货币贬值的相关措施，就会激起遭遇货币升值国家的强烈反应。当一个国家试图窃取邻国的经济需求时，即使它们离得很远，也能在很短的时期内获得成功。

非常规货币政策的国际影响不局限于汇率，[13]它往往会导致拉詹所说的"竞争性货币宽松"。[14]当美国、欧盟、日本的非常规货币政策导致其他国家的汇率上升时，许多其他国家，尤其是新兴市场国家就会备受压力，于是，它们也不得不使用非常规货币政策。随着新冠疫情的肆虐，非常规货币政策在全世界的实行范围比以往任何时期都要广。

当一个国家使用量化宽松政策时，其带来的资本流动往往会成为一股破坏其他国家金融稳定的力量，因为这些资金大多数都具有短期性和投机性。它们会大规模迅速流入，但通常也很快就会流出。当世界上领先的经济体使用非常规的货币政策时，它们从邻国窃取的不仅仅是总需求，它们还窃取了邻国的金融稳定，并以邻国的经济前景为抵押。推行非常规货币政策的央行行长就犹如布奇·卡西迪和他的"野蛮恶棍"，只不过，他们采取的是一种更文明、更微妙的方式。

迈克尔·杰克逊综合征

迈克尔·杰克逊是流行音乐界最伟大的传奇人物之一，但他在其他方面的行为和个性也给他的声誉和世人对他的评价蒙上了一层阴影。在这些不尽如人意的方面中，就包括杰克逊以惊人的速度积累债务的习惯。他一生挥霍无度；尽管在职业生涯中赚取了数亿美元，他依然债台高筑。2009 年去世时，他累积的债务估计为 4 亿～ 5 亿美元，创下了名人负债的纪录。[15]

杰克逊固然不是经济学模型中的理想个体代表，但债务成瘾已经成为世界经济模式的一个基本特征。鉴于过去 20 多年来债务所达到的高度，世界陷入债务中的威胁比以往更加真实。[16] 早在 1974 年 10 月，《商业周刊》杂志就曾发表了一篇题为《债务经济》（*Debt Economy*）的封面文章。整整 4 年后，《商业周刊》又发表了一篇题为《新债务经济》（*New Debt Economy*）的文章。而在今天，这样的故事可能会被命名为《超级债务经济》或者《债务经济：真的没有极限吗》。

2020 年底，国际金融研究所对"债务海啸袭击"发出了警告。[17]《华盛顿邮报》知名评论员罗伯特·J. 萨缪尔森（Robert J. Samuelson）写道，全球债务负担的"数字之大几乎已经超出常人认知"。[18] 这种情况因新冠疫情而变得更加严重。经合组织估计，疫情将至少使公共债务增加 17 万亿美元，使许多国家的公共债务与 GDP 之比达到顶峰。[19] 随着新冠疫情的肆虐，"债务爆炸"和"债务泛滥"出现在媒体报道中的情况已经屡见不鲜。

正如本书第 2 章所讨论的，大量的杠杆可能是全球金融危机背后最重要的驱动力。杠杆是债务在潜在经济现实中的表现，例如 GDP 和无泡沫资产价值的演变。在金融危机发生之前的几年里，虚高的资产价格掩盖了杠杆的"病态"程度。当资产价格开始下跌时，这种病态在一夜之间变得严重起来。在金融危机期间和之后，人们清晰地认识到，全球债务比率无约束的增长必须停止，并且需要扭转，以免未来发生危机。用术语来表述就是：世界需要一次认真的资产负债表去杠杆化。

遗憾的是，当金融危机平息后，债务问题很快回到了常态。更糟糕的是，债务的累积进入了一个更高的档位。2019 年秋，发表在英国《金融时报》上的一篇文章标题是《全球债务激增至和平时期的最高水平》。[20] 几个月后，新冠疫情使全球债务水平进一步上升。2016 年，英国商人、学者阿代尔·特纳发表了关于集体债务成瘾的评论：

（金融危机）本身是由过度的实体经济杠杆和金融系统内部的多重缺陷造成的；但经济复苏缓慢和疲软并不是因为金融体系仍然受损，而是因为过去几十年来累积的债务规模……一旦经济体的债务规模过于庞大，似乎就无法摆脱了。自 2007—2008 年危机以来，我们所能做的一切就是将债务从私人部门转移到公共部门，从发达经济体转移到新兴经济体。公共部门和私人部门债务总和占 GDP 的比例一直在持续增长。[21]

金融危机结束 5 年后，时任国际清算银行总经理杰米·卡鲁阿纳

（Jaime Caruana）总结道："当今世界上的债务实在太多了。"[22] 当时，时任世界银行行长戴维·马尔帕斯（David Malpass）曾发出警告："新兴国家最近一次债务浪潮的规模、速度和广度，应该引起我们所有人的关注。"[23] 所有这些观点都是在新冠疫情暴发之前提出的，而疫情只会让情况变得更加糟糕。

　　债务和杠杆运作早在公元前 3 000 年就已经出现了，当时的人们就开始为农耕播种提供贷款了，但世界从未像近几十年这样任由债务膨胀。[24] 正如本书第 2 章所述，在金融危机之前的 10 年里，杠杆和债务积累急剧加速。尽管有很多反对债务积累的言论，但这并没有阻止其发展的步伐。从 2007 年底至 2017 年底，全球总体负债率（债务占 GDP 的百分比）从 179% 上升至 217%。根据国际清算银行的官方统计数据，按名义价值计算的总债务（私人部门和公共部门债务的总和）从 110 万亿美元增加到 170 万亿美元以上。[25] 负债率的相对增长在新兴国家最高，这些国家的私人部门债务（家庭和企业）急剧上升。世界银行对新兴国家债务的一项大范围分析显示，截至 2018 年底，总债务攀升至 55 万亿美元，上升了 56%，达到 GDP 的 170%。[26] 而在这 55 万亿美元的债务中，中国持有的债务超过 1/3。

　　其他机构关于总债务的统计数值甚至更高。根据国际金融研究所的统计，2019 年第三季度末，全球总债务高达 253 万亿美元，占全球 GDP 的 322%，这是有记录以来的最高水平。同样，这还只是在新冠疫情肆虐全球之前。[27] 国际金融研究所的报告显示，自 2010 年以来，新兴市场的总债务增加了一倍之多，而国有企业在债务积累中发挥了重要作用。中国在这两个方面都占据主导地位。

在 2020 年 11 月的一份后续报告中，国际金融研究所指出，疫情使债务以前所未有的速度进一步累积。[28] 该报告对新兴市场的债务水平上升表示深刻担忧。

不论确切的总数是多少，总债务已经达到了天文数字，尤其是自疫情席卷全球以来。针对创历史新高的债务负担，国际货币基金组织总裁克里斯塔利娜·格奥尔基耶娃表示：

> 高额的债务负担已经使许多政府、企业和家庭更容易受到财务和金融条件收紧的影响……如果投资者的情绪发生变化，脆弱的借贷人可能会面临金融紧缩和更高的利息成本，使得债务更难偿还或展期。反之，这可能会放大市场矫正效果，加剧新兴市场的资本外流。高额债务不仅是金融稳定的威胁，也会成为经济增长和发展的拖累。[29]

其实在疫情席卷全球之前，国际货币基金组织就已经对企业债务的上升表示了极大的关注。自金融危机以来，企业负债率显著上升，根据 2019 年 10 月的预测，如果发生全球金融危机一半规模的经济衰退，美国、中国、日本、德国、英国、法国、意大利和西班牙 8 个国家 40% 的公司债务将面临违约风险，[30] 风险金额至少有 19 万亿美元。国际货币基金组织的两名高级官员评论道，"金融环境的急剧收紧可能会暴露出市场的脆弱性，并对资产价格的估值造成压力"。[31]

国际清算银行在其 2019 年年度报告中也表达了和国际货币基金组织相同的担忧。该报告对自金融危机结束以来，数量激增的贷款抵押证券（CLO）市场表示关注。不难看出，CLO 市场与导致金融危机极其严重的担保债务凭证之间有着相似之处。同样，这还是疫情之前的情况，当下的情形只会更加严峻。

央行行长的非常规货币政策加剧了杠杆和债务状况，导致了第二次世界大战以来最严重的金融危机。美国银行信贷策略师汉斯·米克尔森（Hans Mikkelsen）称，"借更多的债被选为应对债务危机的办法"。[32] 美联储主席杰罗姆·鲍威尔在疫情防控期间声称，美联储"仍在灭火"，但他们是通过火上浇油来实现的。[33] 2020 年初，《金融时报》评论员吉莉安·泰德表示，这些政策相当于"央行汽油泛滥"。[34] 同年晚些时候，《金融时报》的另一篇文章指出，"央行……陷入了自己制造的杠杆陷阱"。[35]

这些说法有失公平。因为桑顿和白芝浩一致认为、历史也同样证明：在危机中，央行行长必须竭力避免金融系统的崩溃和实体经济的萧条。在金融危机发生之前的几年里，他们无疑有重大失误。但作为"最后贷款人"，央行行长在危机蔓延后也采取了应有的措施。新冠疫情的突然性和强度迫使各国央行加倍使用非常规货币工具。但事实是，当这些非常规货币工具被长期运用时，已经岌岌可危的杠杆水平和债务情况将进一步恶化。

当下，世界经济比以往任何时候都更加沉溺于债务。GDP 增长 1% 所需的信用创造和债务积累每年都在上升。这种对越来越高的杠杆率和债务比例的依赖使世界经济和市场越来越脆弱，因为在这样的环境下，突发危击的可能性变得更大。突发危机的影响也会在整个体系中形成更迅速、更强烈的震荡，因为一切都形成了更紧密的相互关联。为应对高杠杆和债务比例不断上升带来的危机而制定的政策却在不经意间破坏了金融稳定，这犹如在地上挖了一个洞，我们跌跌撞撞地钻入这个洞后，又决定挖一个更深的洞以走出第一个洞。1940 年，传奇民谣歌手伍迪·格斯（Woody Guthrie）创作了一首名为《快乐的银行家》（*The Jolly Banker*）的歌曲，歌词写道："如果你表现出需求，我就让你拥有信贷。"**而央行行长非常规货币政策的逻辑是，将信贷塞进每个人的喉咙，无论他们是否需要。**

这种情形何时是个尽头？曾担任美国总统尼克松和福特的经济顾问委员会主席的赫伯特·斯坦（Herbert Stein）在 1976 年 1 月 16 日由美国国会联合经济委员会举办的研讨会上表示："我最近得出一个值得注意的结论，那就是如果某件事不能永远持续下去，它就会停止。从中我们能意识到，联邦债务不可能相对于 GDP 永远上升。"[36] 他的这句话后来被归结为一条经济学定理，即斯坦法则（Stein's Law），即"如果一件事情不能永远持续下去，它就会停止"。当斯坦在 1976 年说出这句话时，美国联邦债务占 GDP 的 33%。在 2018 年底，它达到了 GDP 的 106%。在日本，公共债务在 1976 年约为 GDP 的 50%。到 2018 年底，它达到了 GDP 的 238%。

值得深思的是，斯坦会如何看待这些巨额数字，以及他对日本央行政策委员会的一位前成员关于"日本可能正在进入新常态"的说法会作何感想？[37] 同样，我们也应对克里斯塔利娜·格奥尔基耶娃在 2019 年底提出的问题进行一番思考，"过去被认为过高的债务水平是否有可能被接受？"[38] 好吧，也许是，也许不是。没有人能准确地知道。

大卫·科波菲尔综合征

我已经讨论了一位去世很久的传奇人物布奇·卡西迪，以及一位最近离世的传奇人物迈克尔·杰克逊。接下来，我将转向一位仍然在世的传奇人物大卫·科波菲尔。我指的不是狄更斯同名经典小说中的主人公，而是魔术师大卫·塞思·科特金（David Seth Kotkin），他的艺名大卫·科波菲尔更为众人所知。就像科波菲尔能让物体（和他自己）消失一样，非常规的货币政策也使人们的大量储蓄消失了，即使不是真正意义上的消失，但人们储蓄的每一美元、欧元或日元的购买力都在被侵蚀。央行行长的神秘之手策划了一场令人震惊的魔术：**一个清晰的金融抑制计划，使大量的金融资源从储蓄者手中转移到政府。**[39]

科波菲尔于 1956 年出生于新泽西州，但他一直在拉斯维加斯生活。《福布斯》杂志称科波菲尔为"沙漠中的胡迪尼（善于脱逃的人或动物）……历史上商业化最成功的魔术师"。[40]他匪夷所思的幻术，包括使一架里尔喷气式飞机、自由女神像和东方快车餐车车厢消失为他赢得了21 项艾美奖和 11 项吉尼斯世界纪录。2009 年，美国国会图书馆称他为"活着的传奇"。或许央行行长也有资格获得其中的一些奖项，因为他们也有让金钱消失的天赋。

我分享的例子来自我的祖国比利时。大多数比利时人都是典型但保守的储蓄者，将钱存放在安全的传统储蓄账户中是最受欢迎的存钱方式。截至 2019 年底，比利时储蓄账户中的未偿债务总额共有 3 000 亿欧元，大约相当于比利时 GDP 的 70%，这是一个相当高的数字。一项非正式计算表明，自非常规货币政策实施以来，储蓄账户中每一欧元至少损失了 15% 的购买力，这一数字令人印象深刻。①这一损失可归因于

---

① 比利时法律规定储蓄账户的最低年利率为 0.11%，这在一定程度上遏制了对实际储蓄的损害。

欧洲央行设定的持续低利率，这对金融机构的信贷和贷款利率造成了强大的下行压力。虽然它对可以充分利用低贷款利率的借款人来说是有利的，但对储蓄者来说则很糟糕。自金融危机以来，实行的利率政策无非是对储蓄者的征税和对借款人的补贴。

德国的情况也是如此。长期以来，德国人都很厌恶债务（看看德语单词"schuld"就知道了，它有债务、内疚或责备的意思）。截至 2020 年 12 月，德国公民的储蓄账户总额达到了令人瞩目的 2.4 万亿欧元，这些货币的实际购买力损失与比利时的 15% 接近。截至本书撰写时，对于储蓄账户，德国的银行仍在避免实行负利率。但如果中央银行的负政策利率没有解除，那么德国的银行和储蓄机构就不得不将这些负利率转嫁给储蓄账户的持有者。① 这样的举措必然会对德国人和比利时人造成冲击。在德拉吉离开欧洲央行的几周前，德国的《图片报》将德拉吉描述为"德拉吉伯爵"，比喻他在吸食德国储蓄者的血汗钱。[41]《明镜》周刊则以更温和的形式表达了对此事的观点："储蓄使你变穷。"[42]

不幸的是，在这种情况下，储蓄相对较少的人却损失最大。那些拥有更多资金的人通常在财务问题上也更为老练，从而有办法和能力将他们的钱转移到能提供更多收益的其他工具上。因此，不可否认的是，央行的非常规货币政策加剧了不平等问题。用联邦金融分析公司管理合伙人凯伦·裴秋（Karen Petrou）的话说，"低利率是穷人和弱势群体的灾难……大多数家庭都失去了积累储蓄的希望，挥霍无度对他们而言反而更好……低利率对弱势家庭来说很艰难；负利率就更残忍了"。[43] 我将在本章后半

---

① 见本章"救世主变恶霸综合征"一节。

部分再次讨论非常规货币政策带来的不平等后果。①

储蓄的困境也会产生代际之间的负面影响。《华盛顿邮报》专栏作家艾伦·斯隆（Allan Sloan）总结说，"让储蓄了几十年的退休人士来补贴借贷者，这是一种财富转移"。[44] PeakProsperity.com 网站的联合创始人克里斯·马滕森（Chris Martenson）认为，美联储的政策"把老人扔下了车，因为该计划归根结底是从储蓄者和固定收益资产持有者手中把购买力转移到其他群体"。[45] 在本书第 4 章的"欧洲：踏上量化宽松之路"一节中，我提到了一批著名的央行前高级官员，他们严厉地批评了德拉吉于 2019 年 9 月推出的经济刺激计划。他们认为，非常规货币政策"将剥夺年轻一代通过安全带息投资为晚年生活提供保障的机会"。他们的结论是，这种政策会"制造严重的社会矛盾"。[46]

大卫·科波菲尔有趣的幻术为他带来了名声和财富，而央行行长让财富消失的操作最终有怎样的影响还有待观察。央行让储蓄的钱消失不是幻觉，其后果超出了金融、经济和社会领域。2016 年春天，时任德国财政部部长沃尔夫冈·朔伊布勒宣称，德拉吉对德国极右翼政党选择党（AfD）在德国选举中的崛起负有重大责任："我对低利率不满意……我对马里奥·德拉吉说……你应该感到非常自豪，你可以把一个在德国似乎是新的

---

① 见本章"'26 = 38 亿'综合征"一节。

成功政党的 50% 成果归功于你的政策设计。"[47]虽然朔伊布勒后来收回了他的评论，但他坚持认为，欧洲央行的货币政策将导致极端主义政党更受欢迎。在整个西方世界，有相当一部分选民抛弃了传统的中间派政党和政治家，转而支持民粹主义者和极端主义者，原因之一是节俭的储蓄者认为自己遭受了不公平的待遇，他们对此感到沮丧。

圣·奥古都斯综合征

从大卫·科波菲尔的幻术，到几百年前关于美丽的花朵向人类施展魔法的故事，只是一个微妙的逻辑飞跃。在 17 世纪，现在被称为荷兰的土地曾是世界上最繁荣的国家之一，其首都阿姆斯特丹是财富的中心。原产于土耳其的郁金香在荷兰社会中是地位高贵的象征，因为它的颜色比其他花卉要鲜艳得多。因此，人们对郁金香球茎的需求急剧上升，剩下的，正如他们所说，就是历史了。狂热的需求伴随着供应量的减少，于是，产生了巨大的投机。1634 年，郁金香全球茎的价格开始大幅上涨，到 1637 年初，价格已经达到了天文数字：一个普通郁金香球茎的平均价格是一个工匠年薪的 10 倍，非常抢手的圣·奥古都斯品种的球茎需用 12 英亩①的优质土地来换取。但在 1637 年 2 月，郁金香泡沫（更广为人知的是郁金香狂热）破灭了。

在电影《华尔街：金钱永不眠》（*Wall Street: Money Never Sleeps*）中，迈克尔·道格拉斯（Michael Douglas）出色演绎的戈登·盖柯（Gordon Gekko）将郁金香狂热描述为"有史以来最伟大的泡沫故事……早在 17

---

① 1 英亩 ≈ 0.004 平方千米。——编者注

世纪，荷兰人就掀起了投机热潮，人们可以用一颗郁金香球茎的价格在阿姆斯特丹的运河上买到一栋漂亮的房子……然后，泡沫破碎……人们被洗劫了"。

虽然有些人被洗劫了，但总体来说，荷兰经济所遭受的损害是有限的。[48] 主要原因是，郁金香狂热的投机行为并不是由杠杆和大量债务驱动的；20 世纪 90 年代末的互联网泡沫也是如此。然而，其他主要的过度化金融的例子，如 20 世纪 20 年代的美国股市狂热，80 年代的日本房地产和股市泡沫，以及导致 2007—2009 年全球金融危机的泡沫都极具破坏性，因为它们正是由极端的杠杆和债务驱动的。

货币启示录 THE MYSTIC HAND

非常规货币政策持续导致了极低甚至为负的短期和长期利率。经通胀调整后，发达国家的实际利率多年来一直处于负值区间。这一情况鼓励了债务累积和杠杆，因为借贷成本很低。前瞻性指引表明，这些政策将延续下去，从而引发人们对收益率的疯狂追逐。[1] 当低风险的带息资产无法提供可接受的回报时，投资者就会另辟蹊径。当然，让人们消费和投资于风险较大的资产是这些非常规货币政策的目标之一，但事态可能会失控。在这种情况下，债务驱动的泡沫即现代版的郁金香狂热就在眼前。

由于利率停留在或接近于零，投资者对收益率的不懈追求在一长串领

---

① 这种对收益率的追求与央行希望通过其非常规政策实现的"投资组合再平衡效应"有关。

域滋生了潜在泡沫。例如，在 2019 年年中，美国金融杂志《巴伦周刊》指出了"十个即将破灭的市场泡沫：美国政府债务、美国企业债务、美国杠杆贷款、欧洲债务、日本央行资产负债表和相关的股票持有、不盈利的首次公开募股、加密货币和大麻、成长股和动量股、软件和云计算股以及交易所交易基金"。[49] 虽然这个名单上的一些项目是否真的是泡沫还有待确认，但一些国家的房地产开发和艺术品投资也可以确切地加入这个名单中。在《巴伦周刊》发表后不久，2013 年诺贝尔经济学奖得主、《非理性繁荣》（*Irrational Exuberance*）[50] 一书的作者、资产泡沫专家罗伯特·席勒表示，"在任何地方都能看到泡沫"。[51]

　　如今，在央行开始实施非常规货币政策十余年后，泡沫加剧的场景和做派随处可见：债务和杠杆率的上升；极低的利率；信贷利差大幅降低；不断宽松的信贷条件（《金融时报》在 2020 年初指出，"如今的借贷成本甚至比金融危机前的信贷泡沫时期更低"）；[52] 频繁的并购活动；高度活跃的投机性 IPO 和股权回购；影子银行活动的显著增长；股票估值与历史市盈率的巨大偏离；① 旺盛的风险资本投资；艺术品和特殊原材料等非传统投资领域的不寻常活动。尽管存在这些迹象，但让人们承认泡沫的存在和谈谈对泡沫的认识仍然是个微妙而复杂的问题。在 2019 年 10 月《福布斯》杂志的一篇文章中，加里·米苏里斯（Gary Mishuris）写道，"即使是世界上最好的投资者——沃伦·巴菲特和查理·芒格，也没有充分意识到他们在 20 世纪 90 年代末和金融危机之前所经历的泡沫程度"。[53]

　　随着新冠疫情的不断蔓延，央行行长加强了非常规货币政策实施的力度，实体经济和金融市场之间的脱节达到了令人难以置信的程度。例如，

---

① 2020 年 1 月初，席勒市盈率（CAPE）为 31，接近历史中值 16 的两倍。

2020 年 12 月 9 日，度假租赁公司爱彼迎（airbnb）上市了。尽管爱彼迎在 2019 年的净亏损为 6.74 亿美元，但上市两天后，其股价就飙升至 870 亿美元，是全球酒店集团龙头万豪酒店市场估值的两倍以上。在爱彼迎上市前不久，面临巨额亏损的餐饮外卖公司 DoorDash 的股票市值就飙升至 700 亿美元。《金融时报》讽刺道，"IPO 狂潮仍在继续"。[54] 视频会议服务公司 Zoom 的市场价值超过了埃克森美孚和 IBM。老百姓在疫情防控期间的挣扎与这种金融疯狂现象之间形成了鲜明的反差，并在社会上引起了巨大的不安甚至愤怒。国际货币基金组织报告了自己言不由衷的结论，称市场的行为"部分反映了投资者对持续的政策支持的预期"。[55]

阅读国际货币基金组织近期的全球金融稳定报告，你会发现到处都是对泡沫风险的警告，尽管这些警告通常都很隐蔽。在 2019 年 10 月的全球金融稳定报告中，国际货币基金组织警告称："宽松的金融环境正在鼓励冒险的金融决策，并进一步加剧了一些部门和国家的脆弱性……在市场金融条件宽松、估值过高和脆弱性加剧的背景下，全球增长和金融稳定的中期风险继续且坚定地偏向负面影响。"[56]

新冠疫情蔓延之后，这些警告变得更加重要。国际货币基金组织在其 2020 年 10 月的全球金融稳定报告中发出警告，"非金融领域的企业和主权领域的脆弱性正在上升……企业的流动性压力可能会演变为资不抵债……尽管全球银行业资本充足，但仍存在一些薄弱的银行"。该报告呼吁"加强审慎监管，以遏制在更长时间、更低利率环境下的过度冒险行为"。[57] 德意志银行在 2020 年 9 月给其客户的一份说明中比国际货币基金组织更加明确："我们观测到未来金融混乱的风险越来越大……（它来自）……越来越高的资产估值和不断累积的债务水平。"[58]

强有力的证据表明，投资者经常会在全球范围内寻求获得高收益机会，非常规货币政策极大地促进了这种冒险行为。[59] 货币政策制定者已经认识到了这一现实。时任达拉斯联储主席罗伯特·卡普兰（Robert Kaplan）表示，极低的利率"导致了评估风险的上升，我们应该对此保持警觉"。[60] 欧洲央行执行委员会成员伊夫斯·默西（Yves Mersch）在 2020 年初也表示出了一定的忧虑："资产和住房价格面临过度的上涨，这是长期极度宽松的货币政策造成的……有大量的实证研究表明，货币政策鼓励了金融体系内的冒险行为，资产价格调整的风险正在增加。"[61]

最令人惊讶的是负收益债务浮出了水面。2015 年之前，负利率债券及其他证券几乎不存在，但到 2016 年年中，未偿还的负收益债务规模攀升至 12 万亿美元，后来跌至大约 8 万亿美元，在 2019 年初开始再次攀升。2020 年底，负收益债务达到了新的峰值，其规模为 18 万亿美元，占全球投资级债务总额的 27% 和全球 GDP 的 20% 以上。彭博新闻社将负收益债务累积的独特现象解释为"对安全的需求与对风险资产的需求一样强烈的信号"。[62] 著名投资家、评论员詹姆斯·格兰特（James Grant）在《格兰特利率观察家》（*Grant's Interest Rate Observer*）杂志上谈到数万亿美元的负收益债务时说："4 000 年来从未出现过这样的情况。"[63]

尽管投资者对收益率有强烈的追求，但他们仍在抢着购买负收益债券，至少没有躲避它们。我目前担任欧洲议会预算委员会主席，2020 年，一位对冲基金经理与我会面时对此发表了直言不讳的评论："我们看到，央行在继续购买债券，债券的价格可望进一步上升，那么我们就会继续购买债券。尽管债券是负收益率，但还是有很好的获利机会。"① 摩根大通资

---

① 这位对冲基金经理来找我询问有关衍生品市场中央交易对手监管的一些技术问题。他还建议我不要对主要央行采取的非常规货币政策立场持批评态度。

产管理公司所传递的信息也很直白，"央行已经从投资者的敌人变成了投资者的朋友"。[64] 当各国央行在疫情防控期间开始购买企业债券时，美洲银行的欧洲战略主管巴纳比·马丁（Barnaby Martin）指出，市场对企业债券的高需求，源于"央行提供的流动性支持……（投资者）觉得央行是他们的后盾"。[65] 央行提供的安全网产生了大量的道德风险：投资者纯粹是为了赚钱，他们把所有的风险都留给了央行。不可否认的是，非常规货币政策已经导致了信用风险的系统性错误定价，更准确地说是系统性的风险低估。

很明显，央行已经将自己逼到了绝境，停止甚至大幅减少资产购买计划将导致债券市场的大规模抛售——当央行停止购买债券时，债券价格将下跌，利率开始上升。德意志银行研究策略师吉姆·瑞德（Jim Reid）表示："过去10年来，各国央行采取了激进的行动，实际上已经将自己困在了持续干预政府债券市场的泥潭中。它们已经无路可退。"[66]《金融时报》的吉莉安·泰德表示赞同："在未来的10年里，金融系统和投资者对央行支持的依赖将达到前所未有的高度。"[67]

疫情只会让情况变得更糟。对此，花旗银行的前分析师马特·金（Matt King）总结道："央行越是压低实际收益率，提高风险资产估值，就越需要继续购买以维持它们的价值。"[68] 如果世上存在一种进退两难的陷阱，这就是。

影子银行：帝国崛起

自金融危机以来，影子银行的活动出现了惊人的增长，这既是投资者疯狂寻求收益的结果，也是其驱动力。雷曼兄弟和其他大型美国投资银行在金融危机期间都属于影子银行。2009 年举行的 G20 峰会决定成立金融稳定理事会（FSB）。该机构将影子银行重新定义为非银行金融中介，使其听起来没有那么可疑。[69]"市场主导型金融体系"一词也逐渐成为影子银行的替代名称。

市场主导型金融体系和非银行金融中介都很恰当地描述了影子银行。据伯南克所言，影子银行"包括一系列不同的机构和市场，它们共同执行传统的银行职能，但通常会在传统的监管体系之外或以与之松散联系的方式进行"。影子银行的重要组成部分包括证券化工具、资产支持商业票据、货币市场基金、回购协议市场、投资银行和抵押贷款。[70] 当然，金融科技领域的高速创新将最新的计算机和通信技术应用于金融服务，已经形成了可能重塑金融领域的重要力量。这不仅会对影子银行的发展产生显著影响，也会影响更多的传统银行机构。[71]

影子银行的发展速度惊人。到 2018 年底，广义影子银行（包括所有非中央银行、保险公司、养老基金或公共金融机构等在内的机构）管理着 114 万亿美元的资产，占全球所有金融资产的 1/3。[72] 如果采用狭义的定义，该数字为 51 万亿美元。投资管理集团黑岩可能是最大的影子银行，它管理着 7 万亿美元的资产。自 2010 年以来，影子银行业务增长了大约 75%，而传统银行增长了 35%，影子银行的相对重要性有了显著的提升。到目前为止，美国仍然是最重要的影子银行市场。影子银行的活动已经扩展到所有的金融领域，包括抵押贷款、消费者和企业借贷以及证券化和衍生品交易。

由于和传统银行相比，影子银行的活动受到的监管少很多，可以说是游离于监管制度之外在阴暗处运作，因此容易积累极高的杠杆或系统性风险。影子银行和传统银行之间存在联系，包括信贷额度、投资者关系和联合融资。由于多数影子银行工具允许投资者随时提取资金，因此其活动往往会加剧市场和资产价格的波动。

最重要的是，大多数影子银行无法直接获得央行提供的再融资服务。鉴于资产负债表中负债与资产经常出现极端的期限错配，这使得它们更容易受到严重的流动性冲击。缺乏央行提供的资金使其更容易在面临困难的时候抛售资产，这加剧了由影子银行和传统金融领域多种业务关联引起的问题。[73]此外，影子银行系统比受监管的银行存在更多可用于"隐藏"亏损头寸的空间。

影子银行系统惊人的发展部分可归因于持续使用非常规货币政策所导致的极低利率环境。传统银行业在监管方面的变化，尤其是金融危机后资本金要求的增加，也同样推动了影子银行系统的发展。因此，将影子银行发展及其产生的风险全部归咎于央行是不公平的（尽管许多央行确实发挥了重要的监管作用）。

毫无疑问的是，影子银行活动的急剧增加对全球范围内杠杆和债务水平的持续上升起到了重要作用。在同一背景下，影子银行也在很大程度上促进了各种复杂的以衍生品为基础的交易策略，这些策略旨在获得更高的利润，但同时也不可避免地为市场增加了风险。

当新冠疫情来袭时，国际货币基金组织货币与资本市场部主任托拜厄斯·阿德里安（Tobias Adrian）敲响警钟，他指出，"今天的危机主要是一场公共健康危机，但其规模已经导致了一场经济危机，并且可能会演变为一场金融危机"。[74]金融危机后，传统银行业的资本化程度大大提高，监管方面也变得更加严格。但很明显的是，**当下一场金融危机最终到来时，影子银行可能会被卷入危机的中心。**货币与金融机构官方论坛主席马克·索贝尔（Mark Sobel）指出，"非银行机构是监管体系中的一个漏洞，我们从未处理过这一问题"。[75]

"救世主变恶霸"综合征

关于布奇·卡西迪、迈克尔·杰克逊、大卫·科波菲尔和美丽的 17 世纪郁金香负面后果的叙述，产生了救世主和恶霸的空间。央行行长促成了金融危机中可怕的负面环境，但不可否认的是，一旦危机发生，他们就直接依照桑顿和白芝浩的做法扮演起"最后贷款人"的角色。当疫情来袭时，他们再次挺身而出，迅速果断地采取行动以避免灾难发生。

央行行长将世界从极具破坏性的金融体系崩溃中拯救出来，成为主要金融机构的救世主。他们在金融危机期间实施的政策使银行业免于大规模破产，使其主要股东免于金融灭顶之灾。保险公司和养老基金从央行的政策中得到了实质性的缓解，尤其是对在它们的资产负债表中占据重要位置的资产价格的支持。然而，一旦危机的严重阶段结束，这些经济部门就开始对央行行长坚持继续维持低利率的做法有了不同的看法和更少的同情。**对银行、保险公司和养老基金而言，央行行长在几年的时间里从救世主变成了恶霸。**

银行可支配的资金有四个来源：股东资本、从公众那里获得的存款、出售债务证券的收益以及在市场上筹集的短期批发资金。除股东资本外，其他资金来源大多是短期的。例如，存款可以随时提取，大部分短期批发资金也是如此。然而，各家银行在不同融资类别的相对重要性方面存在着显著的差异。欧洲银行对客户存款的依赖程度远远高于美国银行。

银行利用其吸收的资金发放贷款，投资债券（主要是政府债券），并持有其他资产组合，如金融衍生品和流动资产。这些资金的投放大多数是长期的。因此，**银行首先是期限的转换者：将短期资金转换为长期投资。**这种转换是银行对经济增长和整体福利的主要贡献，而且是非常重要的贡献。然而，银行活动中内在的期限错配也使它们容易受到流动性短缺的影响，特别是在银行发生挤兑的情况下，央行必须作为最后贷款人来处理这个问题。[①]

最初，银行从低利率环境中受益。由于它们的资金主要是短期的，这些资金的成本可以迅速下降。而它们对资金的重新部署大多是长期的，所以它们对利率下降的抵御能力更强，只有新贷款才适用较低的利率。因此，银行的中介利润，即贷款组合和其他资产的利息与为资金来源支付的利息之间的差额最初有所改善。然而，低利率持续的时间越长，这种利润率优势就越小。在资金来源和投放方面竞争加剧的压力下，对中介利润率的影响最终转为负面。当政策利率为负值时，这种利差有可能成为银行沉重的负担，原因有二。

---

① 在传统的银行挤兑中，公众争先恐后地去银行取钱。现代银行挤兑大多是电子化的，因为只要点击鼠标就可以提取大量银行资金。

第一，银行很难对存款持有人实行负利率。社会上有很多人反对这种做法。如果这种情况真的发生，人们会从银行撤回他们的存款，把钱放在床垫下总比放在银行里要好，这正是负利率时会发生的情况。由于银行害怕公众对存款负利率做出如上反应，因此它们面临着存款的零利率下限。

第二，随着新贷款的贷款利率下降，竞争在其中肯定发挥了作用，许多银行通过增加贷款量来弥补收入损失。整个行业都在积极推动贷款量的提高，这导致了贷款标准的放宽，并刺激了并购、股权回购和房地产贷款。一些人将此描述为金融机构为重生下的赌注。[76] 于是，银行越来越容易受到冲击，无论是来自经济疲软，还是疫情造成的类似萧条的情况，或者是利率突然上升。[77] 最后一个因素对银行的打击非常大，因为它逆转了它们在早期低利率时期享有的优势。

由于数字革命带来了更强的竞争，世界主要央行的非常规货币政策对银行的打击更大。世界科技巨头谷歌、苹果、Facebook、亚马逊、微软、腾讯和阿里巴巴，以及层出不穷的金融科技初创公司已经深入了银行的传统业务领域。央行的欺凌，即持续的超低利率和政策负利率严重影响了银行的盈利能力，使其更难应对新的竞争者。对于银行来说，这是双重打击。

如果银行正在遭受非常规货币政策的负面影响，那么随着人口老龄化的不断发展，已经承受压力的保险公司和养老基金的情况又如何呢？2015 年，经合组织指出，对这些机构来说，"前景令人担忧，除非它们采取积极的风险管理战略，否则它们的偿付能力将恶化"。[78] 和其他公司一样，这些机构的资产负债表有资产和负债两方面。资产负债表上的资产回报率必须足够高，才能履行其负债方面的义务。保险公司的负债是它们面临的索赔和对客户的赔付；养老基金的负债，是客户有权获得的福利。通常情况下，索赔和福利是有保证的，但如果资产回报率持续下降，情况就复杂了。

货币启示录
THE MYSTIC HAND

长期以来，投资级债券和证券一直是保险公司和养老基金业务模式的支柱。这类债券在这些机构的资产配置中占了很大部分，其收益是保险公司和养老基金收入的重要贡献来源。但自2007—2009年的全球金融危机和随后非常规货币政策的持续实施以来，这类债券的回报率像太阳底下的雪花一样融化了。由新冠疫情引发的货币政策只会加剧这一趋势的发展。非常规货币政策措施的影响迫使保险公司和养老基金调整其资产配置，以获得更高的回报。作为预警，经合组织对"养老基金和保险公司为了达到承诺给受益人或投保人的收益水平，可能或已经在过度追求收益率"表示了极大的担忧。[79]他们将不可避免地涉及更多风险更高和流动性较差的资产。[1]

保险公司和养老基金比以往更加活跃于风险投资、私募股权、股权和金融衍生品交易、公司信贷和房地产领域。**债券和股票市场更高的估值可以而且确实挽救了目前的局面，但请记住斯坦法则，这不可能也不会永远持续下去。**由于资产配置状况的变化，保险公司和养老基金将更容易受到经济衰退或市场情绪变化的影响。根据黑岩首席投资官里克·里德的说法，

---

① 国际货币基金组织2019年10月的《全球金融稳定报告》也得出了这一结论。

"养老基金的负债无法与当下的利率相匹配，所以它们不得不寄望于股市继续上涨"。[80]

这种脆弱性的增加是非常规货币政策的后果。同时，它也使得这些政策的延续几乎成为必要。著名的债券交易员比尔·格罗斯（Bill Gross）在 2017 年指出，"央行可能会永远被困在量化宽松中"。[81] 这让人想起了老鹰乐队的经典歌曲《加州旅馆》（*Hotel California*）中的一句歌词："你可以随时退房，但你永远无法离开。"

"26=38 亿"综合征

非常规货币政策的意外后果不胜枚举：从未来和邻国窃取财富、收入和就业机会；刺激杠杆和债务的累积；惩罚储蓄者；助长了对收益率的疯狂追求（从而引发重大的资产泡沫）；影子银行的惊人扩张；欺凌传统金融部门等。除此之外，还有三个具有深远影响的后果：加剧财富不平等；僵尸企业和僵尸银行导致的生产力增长的结构性弱化；打击政治决策者制定合理政策和进行结构性改革的积极性。

尽管全球贫困率有所下降，但不平等现象却在加剧。① 贫困和不平等不是一回事，在谈到不平等问题时，必须避免过于简单化或错误的结论。[82] 还有一个重要的情况必须指出，虽然国家内部的不平等在增加，但国家之间的不平等却在显著减少。[83] 当然，疫情导致的极其可怕的社会和经济后

---

① 这就是英国经济学家道格拉斯·麦克威廉姆斯（Douglas McWilliams）所称的"不平等悖论"。

果对许多国家的社会平等造成了重要和负面的影响。疫情的影响固然不应该被低估，但目前需要担心的问题是采用非常规货币措施应对疫情和金融危机的后果。[84]

实际上，在疫情之前，不平等就已经是一个重要问题了，尤其是在金融危机之后。当关于金融从业人员通过设立不负责任或欺诈性的项目而获得丰厚的薪酬、奖金和佣金的案例曝光时，民众感到愤怒是可以理解的。随着越来越多的富人和企业成功地规避了税务责任，人们的不满情绪也随之增长，[85]这些愤怒和沮丧催生了"占领华尔街"运动和其他关注不平等问题的草根组织，并使许多选民开始支持民粹主义和极端主义的政党和政治家。

近期人们对不平等现象的关注并不令人惊讶，因为世界上最富有的 26 个人所拥有的财富与世界上较贫穷的那一半人口——38 亿人所拥有的财富总和一样多。[86]在美国，比尔·盖茨、杰夫·贝佐斯和沃伦·巴菲特这三位最富有的人所拥有的财富与美国较贫穷的那一半人口一样多。[87]不平等是不可避免的，而在一个运作良好的市场经济中，不平等甚至是可取的，但为不平等辩护的论据是有局限性的。[88]在大多数关于不平等的驱动因素的讨论中，全球化、技术革新和税收政策等问题被普遍提到。[89]非常规货币政策是否也应该被纳入其中？这将真正改变游戏规则，毕竟货币政策通常被认为有助于实现收入平等，因为其任务是抑制商业周期的起伏所引发的后果。

关于非常规货币政策和平等问题，有两个不同的立场。

第一，央行行长及其推行的政策在防止金融危机和疫情演变为全面经济灾难的过程中，起到了关键作用。由于长期的萧条在收入和财富分配方面对社会底层人群的打击最大，如果没有非常规货币政策，收入和财富的不平等现象或许会更严重。此外，非常规货币政策在恢复经济活动和创造就业机会等方面也有助于金融危机后的经济复苏，同时也抑制了通胀（和通缩）。但正如前面所讨论的，这些政策对经济增长的影响往往会随着时间的推移而大大减弱，从而使我们不得不面对不平等问题日益严重所带来的危险。

　　第二，非常规货币政策对资产价格产生了影响。在过去 10 年里，房屋价格、股票价格、债券价格以及投资者因为追求收益而疯狂追捧的其他资产价格都大幅上涨。例如，新冠疫情虽然带来了实体经济的衰退，却也助推了高科技股价的攀升。在美国，家庭和个人的金融财富分配不均衡问题比欧洲严重得多。[90] 由于股票和债券通常都由较富裕的人持有，因此其价格的上涨往往会加剧财富不平等。在欧洲，只有少数公民持有债券（4.6%）、公开发行股票（8.8%）和共同基金（9.5%），但是几乎每一户家庭都持有存款（97.2%）。[91]

货币启示录
THE MYSTIC HAND

　　那么，以上两个立场中，哪一个立场主导了非常规货币政策的分配效应？这一问题目前还没有明确的结论。由央行开展的研究倾向于认为前者（即经济活动数量增加、更多的工作机会、更高的收入）的作用更大，从而拒绝任何声称它们的政策加剧了不平等的观点。[92] 然而，一些学术研究的结论却恰恰相反。[93] 因此，答案并不是非黑即白的。[94] 非常规货币政策能通过避免重大的金融危机和刺激经济复苏来减少收入和财富的不平等。然而，这些政策对资产价格的影响也加剧了财富不平等，因为原本就拥有更多资产的人只会变得更加富有。

尽管如此，随着增长效应逐渐消退，持续的低利率和资产购买计划对资产价格的影响主导了这些政策对不平等的影响。虽然资产价格的突然暴跌会朝着相反的方向发展，但是这种暴跌会对经济产生负面冲击，并再次恶化社会中贫困群体的经济状况。但更重要的是，我们不能低估民众情绪在这方面的影响。民众普遍认为，非常规的货币政策为某些已经享有特权的群体（例如投资银行家、房地产所有者等）进一步创造了优势。这种民众对于社会不公正和不公平的不满情绪极具破坏性，可能威胁社会凝聚力并助长政治极端主义。[95]

僵尸综合征

在非常规货币政策所导致的一系列意外后果中，僵尸综合征排在倒数第二位。2008 年诺贝尔经济学奖得主保罗·克鲁格曼（Paul Krugman）早在 1990 年就提出了这一观点，他声称："生产力不是一切，但从长远来看，它几乎是一切。"[96] 这与现代经济学之父亚当·斯密的见解相呼应，克鲁格曼断言，一个国家提高人民生活水平的能力几乎完全取决于它提高每个工人的产出或每小时工作的产出的能力，这两个指标是衡量生产力最合理的标准。那么，非常规货币政策与生产力的演变存在着什么样的关系？更具体地说，这些政策是如何对生产力产生负面影响的？这一故事是关于行尸走肉的，或用《经济学人》的话来说，即"企业亡灵"。[97]

首先，让我们研究一下数据。先进国家的生产率似乎正处于一个长期下降的趋势。就整个经合组织而言，以实际每小时 GDP 的年均复合增长率衡量的生产率，从 1971—1996 年的 3% 下降到 1997—2004 年的 2%。在 2005—2016 年，这一比例甚至进一步下降到 0.8%。[98] 这样的生产率下降趋势在美国、日本和欧洲国家非常相似。其中有几个因素都在起作用，但非常规货币政策导致生产力负向发展是有据可查的。[99] 僵尸企业在生产力增长速度的下降中起着关键作用。

僵尸企业的概念首次被用于分析日本"失去的 10 年"这一停滞不前的状态。当陷入困境的银行未能关闭无利可图和负债累累的企业（被称为"僵尸企业"）时，生产力就陷入了停滞。[100] 广义的定义是指企业至少连续三年无法用当前的利润支付其偿债成本。狭义的定义考虑了未来增长潜力有限的条件。① 根据广义的定义，符合"僵尸"条件的企业所占比例从 20 世纪 80 年代末的 4% 稳步上升至 2017 年的 15%。根据狭义的定义，其比例从 20 世纪 90 年代中期的 3.5% 上升至 2016 年的 8%。在同一时期，一个僵尸企业在三年后仍然是僵尸企业的概率也急剧上升。[101]

关于企业债务数量和质量演变的数据证实了这些僵尸企业的统计指标。自金融危机以来，不仅企业债务和商业部门的信贷总额大幅增加，债务和信贷的整体质量也明显恶化，美国、中国和欧洲的主要国家如意大利、西班牙和英国的情况尤其如此。据国际货币基金组织估测，在中国和美国，投机级债务在企业部门债务总额中的比例接近 50%，而这个比例在以上三个欧洲国家甚至更高。[102] 在 2020 年初，标准普尔 500 指数中所有企业的净债务与营业利润之比为 2.2，是 2008 年该比率的两倍多。[103] 新冠疫情迫使许多企业耗尽现金储备后又增加了债务，以至于这些企业的偿付能力成为问题。几乎在一夜之间，企业杠杆和负债的大规模增长成为一种系统性风险。

---

① 这是通过比较公司所持资产的市场价值与其重置价值的比率（托宾 q 值）来衡量的。如果该比率低于其所在部门的中位数，则认为增长潜力很小。

同时，信贷质量也面临着压力，特别是在欧洲，银行贷款仍占所有企业外部融资的80%；而在美国，银行贷款仅占20%。[104]欧盟委员会估计，到2019年年中，欧洲银行仍有近8 000亿欧元的不良贷款。① 2020年11月，欧洲央行警告称，在严重但并非完全不可能的情况下，欧洲银行将不得不面对1.4万亿欧元的额外不良贷款，[105]这无疑是一个令人难以置信的数字。银行，尤其是实力较弱的银行，经常会延期并假装贷款，以避免可能以资本短缺告终的重组。实际上，僵尸企业是由僵尸银行维系生存的。在"救世主变恶霸综合征"一节中，我将这种现象称为"为复活下的赌注"，有时也被称为"再生"。

货币启示录
THE MYSTIC HAND

非常规货币政策是否助长了企业的僵尸化？答案是肯定的，这主要有两个原因。首先，极低的利率刺激了债务的累积，随着时间的推移，也会削弱对贷款人施加的条件。值得注意的是，当央行转向持续的低政策利率模式时，僵尸企业在整个体系中的相对份额开始大幅增长。在金融危机之后，由于央行实施了资产购买计划，长期利率也下降了，僵尸企业在所有企业中的比例加速增长。新冠疫情引起了非常规货币政策的加剧使用，这也加剧了以上这一趋势。其次，欧盟中实力较弱的银行获得了欧洲央行资产购买（主要是政府债券）的极大帮助。因此，这些债券的价值增加加强了银行的资产负债

---

① 数据来源于欧盟委员会2019年关于减少银行联盟不良贷款和进一步降低风险的第四次进展报告。该分析的主要作者之一向我透露，欧盟委员会的估计"很可能对欧盟的不良贷款状况持乐观态度"。

表，特别是那些在经济疲软的国家持有大量资产组合的银行，如希腊、葡萄牙、西班牙、爱尔兰和意大利。这种幕后资本重组使实力较弱的银行得以加强其扩张和假装策略。

在僵尸企业相对重要性上升的过程中，有四种影响比较突出：

- 鉴于信贷越来越多地流向企业部门中风险较高的借款人，使得该系统更容易受到冲击，比如利率突然上升或疫情突然暴发时。即使是相对温和的经济衰退也会产生严重的后果。

- 鉴于僵尸企业在偿债方面持续面临着问题，我们有理由认为僵尸企业的生产力较低，这对整体生产力会产生负面影响。

- 僵尸企业产生拥堵效应。它们的持续存在需要使用人力和资本，这些生产要素便不能被重新分配到其他的经济活动中。在技术日新月异、竞争日趋激烈的环境中，僵尸企业的拥堵效应会拖累生产力和经济增长潜力。

- 僵尸企业的增多使新公司进入市场更加困难。这是因为生产要素被冻结在生产力低下或完全没有生产力的活动中。更少的新企业进入市场意味着更少的竞争，这是对生产力和经济增长潜力的拖累。

最近的研究揭示了与僵尸综合征间接相关的另一个有趣的观点：其对竞争和生产力有重要影响。低利率通常会刺激投资，但持续的低利率也会产生一种战略效应，即激励行业领导者更积极地投资，以遏制潜在的竞争者成长。潜在的竞争者成为追随者，由于他们与市场领先者之间的差距扩大，因此，投资积极性被打消。换句话说，持续的低利率使追随者越来越难以获得与市场领导者相似的高额回报。那么这时，对于他们而言，低利率就会成为抑制投资的一个因素。持续的低利率减少了竞争，导致产业更加集中，这会拖累生产率的提高。随着时间的推移，利率下降和持续处于低位与行业集中度提高和市场领导者影响力增加之间出现了明显的相关性，这并非巧合。[106] 这种影响力的增加会产生负面的经济影响，也会导致出现重要的政治和文化后果。[107]

在新冠疫情之前，企业的僵尸化已是一个重大问题，疫情暴发后，这一问题更加严重。世界各国政府必须进行大规模的干预，以避免为抗击新冠病毒的传播而采取的苛刻措施可能导致的企业大量破产。《经济学人》杂志在 2020 年 9 月的一篇文章中称，"削减工资账单的强制休假计划、提供流动性和稳定秩序的国家支持贷款，以及其他避免破产的措施相结合，阻止了一波公司倒闭潮"。[108] 国际清算银行的研究人员预测，政府和央行面临着一项艰巨的任务，即"支持那些在不太极端的情况下仍能生存的公司，同时也要保护弱小的和生产率低下的企业，避免过度抑制企业的活力"。[109]

树懒综合征

如果你在互联网上搜索"最懒惰的动物"，考拉或树懒很有可能会出现在名单前列。考拉以懒惰闻名，每天要睡 18 ～ 22 小时。树懒（根据维基百科，即"树栖的新热带贫齿类哺乳动物"）与考拉相似，以极其缓慢的动作而闻名。那么，这些动物与央行行长及其政策之间有什么共同之处？虽然我承认在这里有一定程度的夸张，但政治家在央行行长不懈追求非常规货币政策的影响下进行相关决策时，可以说表现得很像树懒。

当然，政治舞台上的生活可能与缓慢恰恰相反，事实上，这种生活往往是相当苛刻和令人疲惫的。我可以证明这一点，我在比利时政府担任财政部部长的四年任期对我的身体和精神方面的承受力要求很高。我在担任欧洲议会预算委员会主席期间，讨论也往往会很激烈，这项工作同样需要大量的时间和精力。然而，政治家每天工作的 15 个小时或更长时间并没有完全用于社会的长期利益。也就是说，政治家需要付出大量努力，而这些努力不全是为了公众利益。如果这听起来像是轻描淡写的说法，那是因为事实确实如此。在民主国家中，许多斗争和由选举人引起的地盘争夺战与选民利益无关，不幸的是，短期的选举考虑往往比崇高的理想更重要。

尽管在现代社交媒体驱动的政治生活中，持续的冲锋陷阵是司空见惯的，但央行行长们还是为许多民选官员提供了一个借口，使他们远离迫切需要的政策。因为他们知道，央行行长的货币政策可以帮他们摆脱困境，所以发达国家的政治家和政府放弃了他们的决策责任，以树懒的速度前进，甚至不动。可以说，**货币政策是一种毒品，大多数政治家都会毫不抵触地屈服于它**。

宽松的融资条件和低至负数的利率对财政自律极其不利。无论是在私人部门还是公共部门，借贷的吸引力越大，借贷就越频繁。其中显然有道德风险。① 从政治的角度来看，如果政府借贷成为免费的午餐，那么改善公共财政的动力就会消失，过度的赤字和债务累积几乎就成了自然现象。芝加哥大学经济学家约翰·科克伦（John Cochrane）认为，"只要市场愿

---

① 当量化宽松政策增加了央行的利润时，道德风险问题就变得相当明显，事实上确实如此。这些利润必然会导致央行支付更高的股息。更高的股息作为政府收入进入国家预算。当央行购买更多政府债券时，政府面临的预算约束就会减少。

意提供廉价资金，政治家就会取用这些资金"。[110] 央行的非常规货币政策工具对于向市场继续提供廉价货币至关重要。

货币启示录

非常规货币政策削弱了推动结构性改革的动力，而结构性改革是可以提升经济结构性增长潜力的。在一系列声明和采访中，央行行长经常提到财政自律的理由，要求政府更加重视公共投资。虽然他们呼吁政府对劳动力市场、教育、就业培训和税收进行结构性改革，但非常规货币政策的持续使用却产生了完全相反的效果。央行行长推行的政策使政治家们不愿意进行其所倡导的改革，这是一个非常明显且无法摆脱的困境。不论那些玄幻的理论（例如现代货币理论）怎么争辩，宽松的货币政策不是，也永远不会是实体经济结构改革的替代方案。

树懒综合征的程度比我刚才描述的情况还要严重。非常规货币政策有时会产生巨大的资产泡沫，给政府造成了一种收入充裕的假象。西班牙和爱尔兰在金融危机之前和期间的情况彰显了这一点。这两个国家在危机前几年经历的巨大的房地产泡沫所产生的收入导致其预算赤字消失，债务与GDP的比率大幅下降。两国都被誉为欧元区财政自律的典范。不幸的是，当泡沫破裂时，政府收入急剧下降，用于清理随后的银行和金融混乱而花费的巨额资金产生了巨额赤字，债务与GDP的比率迅速上升。

本章详述的8种综合征解释了央行行长在过去15年中持续实施的非常规货币政策产生了怎样的意外后果，以及这些后果是如何事与愿违地削弱了这些政策对通胀、经济增长和金融稳定的积极影响的。随着时间的推移，它们侵蚀了金融稳定、经济增长、就业创造、收入平等、生产力和政治决策的质量，最终，通胀仍在上冲。就像桑顿和白芝浩很久以前描述的那样，这些非常规货币政策工具在危机中非常有效。但这种"货币毒品"也是非常容易上瘾的，早已到了"戒毒"的时候了。

那么，央行行长该何去何从？下一章我们将重新审视央行行长所使用的政策框架是否妥当，过去 20 多年来一直占据首要地位的 2% 通胀目标是否合适。该框架已经过时且过于狭窄，亟须更新。本书的结语部分将探讨如何在短期内解决这些非常规货币政策所产生的问题。无论最终采用哪种解决方案，我们都将继续走在一条充满不确定性和意外陷阱的道路上。

THE
MYSTIC
HAND

第 6 章

変革前夜

THE MYSTIC
HAND

忘记过去的人注定会重蹈覆辙。

"忘记过去的人注定会重蹈覆辙。"对于央行行长以及他们所承受的煎熬而言，作家、哲学家乔治·桑塔亚纳（George Santayana）的这句名言显得十分适用。在 20 世纪二三十年代，他们显然不记得，也没有认真对待 19 世纪经济学者桑顿和白芝浩关于央行作为危机中最后贷款人的重要告诫。大萧条就是央行行长忘却这一告诫的直接后果。2007 年全球金融危机爆发时，央行行长听取了桑顿和白芝浩的告诫，并对其加以认真应用，从而避免了 21 世纪的大萧条或更糟情形的上演。2020 年初，随着新冠疫情的暴发，世界经济再次俯冲，央行行长再次迅速地采取了行动，成功演绎了桑顿和白芝浩剧本的现代版。央行行长不断扩大对非常规货币工具箱的使用，这表明，他们的神秘之手比人类历史上的任何时刻都更加无处不在。

金融危机和新冠疫情都迫使央行行长全力以赴，推出一系列非常规货币政策来防止灾难发生。然而，10 多年来，这种非传统工具箱的持续使用导致了 8 种意想不到的负面后果。此外，在被许多分析师和经济学家宣布死亡后，消费者价格通胀猛兽再次抬头。显然，目前我们必须吸取新的教训。鉴于这些意外的负面后果的严重性，本章详细介绍了许多与之相关的因素，我们迫切需要从过往经历中吸取教训，并对政策进行相应调整。那么，如今的央行身在何处，未来它们又该朝什么方向发展呢？

首先，让我们环顾一下目前的情况，看起来现实并不乐观。尽管央行行长的大部分干预措施是必要的，但除了面临通胀上升带来的问题之外，他们还陷入了三重陷阱：金融市场陷阱、财政陷阱和预期陷阱。来自这些陷阱的压力让他们认为不能放弃这些政策，至少目前这么做为时过早。用凯恩斯的话说，这种对于政策的拖延态度是基于一种希望，即"某些事情"会出现，从而让我们重回正轨。即使这种希望从长远来看具有一定合理性，但就目前的情况而言，**非常规货币政策的实施正在给经济、民主价值观和制度造成越来越沉重的负担**。

条件反射式的救市

第一个困住央行行长的陷阱来自金融市场的阻挠。具有讽刺意味的是，正是央行行长创造了必要的条件使其成为现实，并使得金融市场占据了对货币政策发号施令的制高点。迫于市场压力，伯南克和美联储在2013年放弃了货币政策正常化的初步尝试。2019年下半年，市场压力再次导致美联储的货币正常化努力被推翻。2020年3月，美国债券市场的动荡迫使美联储采取了激烈的政策行动。同样也是受到市场压力的推动，德拉吉在2019年9月艰难地让欧洲央行理事会通过了一揽子政策。每当市场崩溃或面临灾难，或市场不确定性因某种原因而上升时，人们就希望央行果断地介入，因为它们已经一次又一次地这么做了。

央行专注于价格稳定、经济整体状况向好和金融稳定等政策目标。当金融市场发生动荡并威胁到这些目标时，央行行长就有必要采取行动，但几乎总是无法确定，这些威胁的真实可能性究竟有多大。在某些情况下，谨慎和积极主动是值得称赞的，但如果央行行长每次都自动回应，就像巴甫洛夫的条件反射实验中"流口水的狗"一样，便会形成一种相互依赖的关系。①

作为最杰出的市场分析师之一，穆罕默德·埃里安（Mohamed El-Erian）将央行行长描述为"市场最好的朋友"，[1] 像"美联储和欧洲央行，在严重的市场压力迹象初显时，就信心满满地注入流动性，无论它们在试验性的非常规货币政策领域里的风险有多大"。[2] 股票策略师克里斯·伍德（Chris Wood）也同意埃里安的观点："是美联储在跟随市场，而不是市场跟随美联储。"[3]

货币启示录 THE MYSTIC HAND

金融市场主导了货币政策干预，这一点是不容忽视的。这种现象被称为"格林斯潘操作"或"伯南克操作"，或者更为人所知的"美联储操作"。研究已经证明，这种看跌期权式操作的存在，是因为市场出现了摇摆不定，尤其是股票市场的波动，它会推动货币政策的制定，而不是相反。

这种因果关系最早出现在 20 世纪 90 年代中期。[4] 鉴于各主要央行之间的相似性，可以公平地说，除了美联储操作，还有欧洲央行操作、日本央行操作，当然还有中国人民银行操作。简而言之，

---

① 一些评论家将央行行长与未来金融权力之间的关系视为一种阴谋，称其旨在建立一个只有少数人受益的新世界秩序。

全球金融市场已经完全而愉快地适应了这种操作。

这种金融市场陷阱显然需要引起重视。现代世界充满了不确定性和混乱，金融市场往往会对此立即做出反应。国家之间紧张的地缘政治局势、欧洲在推进一体化道路上的重重障碍（英国脱欧的传奇故事，或许是其走向解体的第一步）、通胀的突然上升、极端主义恐怖行为的持续威胁、气候变化、全球人口剧变、重大网络攻击的威胁、永远动荡不安的中东、几个已经或随时可能被激活的冲突都是随时引发金融市场动荡的因素。

意外冲击如今已经成为常态。此外，新冠疫情的暴发及其所引发的公众对于健康的不安全感，加剧了不确定性和恐惧之感，很有可能引发企业、政府和市场的瘫痪。

如今，"黑天鹅"不再是稀有品种。**金融市场已经演变成突发冲击和"黑天鹅"事件的根源。**例如，交易所交易基金或跟踪交易策略的突出作用以及算法高速交易的日益使用，均增加了市场功能的高度不确定性，以及市场突然无序发展的风险。影子银行系统也是突发冲击和"黑天鹅"事件的温床。

尽管出发点是好的，但央行最终却成为自己政策的囚徒。类似"不惜一切代价""将采取一切必要措施"和"我们可以做得更多"的言论，直接让他们陷入了金融市场陷阱。巨额的负收益债权之所以持续存在，只是因为市场期望央行继续干预并定期购买债券和其他证券。如果央行停止了相关购买行为，长期利率将不可避免地上升。央行之所以干预股市，是因为保险公司和养老基金的资产负债表上充斥着股票和相关资产，而它们试图借此维持足够高的资产回报率来偿还其负债。

进退两难的货币政策

关于财政陷阱，如果央行行长放弃他们的非常规货币政策，有可能会使大多数国家的公共财政陷入前景黯淡甚至更糟的处境。这种现象被称为"财政主导"货币政策的危险。如何处理好财政和货币政策之间的微妙关系是宏观经济学长期以来的一个难题。[①] 这一问题在欧元区（成员国拥有财政自治权的货币联盟）显得尤其棘手。也正是这一事实让欧洲央行执行委员会成员伊莎贝尔·施纳贝尔作出了这样的评论："欧元是建立在'货币主导'原则之上的。"[5]

公共财政的进一步恶化即使不会引发全面动荡，也势必会加剧金融市场的紧张局势。如果取消极低甚至为负的短期利率，或者中止资产购买计划，许多国家的预算债务成本负担将产生巨大压力。鉴于许多国家已经面临高负债率，尤其是在新冠疫情期间，为维持企业和公民的生存，政府已经采取了诸多耗资不菲的措施，因此，更高的利息负担会推动赤字飙升，这可能不是一个好的选项。[6]

为补偿增加的债务成本负担所需的税收增加或支出削减将是巨大的。事实上，其规模之大以至于在大多数民主国家都不可能实现。大幅削减赤字的举措会引发强烈反对，尤其是来自寻租利益集团的反对，因为这将使他们失去优势（这些团体通常能够非常成功地将其几乎毫不利他的反对转化为公众的不满）。正如近期历史表明的那样，这些现象强化了民粹主义

[①] 20 世纪 90 年代中期，后来成为英格兰银行行长的默文·金指出，"央行行长经常被指责为痴迷于通胀，这并不是真的。如果说他们对什么事情真正感到痴迷，那一定是财政政策"。

和极端主义，削弱了民主制度。

　　当然，央行行长不必对国家预算和债务水平负责，因为责任在于当选的政治家。一定程度上，央行行长可以辩称，是政治家们背叛了他们。正如本书引言中所指出的，这正是 2017 年马里奥·德拉吉在克里斯蒂娜·拉加德的华盛顿晚宴上发泄情绪的动机。对央行行长来说，这是一个典型的两难境地。一方面，他们的政策为政治家们创造了机会和时间，使其能够应对预算赤字，并实施结构性改革，从而提高经济增长、就业潜力和劳动力市场的灵活性。另一方面，来自央行政策的廉价资金使政治家们放弃了承担政策变化的责任，而这一责任的承担恰恰是央行行长所希望看到的。第 5 章将这一现象描述为"树懒综合征"。

　　仿佛嫌这一切还不够，央行行长还面临着第三个陷阱：预期陷阱。这一陷阱至少在一定程度上是由他们自己造成的。政治家和民众已经开始期望央行行长能控制住通胀，确保金融稳定，同时帮助预算赤字和未偿债务顺利融资，从而避免经济衰退（和失业），为经济增长提供引擎。即使央行行长确实有只神秘的手，想要实现这个目标组合也是完全不现实的，其结果必然让人失望。预期陷阱是由于政治家和其他政策制定者放弃承担自己的职责而产生的困境，这令央行行长"只能采取唯一的手段"。尽管不是全部，但大多数央行行长都热切地试图达成这一形象。

权力的失衡

　　如今，央行行长所处的陷阱造成了一种既不稳定又不可持续的局面，因为从根本上看，它是不民主的，而且适得其反。还记得我们在第 5 章中讨论的意想不到的负面后果吗？其严重程度随着时间的推移只会加剧。如果继续实施非常规货币政策，央行将会在推动经济增长、增加就业机会、提高生产力、促进收入平等、确保金融稳定和推动社会改革等方面带来令人失望的结果。指责央行的政策加剧了西方社会焦虑和沮丧情绪的说法是不公平的，但这些政策确实助长了社会动荡。

目前，央行行长的神秘之手随处可见，但其行动结果的规模回报率却在下降，有时甚至为负。这一神秘之手将成为一只越来越具破坏性的手，因此必须给它戴上"镣铐"，这是极左和极右的政治家都乐于看见的。更为温和和明智的政治家将会感受到越来越大的压力，这会要求他们去限制央行行长所拥有的自由权力。然而，在过去，央行的政治化一直是灾难的根源，我们没有理由认为未来的情况会有所不同。

目前的形势显然缺乏民主色彩，因为它使央行在整个社会中发挥的作用大幅扩大。如今，央行行长的神秘之手比以往任何时候都更深入地触及了经济和社会结构。例如，央行行长现在对股票价值、对公司战略和投资策略都具有决定性的影响。当他们系统地购买政府债券时，他们是在隐晦地做出政治选择。购买企业债券涉及央行在企业领域的偏好，购买抵押贷款支持证券则有利于经济中房地产部门的发展。

通过提高资产价值，央行行长更加青睐富人，这激起了其他人的不满情绪。也许最重要的是，尽管不可否认，规模回报率在下降，但央行推行此类政策的火力依然被认为是无限的。[1] 如果央行行长继续做出和过去 15

---

[1] 伯努瓦·科尔曾半开玩笑地表示，当整个欧元经济体都在欧洲央行的资产负债表上时，量化宽松政策将达到极限（见引言）。

年相同的选择，那么，他们独立性的正当性将不再能站得住脚。时任德国央行行长、欧洲央行理事会成员延斯·魏德曼敏锐地意识到了这一危险，他表示，"我们对自己的使命理解得越多，就越有可能陷入政治漩涡，承担过多的任务"。[7] 在德国，出于众所周知的历史原因，央行的独立性一直是公众的重要话题。

英格兰银行前副行长保罗·塔克在新冠疫情暴发前撰写的《未经选举的权力》（Unelected Power）一书中简明扼要地总结了这一演变：

> （央行）已经成为一个处于现代国家管理三种重要表现形式交汇点上的机构。通过对其资产负债表进行一番操作（如实施量化宽松和信贷宽松政策），可以改变国家资产负债表的规模和形态，它们成了国家财政的一部分；通过扮演"最后贷款人"的角色，它们成了国家应对紧急状态的一种强有力工具。而且……现在的它们已然成为国家监管的一部分。可以说，再没有任何其他未经民选的政策制定者拥有如此的地位了。[8]

德国联邦宪法法院对欧洲央行非常规货币政策的批评，也是基于类似的理由。

哥伦比亚大学欧洲研究所所长亚当·图兹（Adam Tooze）也谈到了同样的问题，他提到，"为了应对新冠疫情，美联储及其世界各地的同行的权力和责任大幅增加……尽管正式的授权很少调整，但（央行的权力）明显大幅扩展……在美国，这种扩展最为剧烈，带来了国家的隐性转变"。[9] 美国外交关系委员会高级研究员塞巴斯蒂安·马拉比（Sebastian Mallaby）总结道，"美联储已经成为大国政府的最大代理人，是一种超级经济部门"。[10]

至于央行行长享有独立性的理由，即防止政治家们通过滥用印刷机进行通胀的冒险，如今似乎已经不复存在。

央行所获得的额外权力和权威的民主合法性，正是因为它们现在被视为"只能采取的唯一手段"，这是一个关键的社会问题，它让人们开始质疑技术官僚精英政治在现代社会中的作用。在新冠疫情暴发后，这种质疑比以往任何时候都多。病毒学家等医疗技术专家在抗击疫情的决策中发挥了核心作用。在许多情况下，他们向民选领导人提供信息和建议的职责与他们的建议本身之间的界限非常模糊，实际上，他们的建议取代了民选领导人的决策。

技术官僚的自由裁量权究竟能有多大？在新冠疫情期间，流行病学家和其他医学顾问是否做得过了头？或者说，在紧急情况下，民选领导人是否应该让位，让技术官僚接管？受限于民选领导人授予他们的权力，现代央行行长采取的行动是否站得住脚？如果站得住脚，对央行行长的行动进行民主监督（如果存在的话）的作用是什么？如果公民意愿的代表——民选领导人没有仔细考虑民主合法性这个爆炸性的问题，那么从中长期来看，央行行长将被视为"世界精英的成员，为了维护一个强大而顽固不化的金融部门的利益，他们能够在国家内部和国家之间转移似乎难以想象的巨额资金，只是为了维持现状"。[11]

无独有偶，克里斯蒂娜·拉加德公开主张将气候变化问题纳入欧洲央行的货币政策行动，她说："欧洲央行为欧洲人民服务。"[12] 同样，美联储主席杰罗姆·鲍威尔在 2020 年夏季的一次演讲中表示，美联储的新政策框架将包括不平等因素，这使美联储成为第一个明确这样做的央行。鉴于央行的非常规货币政策经常取代正常的民主决策，主要央行领导层的这些举措至少在一定程度上受到了加强民主合法性的需求的影响。这些新举措将如何与央行的主要任务相融合，还有待进一步的观察。[13]

　　日本的非常规货币政策工具的试验始于 20 世纪 90 年代，其陷入政策难题但仍继续采用相同的政策组合的情况可能会持续很长时间。政府债务超过 GDP 的 250%，央行资产负债表总额超过 GDP 的 100%，这比美国或欧元区的比率要高得多，这是一个陷入巨大而无休止的金融和财政危机预期的数字。但至少到目前为止，日本还没有发生这种情况。尽管越来越多的证据表明，**非常规货币政策组合缺乏民主性和会产生一些反作用，但它也确实可以使经济在较长时间内保持平稳，这无疑是央行神秘本质的原因。**①

　　尽管如此，央行继续使用非常规货币政策工具这一决定是站不住脚的。如果不实施更稳定和更可持续的政策，随之而来的将是一系列的意外后果，再加上通胀飙升，经济和政治将陷入混乱。央行行长未来该何去何从？为了确定这一点，我们必须首先考虑公认的货币政策目标：将经济稳定在或接近于 2% 的通胀率。想要分析这一数值是否合理，我们需要仔细研究当今通胀的一些特征。

---

① 这让人想起英国诗人、散文家 W.H. 奥登（W.H. Auden）的话："让我们感到迷惑和恐惧的，不是罗马帝国最终的崩溃……（而是）它在没有创造力、温暖或希望的情况下，成功地持续了四个世纪。"

痴迷于 2%

　　为了不断使用非常规货币政策工具，央行行长一直把将通胀率提高到 2% 的需要作为其一贯辩护的理由。[①] 然而说到通胀，自 20 世纪 80 年代以来，通胀情况发生了巨大变化。以下这些数字很能说明问题：在所有发达国家中，20 世纪 80 年代，平均消费者价格通胀率为 10%。[14] 在随后的 10 年里，这一比率降至 5%。而在 21 世纪的第一个 10 年，平均消费者价格通胀率进一步下降至 3%。2010—2020 年，这一比率降至 2% 以下。

　　在第二次世界大战后的几十年里，各国央行有充分的理由关注价格上涨最终演变为失控的威胁。从 20 世纪 60 年代中期到 80 年代初，也就是众所周知的"大通胀"时期，发达国家物价水平的年增长率一度达到 20% 甚至更高。[15] 对此，人们普遍担心：不断加剧的通胀可能破坏经济，并导致社会和政治的不稳定。具有讽刺意味的是，关于通胀的破坏性后果的最严厉的警告之一正是由凯恩斯在半个多世纪以前提出的。[16] 在第二次世界大战之后，凯恩斯是早期凯恩斯主义者的思想英雄，然而正是这些人所倡导的政策最终引发了大通胀。

　　大通胀时期，用央行传奇人物保罗·沃尔克的话来说，大多数央行行长都赢得了"天生的通胀斗士"的声誉。[17] 沃尔克在 20 世纪 70 年代末领导了对通胀巨龙的最后一击。但自 2007—2009 年全球金融危机发生（日

[①] 我们在此暂且不考虑有关"通胀"的不同定义，比如 GDP 平减指数、消费价格指数和核心消费价格指数（从前者中剔除了食品和能源价格）。在新冠疫情期间，受疫情影响最严重的行业（航空交通、酒店、餐饮等）的需求急剧下降，如果这些行业在消费者需求篮子中的权重不变，那么这些行业对于通胀的负面贡献将会得到提升。

本是自20世纪90年代）以来，情况变得完全相反了。通缩已经取代通胀，成为央行行长们主要的政策关注点，因为他们担心债务与通缩的关系可能恶化为深度萧条。[18] 在这个动荡的世界，经济的总体价格水平不再需要被压低，相反，它需要被推高。[19] 欧洲央行执行委员会成员伊莎贝尔·施纳贝尔简洁地总结了当今大多数央行行长的主要担忧："通胀过低而不是过高，仍然是我们这个时代的主要困境。"[20] 在施纳贝尔的强烈声明发表几个月后，通胀的前景发生了相当剧烈的变化。

除了与反复出现的金融不稳定作斗争外，2% 的通胀目标也是央行持续货币宽松政策背后的灵感来源。在大通胀时期，控制通胀的斗争结束之后，通胀锚定制成为央行在20世纪90年代初的主要目标。[21] 人们普遍认为，控制通胀是央行行长可以为经济福利和人类进步做出的最大贡献。用更专业的术语来说，央行行长的任务是将通胀预期牢牢固定在一个足够低但又不太低的水平。

1990年，通胀锚定制始于新西兰。在20世纪90年代，加拿大、英国、澳大利亚、瑞典、波兰、以色列、巴西和智利都遵循了同样的轨迹。日本央行、欧洲央行和美联储本身并不确定通胀目标，但随着时间的推移，它们采纳了通胀锚定制的许多主要元素。欧洲央行的官方目标是让通胀"低于但接近2%"。伯南克在2012年公开谈到了2% 的目标，一年后，日本央行也采取了同样的举措。无论是明示还是暗示，2% 都成为通胀锚定制的一个神奇数字，甚至可以说是某种执着或痴迷。

有趣的是，即使并没有什么成功的记录，2% 的目标也一直被执着地追求着。在日本、美国和欧元区，自金融危机以来，通胀率在大多数情况下一直保持在2% 以下，并经常在落入通缩的边缘徘徊。美联储主席杰罗

姆·鲍威尔曾经提到，"通胀率持续低于 2% 是我们的长期目标"。[22] 截至
2020 年 10 月底，中国居民消费者价格年化通胀率为 0.5%，美国为 1.2%，
日本为 -0.4%，欧元区为 -0.3%。[23] 鉴于多年来几乎连续不断地向金融和
经济体系内注入了大量货币加以刺激，这样的结果是相当惊人的。尽管在
过去十余年时间里，商品和服务价格几乎没有出现通胀，但资产价格却经
常会产生巨大的泡沫。因此，**2% 的通胀目标所激发的政策往往会导致不
稳定的金融繁荣和萧条。**

货币启示录

THE MYSTIC HAND

　　现在难道不是到了应该质疑 2% 的通胀政策目
标是否合理的时候了吗？[①] 神秘的 2% 的通胀率似
乎并不是一个具有现实意义或建设性的货币政策指
导方针。央行行长的行为已经证明，他们知道如何
降低通胀；然而，他们是否有能力将其推高却值得
怀疑。由于一直未能达到 2% 的目标，央行失去了
信誉。毕竟，许多超出货币政策制定者能力范围的
因素已经导致了结构性的低通胀率，这些因素包括
劳动力市场的发展、人口结构的变化、共享经济的
繁荣、技术进步和全球化。经济学家通常将这些现
象称为正面供给冲击，其中大多数现象都将持续存
在。证据清楚地表明，当经济受到供应冲击时，通
胀锚定制就会出现问题。[24]

---

① 2020 年 12 月 2 日，在欧洲议会与欧洲央行前行长让－克洛德·特里谢交换意见时，我
　向特里谢提出了这个问题。他的回答分为两部分：首先，"几乎所有主要央行都在追求 2%
　的目标，它们似乎对此有高度的共识"。其次，为了更好地了解通胀过程，进一步的完善
　和检查是十分必要的。

近年来，截至 2020 年底，全球范围内的通胀率仍处于系统性低位。[25]
在非货币因素结构性地压低经济中通胀力量的情况下，顽固地实施非常规
且非常宽松的货币政策、试图将通胀率提高到 2%，这是毫无意义的。当
这些政策的意外后果抵消了它们的积极贡献时，情况就会变得更加复杂，
而这一切已经发生了。

通胀的新常态

在 20 世纪八九十年代，包括中国、印度和苏联在内的许多经济体都
开始实行自由化，从而促进了全球化，释放了强大的竞争力量，并大幅增
加了廉价产品的流动。世界上大部分地区经济环境的这种大转变在短时间
内为全球增加了近 15 亿劳动力人口。哈佛大学劳动经济学家理查德·弗
里曼（Richard Freeman）将这一现象称为"大翻倍"，因为它实际上使全
球劳动力规模翻了一倍。[26] 而这只是广阔的全球化市场中的一部分。全球
化不仅涉及劳动力市场，还涉及产品和资本市场，许多公司的定价权都会
因此受到影响。全球发展状况，特别是全球价值链的增长，在各国经济中
均发挥了更大的作用，其中包括通胀。[27]

世界劳动力市场供给侧的巨大变化在结构上大大削弱了发达国家工
会的议价能力，降低了工资成本对价格的压力。令人惊讶的是，自 20 世
纪 90 年代初以来，发达经济体的工资增长与生产率增长的关系更加密切，
价格并没有随着工资成本的增加而大幅上涨。[28] 全球劳动力规模翻倍对蓝
领工人的影响最大，但随着数据分析、人工智能、云计算、信息通信技术
的发展，发达国家白领工人的议价能力也大幅下降。从全职工作到临时和
兼职工作的显著转变使劳动力市场更加灵活，同时也降低了工资压力。最

后，通过"亚马逊效应"，电子商务的巨大繁荣增强了零售业的竞争力，也强化了劳动力市场的根本变化。[29]

此外，劳动力市场也受到结构性人口变化特别是人口老龄化的影响。[30]研究表明，通胀率与老年抚养比率（即 65 岁及以上人口与 15 ～ 64 岁人口的比率）之间存在明显的负相关关系。老年抚养比率越高，通胀率就越低。[31]这种人口结构的变化和由此产生的养老金改革往往导致税后养老金净额的减少，使 55 岁及以上的劳动力所占比例稳步提高。[32]例如，在日本，2003—2018 年，有 400 万名 65 岁以上的人口重返劳动力市场，美国和欧元区也出现了类似的趋势。老年劳动力的大量涌入给工资和物价带来了下行压力。[33]

从储蓄、投资和消费方面来看，人口老龄化有助于结构性地降低通胀率。与年轻人相比，老年人的消费和投资往往更少。考虑到年轻一代在资产价格高得多（在很大程度上是由非常规货币政策造成的）的环境中建立家庭、购买住房和家具，其所花费的成本往往较高。因此当老年人在人口中所占比例增加时，商品和服务价格的上行压力就会减少。随着预期寿命的全面提高，许多老年人都增加了储蓄，以便为更长的退休生活做好经济准备。较低的通胀趋势也受到目前宽松的融资条件，以及低利率所激发的投资者对收益率的疯狂追求的影响。收益追求者将资源转移到新项目上，而这些新项目往往会消耗大量资本以寻求市场份额和垄断地位，并对价格施加更大的下行压力。

另一个对商品和服务价格水平造成下行压力的发展变化是共享经济的繁荣，其广义的定义是允许交换私人拥有的商品和服务的群体市场。Uber和爱彼迎可能是共享经济中最著名的两个例子，它们将闲置的商品和服务，如用于出租的私人房间、住房和公寓，以及用于交通的汽车推向市场。最近，对爱彼迎进入得克萨斯州出租房市场的分析充分说明了共享经济在压低价格时的影响。[34]

使消费者价格通胀率保持在低位的诸多条件并不一定会一成不变。[①]例如，虽然人口老龄化在短期内会导致通货紧缩，但劳动力市场短缺，人口变化的长期影响可能会导致相反的结果。[35]另一个例子是，自新冠疫情暴发以来，广义货币供应量的增幅远高于全球金融危机后的水平。货币供应量和通胀之间的历史联系可能已经减弱，但肯定没有消失。

2021年上半年，新冠疫情后的大规模支出和借贷引发了潜在的强大通胀压力，这些支出和借贷旨在推动经济复苏，以应对为抗击疫情采取的极端措施以及与疫情相关的不确定性的显著增加。

货币启示录
THE MYSTIC HAND

至少还有四种现象加剧了这一支出和借贷热潮释放出的通胀压力。第一，与新冠疫情相关的安全措施和不确定性导致供应链严重中断，产品生产和交付遇到瓶颈，微芯片和贵金属等关键资源面临严重短缺。第二，疫情还导致被动储蓄大幅增加，而这些储蓄在限制解除后突然释放。第三，经历了40多年改革开放后，已然成熟的中国经济转

---

① 《经济学人》在2020年12月12日的封面上提出了一个问题："通胀会卷土重来吗？"该杂志认识到，通胀可能会出现暂时性爆发，因此得出结论，"出现更持久通胀的可能性仍然很低"，但又补充说，"新冠疫情已经显示出，为罕见但具有破坏性的事件做准备是具有价值的。通胀的回归也不例外"。

型降低了消费者价格的下行压力。第四，大型科技
公司带来的准垄断市场结构大大增强了它们的定价
能力。

鉴于以上现象，美国在 2021 年春季出现的消费者价格通胀大幅上升
情况并不令人意外。通胀的"魔鬼"真的已经从瓶子里出来了吗？还是像
央行行长所说的那样，这只是消费者价格通胀的暂时上升？

重新审视通胀目标

随着通胀问题的再次出现，关于 2% 通胀目标的讨论已进入另一个层
面，但讨论的实质基本保持改变。要理解其中的原因，我们必须对价格
稳定做一个全面的定义。20 世纪 90 年代中期，格林斯潘在担任美联储主
席期间，曾为价格稳定下了一个连贯的定义。他认为，价格稳定是"一
般价格水平的预期变化不会有效改变企业或家庭决策的状态"。[36] 格林斯
潘的观点与已故的美国国家经济研究局前主席马丁·费尔德斯坦（Martin
Feldstein）的观点相似。费尔德斯坦指出，价格稳定可以使人们对合同、
商业交易、会计规则、税法等用名义货币来表示，而不必担心通胀或货币
价值的意外变动，这与格利斯潘的观点是一致的。[37]

显然，很高或极易波动的年通胀率并不符合"价格稳定"的定义，因
为它会极大地影响私人支出和投资决策。但是否可以认为，2% 或接近 2%
的通胀率就是唯一通过格林斯潘或费尔德斯坦测试的通胀率呢？是否有确
凿的科学和实证结果证明 2% 优于 1% 或 3% 呢？正如保罗·沃尔克在其回
忆录中所描述的那样，[38] 答案是否定的，我十分赞同沃尔克的学术观点。

> 我对理由感到困惑……我不知道有什么理论依据……（但
> 是）我确实知道一些实际情况：任何价格指数都无法捕捉到消
> 费者价格的真实变化。商品和服务的种类、需求、价格和质量
> 的细微变化都太过于复杂，无法按月或按年进行精确计算……
> 人们担心消费者价格增长太慢，仅仅是因为其比 2% 的目标低
> 1/4 左右！即使经济处于充分就业状态，这是否就是"放松"
> 货币政策，或至少是延迟紧缩的信号？毋庸置疑，这是无稽
> 之谈。[39]

在这里，沃尔克并不是说 2% 的通胀目标是完全无效的，但他表示，
没有理由将其作为永久的规则。

哈佛大学经济学家杰弗里·弗兰克尔（Jeffrey Frankel）完全同意沃尔
克的观点，弗兰克尔曾在 1983—1984 年和 1996—1999 年担任美国总统经
济顾问委员会成员。他说："为什么央行行长要不断地用头去撞理想通胀
率这堵墙？诚然，货币当局应该对长期通胀、实际 GDP 增长和失业率的
预期有清晰的认知。不过，美联储和其他央行或许应该悄悄停止如此激进
地追求这一目标，而不是在经常错过的 2% 目标上加倍努力。"[40] 沃尔克
和弗兰克尔都认为，始终执着于 2% 的通胀目标可能会适得其反，而最近
的经验恰恰证明了这一事实。

许多央行行长和经济学家都认为，是 21 世纪的人类对通缩的恐惧强
化了执政当局将通胀率推至 2% 的法定职责。在这一观点的基础之上，沃
尔克对痴迷于 2% 的通胀率进行了反驳。"如果通缩的时间久了，确实是
一个严重的问题。在美国，已经再 80 多年没有出现过这种情况了……仅
仅在 20 世纪 30 年代，我们经历过一次严重的通缩。在 2008—2009 年，

人们有理由担心发生通缩。这两次事件的共同特征是金融体系的崩溃。"[41]
沃尔克说他通过颠倒通缩和非常规货币政策之间的关系得出结论，"对我来说，这个教训非常明确。通缩是金融系统严重崩溃所造成的结果……而真正的危险来自鼓励或无意中容忍不断上升的通胀以及密切关联的极端投机和冒险行为，这实际上是在金融泡沫和生产过剩威胁金融市场时的袖手旁观。具有讽刺意味的是，为了防止通缩而追求'轻微通胀'的'宽松货币政策'，最终可能会带来通缩。"[42]

《金融时报》的吉莉安·泰德曾经定义过"我们对通缩的现代恐惧"，[43]沃尔克并不是唯一一个批评这一观点的人。在一次圆桌讨论中，拉古拉姆·拉詹将对通缩的深层次恐惧称为"通缩魔鬼"。① 欧洲政策研究中心主任丹尼尔·格罗斯（Daniel Gros）警告称，"发达国家的央行行长已经被通缩的恐惧所压倒。他们不应如此，这种担心是没有根据的，而且，执迷于此是有害的……发达经济体的央行应该克服对通缩的非理性恐惧"。[44]拉詹和格罗斯都承认通缩可能是有害的，但他们也强调，目前的经济环境实际上降低了这种危险。

在对主要通缩时期的历史及其成本进行了详尽分析后，国际清算银行的研究人员得出结论，人们应该理性看待关于"商品和服务价格通缩即使持续存在，也总是有害的"这一流行观点，在草率得出危言耸听的结论之前，"了解通缩的驱动力是十分重要的"。[45]该分析还强调了区分商品和服务价格下跌与股票和房地产等资产价格下跌的重要性，后者对经济的危害

---

① 拉詹在国际货币基金组织有关"重新思考宏观政策三：进展还是困惑？"的圆桌讨论中发表了这一评论。该圆桌讨论于 2015 年 4 月 16 日在乔治华盛顿大学的杰克·莫顿礼堂举行。

更大。例如，在大萧条期间，资产价格下跌造成了重大损失。

监管目标"连体婴"

央行行长需要一个稳固的框架，以便及时采取相关行动，这对维护其机构的信誉和加强其决策的影响力至关重要。为了建立金融体系良好运行所必需的信任，央行行长以及其他监管机构需要一套制度基础设施来推进工作，而稳固的框架就是制度基础设施的核心。无论是明确的还是含蓄的，20 世纪 90 年代以来，2% 的通胀目标一直是发达国家采用的框架中的一个主要特征。目前的这个框架显然是不够的、过时的，而且过于狭窄。

之所以说目前的框架有些过时，是因为现代社会的通胀水平是动态发展的，仅通过货币政策是无法实现 2% 的通胀目标的。说框架过于狭隘是因为，有大量证据表明，以固化的数字方式追求商品和服务领域的价格稳定会适得其反。第 5 章详细描述了非常规货币政策造成的各种意外后果，而这些后果主要是为了实现 2% 的通胀目标。正如沃尔克所指出的，旨在使通胀率达到 2% 目标的非常宽松的货币政策助长了金融繁荣，而大规模的信贷扩张则助长了资产价格的持续上涨。从长远来看，这些繁荣加剧了金融和经济风险。[46]非常规货币政策促成了金融周期的发展，在这个周期中，自我强化的融资条件、资产价格和风险承担会经历先扩张、后收缩的过程。这一周期已经成为商业周期起伏的主要决定因素。[①]

---

① 金融周期的概念主要由国际清算银行研究部门的经济学家提出。

那么，对于现代央行行长来说，什么是更好的政策框架呢？我跟保罗·沃尔克的观点再一次不谋而合。他的结论是，21 世纪货币政策的基本教训是央行行长应该同时关注"价格稳定和对金融体系的审慎监管"。[47] 与此同时，他们还要将金融稳定作为明确的政策目标。[48] 当然，央行行长应该始终考虑金融稳定，但由于对 2% 通胀率的痴迷主导了央行行长的政策框架，因此，金融稳定一直是他们事后而非事前考虑的事情。这并不令人惊讶，因为格林斯潘的"事后清理"策略在他离开美联储很久后仍是主基调。[①] 金融危机揭示了这一清理策略的成本有多大，尤其是在金融系统充斥着巨大的金融失衡和杠杆的情况下。

价格稳定和金融稳定是一对"连体婴"，用国际清算银行的克劳迪奥·博里奥的话来说，它们"身体相连，共同构成了平稳运行的货币体系的基本属性，通过防止违约、购买力下降或支付系统失灵来保护货币价值"。[49] 德国央行前行长延斯·魏德曼对此表示赞同："当货币政策制定者的行动导致金融失衡加剧，对价格稳定构成长期风险时，他们不能视而不见。这一规则同样适用于此，制定货币政策时必须考虑其意外的副作用，并不断权衡收益和成本。"[50]

历史一再表明，如果没有金融稳定，就不可能长期保持价格稳定。到目前为止的 21 世纪的历史已经证明，价格稳定是保持金融和宏观经济稳

---

① 参见第 2 章"激发疯狂的宽松货币政策"一节。

定的必要条件，但不是充分条件。危险的金融失衡可能潜伏在低而稳定的消费者价格上涨所投射的平静面纱之下，随着时间的推移，它可能变得极具破坏性。如果在制定货币政策时不考虑金融稳定因素，那么，无论是通胀还是通缩，长期的经济增长前景和价格稳定都将处于危险之中。如果对历史给予更多关注，类似2007—2009年全球金融危机这样令人不快的意外就不会那么严重了，或者完全可以避免。[51]

必须转变的思维范式

央行行长的框架必须在两个方面做出改变。

首先，对于2%通胀率的痴迷必须成为过去。美联储在最近一次对其货币策略的评估中错失了做出这一改变的机会。2020年底，美联储主席杰罗姆·鲍威尔宣布，未来，中央银行将追求"灵活平均通胀目标"①。他没有明确提到2%的目标，但他的言辞清楚地表明，2%仍然是那个神奇的数字；而如果一段时间过去了，通胀率仍低于2%，美联储将改变策略，使其成为一个通胀率高于2%的时期。这一新策略不仅保留了存在严重缺陷的2%通胀目标，还引发了许多额外的问题和麻烦，如预期的作用，政策目标的不对称（就业不足将得到关注，过热却不会），以及对金融稳定的忽视。[52]

价格稳定始终是央行行长最重要的目标，但仅仅追求一个特定的数字目标，无论它是不是平均值，都是没有意义的。曾经，这样的追求是有一

---

① 这个新目标产生了一个新的首字母缩略词 FAIT。

定道理的，但那已经过去了。欧洲央行行长拉加德很清楚，2% 的通胀目标已经过时。2020 年 9 月，她宣布："我们需要彻底分析当今推动通胀的力量，并考虑是否以及如何调整我们的政策策略。"[53] 正如前文所说，格林斯潘或费尔德斯坦在定义价格稳定时指出，应该通过对特定时间内经济和金融系统状况深思熟虑的判断和敏锐的观察来确定价格。价格稳定可以在年通胀率为 2% 时实现，但根据实际情况，均衡的通胀率可能更高，也可能更低。这并不是说，央行行长拥有绝对的自由裁量权；相反，央行行长需要对指导方针进行深思熟虑和详尽的解读，就像泰勒规则要求的或央行行长经常遵循的任何其他规则或模型一样。

其次，该框架要求的第二项调整是将影响金融稳定的变量和参数纳入政策决策过程。这种调整需要将时间倒回到过去，因为在过去，仔细检查货币和信贷总量对设计货币政策至关重要。然而，这些总量几乎从央行使用的计量经济学模型中消失了，甚至在央行行长的声明或讲话中也很少被提及。最有可能的原因是，以前一些主要关注稳定货币总量的政策导致了令人失望的结果。[①] 曾任德国央行和欧洲央行官员的奥特马·伊兴感叹道，"我们还要等多久才能将货币理论和政策中对货币和信贷的忽视视为宏观政策错误的主要来源？"[54]

经过仔细分析得知，**货币和信贷总量可以成为金融稳定即将到来的领先指标。**其中包括货币供应总量，如 M1、M2 和 M3[②]；信贷与 GDP 的比率；贷款价值比；偿债与收入的比率。为了维护金融稳定，必须特别仔细

---

① 指央行政策中的货币主义者事件。

② M1 基本上是指流通中的现金及其等价物；M2 是 M1 加上短期定期存款和一定的货币市场基金；M3 是 M2 加上长期存款。美联储不再报告 M3。

审查信贷与 GDP 的比率。[55] 内在资产价值即资产的实际价值，而不是非常规货币政策导致的价格膨胀。[①]

在考虑货币和信贷总量以及资产价格时，必须密切关注金融市场的变化方式，特别是在新兴或快速增长的市场中。例如，如果过去 15 年中，人们能更多地关注货币和信贷总量以及资产价格的变动及其相互作用，那么，资产价值膨胀会误导贷款价值比这一事实，以及很多经济悲剧都是本来可以避免或至少可以减轻的。[②] 这些总量已被证明是金融稳定风险的重要指标。

我们需要进一步的研究来细化这些参数，并充分理解其含义与政策相关性，而这项研究并不容易。为了避免陷入专注于特定数字或目标的陷阱（比如执迷于 2% 的通胀率），我们需要非常严谨。一个可靠的近似值比具体的数字更好。对货币和信贷总量的评估以及对资产价格演变的观察始终需要具体问题具体分析。同样，这不是使用绝对自由裁量权的时候，而是应从制定的准则和模型出发，将这些考虑周全地整合到政策叙述中。央行需要系统、认真地考虑所有因素，以推出可能的最佳政策。

新框架的这两个根本性变化不会轻易实现。不可否认，大多数央行行长都非常聪明且训练有素，但他们的性格特征中几乎不存在谦虚这一品质。在我担任比利时财政部部长和欧洲议会议员期间，令我印象深刻的

---

① 计算股票和房地产的内在价值是一项非常困难的工作，但通常有足够的参考点来确定资产的市场价值何时与基本面脱节。有些偏差不是很明显，但主要的偏差是值得注意的，而且通常很容易识别。

② 国际清算银行的大量研究都集中在这个主题上，其年度报告包含许多对该领域更具体的研究成果的引用。

是，在讨论货币政策框架时，欧洲央行的高级代表总是大幅改变语气，比以往更加尖锐和不耐烦。尽管他们一直在谈论透明度和问责制，但这些央行行长们"从不道歉，从不解释"的态度始终不变。[56]

科学哲学家托马斯·库恩（Thomas Kuhn）提出了"范式转变"这一术语，他里程碑式的工作表明，范式转变很少能轻易实现。[57]考虑到央行行长对待工作的方式，央行需要的范式转变将特别具有挑战性——要承认旧的方法已经变得无效或危险，需要一定程度的谦逊和开放的心态。但不可否认的是，他们必须这样做。

这是一项复杂的技艺

尽管在理解经济和金融现实以及货币政策问题的来龙去脉方面，央行已经取得了一定的进展，但其政策的制定始终是一门艺术、一门科学。因此，央行行长的神秘之手仍将如此。但问题是，其中有多少是可以自由裁量的，又有多少取决于对规则的遵守？央行行长是应该严格遵守与货币政策目标或其工具相关的规则，还是应该拥有绝对的自由裁量权，并根据特定时间的独特性来制定货币政策呢？

对于任何一个认真研究货币政策理论和实践的学生来说，这一问题可以追溯至桑顿和白芝浩，并一直延续至今。有一点很清楚，负责任的央行政策制定没有简化的余地。加州大学伯克利分校经济学教授巴里·艾肯格林（Barry Eichengreen）指出："每当有人试图将央行的决策艺术简化为一个简单的公式，无论是金本位制下的汇率目标，还是近期的通胀目标，或是其他问题，比如怎样应对金融不稳定带来的威胁，都往往会出现一种尴尬的倾向。但毋庸置疑的是，他们还会继续这样做。"[58] 央行的业务一直是一门复杂的技艺，尽管没有人知道技能和科技（如人工智能）最终会如何引领这门复杂的技艺发展，但它仍将继续下去。[59]

即使是那些认为央行行长必须严格遵守货币规则的名人，比如"泰勒规则之父"约翰·泰勒，以及已故的曾提出货币供应增长"k%规则"的米尔顿·弗里德曼，也都认为事实要比人们通常所说的更加微妙。

2015年，泰勒表示，他"不希望将美联储束缚在一个代数公式上……制定基于规则的政策工具并不意味着你要遵循一个公式"。[60] 三年前，他写道，"规则和自由裁量权之间的区别更多是一个程度问题"。[61]

泰勒还认为，"仅有一个具体的数字目标并不能成为政策工具的规则；它不是策略；最终只是战术"。[62] 他总结道，"实际上，可以在民主国家中与市场和公民进行沟通，在全球货币体系中进行互动……规则或策略是帮助央行改善货币政策的方法。决策者在制定日常决策时，可以通过多种方式将清晰一致的战略原则内化"。[63]

在1960年的货币稳定计划中，弗里德曼写道，基于遵守特定规则的货币政策和在自由裁量权下制定的政策制度之间的界限是模糊的。弗里德曼指出，"如果不保留一定的自主决策权，合理的规则很难被记录下来"。[64] 随着时间的推移，弗里德曼越来越认同"货币政策应该考虑到实体经济的演变"这一观点，从而，也就愈发认识到泰勒规则的价值，以单一货币总量为目标已经变得非常困难。此外，弗里德曼也承认，央行在通过使用货币政策稳定经济方面取得了相当的成功，这意味着央行在决定货币政策行

228

动时需要明智的自由裁量权。①

泰勒和弗里德曼所制定的规则基于的是央行行长用于实施货币政策的不同工具：泰勒基于的是政策利率，而弗里德曼基于的则是货币供应总量。这种工具规则与那些坚持通胀锚定制的人所遵循的"受限的自由裁量权"形成了鲜明对比。

伯南克，这位对非常规货币政策的发展和长期存在影响最大的央行行长，在 2003 年阐述了受限的自由裁量权的特征。[65] 在他看来，货币政策应该遵循两个原则：**第一，坚决承诺将通胀保持在稳定的低水平；第二，在第一条原则的基础上，货币政策应努力限制经济活动的周期性波动。** 在美国，后一项原则可归结为美联储双重使命的第二重使命，即最大化就业。受限的自由裁量权允许央行行长部署所有可用工具，包括利率变化、量化宽松政策和前瞻性指引。

我提出了一种约束自由裁量权的新方法。其中，价格稳定和金融稳定是货币政策的明确目标。我们应该充分认识到，政策行动会引发金融不稳定，进而威胁到价格稳定这一事实。我认为，央行行长有空间使用各种工具来尽可能接近实现其目标。在大多数国家，央行与一个或多个宏观审慎机构共同承担着稳定国家金融的责任。与这些合作者的定期协商和认真协调政策行动将大大增强行动的

---

① 我可以证实弗里德曼思想的这些重大变化，因为 2006 年 8 月（即他去世前 3 个月），弗里德曼在与我的最后一次谈话中表达了类似的观点。

效果。毫无疑问，在过去 20 年里，央行行长的行
为在很大程度上加剧了金融不稳定，但把所有麻烦
都归咎于他们是错误的。

　　一个更好的货币政策框架需要依靠持续且仔细的分析、解释、可靠的
判断，以及违背公众情绪或愿望的勇气。**政策制定一直：也将始终是一门
艺术、一门科学。**我们仍然无法避免那些对金融和经济体系的意外冲击。
尽管在货币政策的科学研究和量化方面，我们已经取得了不可否认的进
展，但我还是同意马丁·费尔德斯坦的结论，即"科学不能代替判断，因
为我们还有太多东西不了解。最后，无论科学多么出色，总会有一些问题
仍不可避免地取决于判断、艺术和对金融市场的感觉"。[66]

THE

MYSTIC

HAND

结 语

走出非常规，构建稳定增长的
金融新路径

THE MYSTIC
HAND

央行行长应逆风而行，
而不是在风暴后收拾残局。

全球金融危机和新冠疫情对世界各地造成了巨大冲击。各国央行纷纷出面干预，以防止冲击演变为毁灭性的后果。在将短期利率政策空间用尽（将利率降至接近甚至低于零）并建立新的再融资机制后，大多数央行全面转向非常规货币政策，纷纷祭出了一系列量化宽松政策。在量化宽松政策等干预措施的推动下，各国央行的资产负债表纷纷被推高至和平时期前所未有的水平。这些干预措施是复杂的、革命性的，其效果极为奇特：利率降至零甚至负数！这进一步强化了央行行长在公众心目中的"非凡人物"形象。央行行长似乎拥有"神秘之手"，因此能够进行超出普通人理解范围的操作。

过去15年来，名义利率和实际利率一直很低，这让许多观察人士将其视为新常态。然而，这种对非常规货币政策工具的长期和大量使用至少造成了八种意想不到的负面后果。这些政策悄悄地窃取了未来和邻国的需求；导致债务累积和极端杠杆；惩罚了储户；刺激了金融泡沫的发展及其后续影响；给银行、保险公司和养老基金带来了过度压力；加剧了财富不平等；抑制了生产力和经济增长潜力；阻碍了政治家实施结构性改革。更糟糕的是，随着时间的推移，这些负面后果往往会加剧。尽管没有经过民主选举，但央行行长所做的决定对本国公民和其他国家的公民产生了直接的长期影响。

大多数央行将 2% 的通胀目标作为价格稳定的参考，这是他们持续使用非常规货币政策的一个重要原因。事实上，这很像"用猎枪来打苍蝇"，因为 2% 的目标很少实现，而且这种尝试有很多附带损害。在发达国家，消费者价格通胀在 2021 年初开始大幅攀升之前，一直徘徊在接近 1% 或零的水平，有时还陷入通缩。由于总是一次又一次地错失目标，央行已经削弱了它们无法承受失去的一项资产——信誉。在现代经济体中，通胀的决定因素超出了货币政策的控制范围，这使得争取 2% 的目标成为一场无法实现、适得其反的斗争，并产生了有害的副作用。

金融危机后，漫长的复苏过程给了我们一个深刻的教训：央行行长必须将金融稳定问题纳入其政策决定框架。价格稳定和金融稳定是一对"连体婴"，我们不能放弃任何一个。无论实时监控有多么困难，出于金融稳定的考虑，央行必须密切监控货币和信贷总量以及内在资产价值与其市场价格之间的差异。资产价格通胀必须是货币政策制定者关注的首要问题。

货币政策对金融稳定很重要，但审慎监管也很重要。[1]然而，这不仅仅是央行的责任，其他部门也负有责任，央行行长在制定政策时必须与它们密切合作。在过去，货币政策和审慎监管通常被相互视为替代品，有人认为，扩张性货币政策应该受到更严格的监管。然而，这在实践中根本行不通，两者是相辅相成的。

我们已经知道，危机后的清理工作比预防危机更麻烦。**央行行长应该逆风而行，而不是在风暴过后收拾残局。**他们无法阻止每一场金融风暴，且永远无法做到。但从更全面的角度来看，这将使他们能够防止局势完全失控，金融危机之前的情况就是如此。

这对不久之后的将来意味着什么？人们总是可以为不调整政策找到借口，但除非全球金融危机或新冠疫情出现新的重大冲击，否则货币政策应该向更高的短期和长期利率迈进，尤其是在消费者价格通胀上升已成为现实的情况下。这绝对是必要的；否则，社会将很快被非常规货币政策的意外负面后果所淹没。为了将长期利率调整到更合适的区间，各国央行必须重新考虑其量化宽松政策和资产负债表头寸。而短期利率可以通过央行的传统再融资和存款利率调整来直接提高。

尽管如此，人口结构的变化和全球化对均衡或"自然"利率还是产生了下行影响。我认为，正常化是必要的，这不仅仅是指恢复到金融危机前的利率水平。相反，正常化的逻辑顺序是：先稳定央行的资产负债表，然后逐步温和地提高政策利率，最后降低央行的资产负债表总额。最后一个阶段是最微妙的。

针对新冠疫情的货币和财政应对措施尽管是不可避免和必要的，但它们将金融和经济体系中的紧张和不平衡推向了极端。货币政策迫切需要正常化：首先是因为非常规货币政策正在产生不稳定和不确定性，其次是因为必须为未来留出政策空间。一个有韧性的国家必须有足够的政策空间来应对突如其来的重大冲击。破坏性的"黑天鹅"事件时有发生，在过去20年里，它们并不那么罕见（例如，"9·11"事件、2007—2009年全球金融危机和后来发生的新冠疫情）。在较为平静的时期，我们必须抓住机会，调整政策立场，以便在下次危机发生时有更大的行动空间。问题不在于紧急情况下该怎么办，显然，央行行长已经解决了这个问题。相反，问题在于正常情况下应该做什么和不做什么。长期使用扩张性货币政策就像驾驶一辆只有油门而没有刹车的汽车，是时候清醒起来并逐渐关闭资金龙头了。

正常化需要时间。货币政策的必要转变将不可避免地导致抗议和动荡，对许多债券投资者和股权持有人造成重大的资本损失，即使是以巧妙的方式进行的。行动过快几乎肯定会导致混乱、恐慌，并进一步破坏市场和经济的稳定，从而导致新一轮的非常规货币政策干预。央行行长需要大量的策略、谨慎、勇气和坚持原则的决心，只有这样，才能引导这艘船调整方向并继续前行。走向正常化的道路将是坎坷的，政治领导人与央行行长们保持距离至关重要，要避免不可能的要求和适得其反的干预措施使后者本已困难的工作变得更加复杂。

回顾历史，我们会发现谨慎而缓慢的行动是有道理的。长时间的低名义利率和不断膨胀的央行资产负债表，我们最近一次发生如此严重的经济状况是在第二次世界大战期间。未偿还的公共债务急剧增加，央行的资产负债表急剧膨胀，各国绞尽脑汁思考如何为战争提供资金。在随后的几年里，资产负债表缩水，一方面是由于这是按照其占 GDP 的百分比来计算的，另一方面是由于谨慎的预算政策。[2] 各国央行在名义上几乎没有减少其资产头寸，但经济增长和国内生产总值的增加使各国央行的资产负债表逐步正常化。然而，即便如此，战争对经济增长的负面影响也是不可避免的。

经济增长至关重要。日本央行前副行长中野浩史指出，日本从过去30 年的经济发展中吸取了两个教训：一是金融稳定的重要性，二是增长策略的重要性。[3] 事实上，央行资产负债表的膨胀几乎总是伴随着债务水平（尤其是公共债务）的膨胀出现，这一事实凸显了经济增长的本质。巨额财政赤字导致的高债务和负担过重的央行资产负债表不可避免地交织在一起。[①] 稳健的经济增长使央行资产负债表正常化和主权债务水平降低，忽视这些事实将导致违约、贬值、破坏性通缩，以及随之而来的金融、经济、社会和政治混乱。此时此刻，全球正处在艰难的境地。

2019 年，彭博新闻社的一则新闻标题总结了这一焦点问题最令人担忧的部分：世界经济陷入债务泥潭的出路是什么？更多的债务。[4] 全球大部分国家已成为债务"瘾君子"，这削弱了全球经济的整体健康和韧性。无论是发达国家还是新兴国家，经济增长都依赖于越来越多的债务注入。[②] 各国央行行长推行的非常规货币政策是此次债务危机的核心。[③] **我们现在面临着双重挑战：第一，我们必须解开非常规货币政策和极高债务水平形成的纽结；第二，我们需要一种新的增长模式来实现这一目标。** 如果没有重大的结构性改革，我们就无法实现这一目标。

结构性改革有两个中间目标。第一，必须采取适当的激励措施以获得最大的就业机会。例如，解决限制年轻人和老年人就业机会的税收和监管障碍。教育和职业再培训以及降低工资成本至关重要，尤其是在发达国家，有大量受教育程度较低、经验不足、难以就业的公民。支持低收入净工资的机制将有助于为所有公民提供体面、真实的可支配收入。将活跃劳动力的就业水平提高到 80% 或更高，对新就业者和整个社会都有利，也

---

① 恶性通胀是由庞大而持久的财政赤字引起的，只有当财政的窟窿充分填充时才能停止。

② 对新兴国家来说，另一个风险是大量企业债务以美元计价。这不仅会带来汇率风险，还会造成流动性风险，如果在某个时候到期的贷款不再容易以美元展期的话。

③ 参见第 5 章"迈克尔·杰克逊综合征"一节。

会降低犯罪率，并有助于减少预算赤字和公共债务，这得益于所得税收入的增加和失业支出的减少。此外，高就业水平会刺激投资者、生产者和消费者的积极情绪和期望，从而形成良性循环。

第二，通过重新调整竞争法、公司税收制度、专利法和折旧规则，刺激创新和提高生产力的投资。大多数国家必须修改其公司税法，以阻止债务囤积。例如，大幅减少贷款利息的税收减免，并制定税收激励措施以加强股本。这些措施将产生一个更具弹性的企业部门。

改革必须更加注重刺激竞争，避免准垄断的市场状况。垄断阻碍了创新和经济增长，加剧了收入和财富的不平等。[5]大多数国家还需要特别关注增加和更有效的公共投资，以提高生产力。[6]当然，结构性改革的具体内容取决于当前政策的现状，因此各国的情况会有所不同。

对大多数结构性改革的大规模反对似乎是不可避免的，这些大多数反对者来自有组织的利益集团，因为他们有可能失去特定的优势。[7]基于2014—2018年我担任比利时财政部部长的亲身体验，我发现追求结构性改革是一项艰巨的任务。例如，在讨论以降低基准利率、取消特定扣除额和简化整个系统为重点的企业税制改革时，无数行业组织和利益集团站了出来，它们口头同意改革的初衷，但坚持认为取消宠物税所带来的好处将被其对商业利益的损害所抵消。

对结构性改革的抵制来自根深蒂固的企业实体以及无数其他有组织的特殊利益集团，包括工会、医疗协会、政府工作人员、教师协会，以及数百个不惜代价保护其成员利益的团体，它们的行为是以牺牲社会其他部分成员的利益为代价的。利益集团越小，相对而言，每个成员得到的好处就越大，他们为争取保留其优势的动机就越强。有组织的利益集团是将其自私的目标隐藏在利他主义和真诚关心社会的面纱后面的专家。

随着时间的推移，特殊利益集团的斗争通过专注于蛋糕的分配而不是扩大蛋糕，扼杀了经济的整体增长能力。[8] 因此，为了充分释放经济增长潜力，必须限制有组织的利益集团的力量。技术和监管环境的快速变化只会加剧特殊利益集团对改革的抵制。

此外，经济的增长潜力还取决于政府债务水平的降低。回顾相关领域的不同分析可以得出结论："经验证据压倒性地支持了这样一种观点，即政府的巨额债务对负债累累的经济体的增长潜力有负面影响。在许多情况下，这种影响随着债务的增加而加剧。"[9]

如果需要举一个例子来说明迫切需要进行实质性的结构性改革以打破由债务推动的经济增长所造成的恶性循环，看看日本就知道了。日本早于任何其他国家处于紧急状态，它受到非常规货币政策的负面影响和自20世纪90年代以来公共债务急剧上升的困扰。2012年，在安倍晋三赢得第二个首相任期后，他推出了"三支箭"经济政策：日本将大力实施激进的货币扩张和进一步的实质性财政刺激，同时也将在整个日本社会和经济体系中引入一项基本的结构性改革计划，以提高日本经济的潜在增长能力。在前两支箭上，政府实施了货币扩张和财政刺激，但第三支结构性改革之箭没有达到目标。其成果乏善可陈，因为承诺的转向强劲经济增长、摆脱不断上升的债务和非常规货币政策从未实现。

日本的另一个教训是，公共债务的累积和央行资产负债表总额的持续增长可能会持续很长时间。然而，至少出于两个原因，使我们在日本的例子中几乎找不到慰藉。首先，日本人口极其同质化，很难与其他国家进行比较。第二，随着时间的推移，非常规货币政策的意外负面后果增加，纠正措施变得更加迫切。

尽管经常有相反的观点，但除了在适应21世纪现实的政策框架内使货币政策正常化之外，我们别无选择。为了使其发挥作用，我们必须有不可动摇的战略决心，并认真考虑当前的迫切需要。行动必须立即开始，否则金融不稳定和增长停滞将成为我们经济模式的基础。中央银行非常规货币政策造成的干扰和混乱将加剧，而进行政策操作的必要空间将进一步缩小。**我们无法预测下一场大火何时会到来，但当它到来时，它将突然发生，而且威力巨大。我们现在所能做的就是清除周围的火柴、汽油和火种。**

如果让央行在过去15年来一直奉行的非常规货币政策继续下去，那么动荡、混乱和瘫痪的不确定性将越来越频繁地发生。危机将变得更加严重，根本就不会有在政策方面做出充分反应的空间。通胀的回归将成为结构性的，社会将变得更加脆弱和不稳定，民众对包括央行在内的当权者的反抗将加剧。这不仅威胁到大部分人口的福祉和福利，而且会威胁到民主社会的基础。历史表明，这不会带来任何好处。

前言

1. Giannini, 2011.

2. *Wall Street Journal*, September 22, 1987.

3. 2019 年 12 月 3 日施纳贝尔在欧洲议会中的发言。

引言　无处不在的神秘之手

1. Rajan, 2013, p. 16.

2. Epstein, 2005 and Paul, 2009.

3. Basu, 2013.

4. 关于这些问题的批评性评论，参见美联储前官员查尔斯·普洛索在 2014 年发表的观点。

5. James Gruber in *Forbes Asia*, May 26, 2013.

6. Smith, 1776, vol. 1, p. 477, 478.

7. Norman, 2018, p. 171.

8. Norman, 2018, p. 193.

9. Dellemotte, 2009.

10. Chandler, 1977, p. 1.

11. *Ibid*, p. 3.

12. *Ibid*, p. 3.

13. *Ibid*, p. 6.

14. Wooldridge, 2012 and Kurlantzick, 2016.

15. Shleifer & Vishny, 1999.

16. Irwin, 2013, p. 8.

17. Tucker, 2018, p. xiv, 3.

18. King, 2016, p. 1.

19. Davies, 2017.

20. https://www.dictionary.com/browse/mystique?s=t

21. https://www.thesaurus.com/browse/mystic

22. King, 2016.

23. Irwin, 2013.

24. Brunner, 1981, p. 5.

25. Posen, 2013.

26. White, 2013, p. 16.

27. Davies, 2017.

28. Tucker, 2018, p. 419.

29. Martin, 2000, p. 207.

30. Greider, 1989.

31. 2019 年 12 月 3 日施纳贝尔在欧洲议会经济与货币事务委员会会议上的发言。

32. Ahamed, 2010.

33. Tucker, 2018, p. 4.

34. Alesina & Summers, 1993.

35. Tucker, 2018, p. 9, 402.

36. 有关中央银行及其随时间演变的更多概述，请参阅哈特曼（Hartmann）等人 2018 年发表的论述。

37. 梅林在 2011 年的论述中认为，央行行长在应对 2007—2009 年全球金融危机时的行动使央行从最后贷款人转变为最后交易商。

38. Bernanke, 2015(a), p. 208.

39. Mehrling, 2011, p. 17.

40.　Posner, 2018, p. 2.

41.　Bernanke, 2015(a), p. 243.

42.　Hawtrey, 1933, p. 116.

第 1 章　大萧条的遗赠

1.　Bernanke, 2002(a), p. 9.

2.　Bernanke, 2015(a), and Bernanke *et al.*, 2019.

3.　Hildebrand in Blanchard & Summers, 2019, p. 61.

4.　Friedman & Schwartz, 1963.

5.　见伯南克 2000 年的著作第 5 页。1995 年，伯南克将理解大萧条描述为"宏观经济学的圣杯"。这与罗伯特·玛戈的主张类似。马戈在 1993 年的著作第 41 页写道："大萧条之于经济学就如同大爆炸之于物理学。"

6.　Bernanke, 2002(a), p. 1.

7.　Hawtrey, 1933, p. 213.

8.　*Ibid*, p. 81.

9.　Currie, 1934, p. 145.

10.　Keynes, 1936.

11.　Pigou, 1949.

12.　Arrow & Debreu, 1954, and Debreu, 1959.

13.　Ahamed, 2010, p. 6.

14.　Snowdon & Vane, 2005, p. 11.

15.　Snowdon & Vane, 2005.

16.　Saint-Etienne, 1984.

17.　Saint-Etienne, 1984.

18.　Fisher, 1933.

19.　Shlaes, 2007, p. 5.

20.　迈克尔·伯恩斯坦（Michael Bernstein）在 1998 年的《大萧条作为历史问题》（*The Great Depression as Historical Problem*）第 3 章中对解释大萧条的不同理论进行了有趣且简洁的概述。另见梅尔泽（Meltzer）1976 年的著作。

21. Galbraith, 1954.

22. Jones, 1934.

23. James, 2009, p. 23.

24. 见艾肯格林 1992 年的著作。这是一本关于金本位制的优秀著作。另见艾肯格林 2015 年的著作。

25. *The Economist*, 2018.

26. Keynes, 1924, p. 172.

27. Cassel, 1920, p. 413. See also Cassel, 1928.

28. Carr, 1939, p. 234.

29. Divine, 1967.

30. Kindleberger, 1973, p. 11.

31. McCullough, 1992, p. 234.

32. 坦明（Temin）在 1989 年的研究中强调了这种不对称性。

33. Hall & Ferguson, 1998, p. 87.

34. Eichengreen & Michener, 2003.

35. Bernanke & James, "The Gold Standard, Deflation, and Financial Crisis in the Great Depression," chapter 3 in Bernanke, 2000.

36. Viner, 1936.

37. Haberler, 1976, p. 9.

38. Hall & Ferguson, 1998, p. 119, 121.

39. Somary, 1989.

40. Aguado, 2001.

41. Hall & Ferguson, 1998, p. 104.

42. Mellon as quoted in Hoover, 1952, p. 30.

43. Rauchway, 2015.

44. Niehans, 1990, p. 105.

45. Humphrey, 2014, p. 4.

46. Goodhart, 1999, p. 340.

47. Hetzel, 1987.

48. Cowen, Sylla & Wright, 2009. Sylla & Cowen, 2018.

49. Cowen, Sylla & Wright, 2009, p. 61.

50. Ugolini, 2017, 2018.

51. Ugolini, 2018, p. 6.

52. *Ibid*, p. 8.

53. Crowe & Meade, 2007.

54. Wood, 2005.

55. Smith, 1776, vol. 1, p. 209.

56. Laidler, 1981.

57. Smith, 1776, vol. 2, p. 340.

58. Ricardo, 1824.

59. Leeson, 2016.

60. Baring, 1797, p. 6.

61. Baring, 1797, p. 22.

62. 传记资料大多取自弗里德里希·冯·哈耶克（Friedrich von Hayek）1939 年为桑顿（Thornton）的著作所作的序言。

63. Schwartz, 1989, p. 41.

64. Papademos & Modigliani, 1990, p. 405-406.

65. Skaggs, 1995, p. 1218.

66. Hawtrey, 1933, p. 122.

67. Humphrey, 1989, p. 9.

68. Thornton, 1802, p. 259.

69. Thornton, 1802, p. 188.

70. King, 2016, p. 94.

71. St John-Stevas in Bagehot, 1965-1986, Vol. I, p.29.

72. 引自金博尔（Kimball）1998 年的著作。并非所有人都对白芝浩的成就抱有同样的热情。有关对白芝浩及其作品更具批判性的观点，参见西森（Sisson）1972 年的著作。

73. Quoted in Kimball, 1998.

74. Wilson, 1895.

75. Quoted in Kimball, 1998.

76. Bagehot, 1965-1986, vol. V, p. 226.

77. Bagehot, 1873, p. 20.

78. Sayer in Bagehot, 1965-86, vol. IX, p. 43.

79. Peter Bernstein in the foreword to Bagehot, 1873, p. vi.

80. Goodhart, 1999, p. 340.

81. Bagehot, 1873, p. 71.

82. Bagehot, 1873, p. 158, 159.

83. Bagehot, 1873, p. 197, 198.

84. Charles Goodhart, 1999.

85. Bagehot, 1873, p. 206.

86. King, 2016, p. 163.

87. Humphrey, 1989, p. 8.

88. *Financial Times*, April 4, 2020.

89. *Financial Times*, April 15, 2020.

90. *Financial Times*, April 17, 2020.

91. *Financial Times*, May 15, 2020.

92. *Financial Times*, May 8, 2020.

93. 引自 2020 年 9 月 16 日莱因哈特在世界银行《发展播客》(*The Development Podcast*) 中的发言。

94. *Financial Times*, April 8, 2020.

95. *Financial Times*, June 11, 2020.

96. *Financial Times*, September 24, 2020.

97. *Financial Times*, March 23, 2020.

98. *Financial Times*, March 24, 2020.

99. Borio, 2020, p. 3.

第 2 章 杠杆是毒药

1. Bernanke, *et al.*, 2019 p. 1-5.

2. Bernanke, 2015(a), p. 336.

3. King, 2016, p. 1.

4. IMF, Global Financial Stability Report, April 2006, p. 51.

5. IMF, World Economic Outlook, April 2007, p. xv.

6. Turner, 2016, p. xi.

7. Rajan, 2005, Shiller, 2005, and Borio & White, 2003.

8. 关于 2007—2009 年的全球金融危机，已有许多优秀的书籍问世。尤其值得参考的是艾肯格林（Eichengreen）2015 年的著作、默文·金 2016 年的著作、巴尤米（Bayoumi）2017 年的著作，以及伯南克等人 2019 年的著作。我还要特别提及范·奥弗特韦德 2009 年的著作。

9. Irwin, 2013, p. 2.

10. *Financial Times*, July 9, 2007.

11. *The Economist*, June 18, 2005.

12. Bernanke, 2015, p. 106.

13. Reinhart & Rogoff, 2009.

14. Wallison, 2010.

15. Bernanke *et al.*, 2019, p. 56.

16. Calomiris, 2009, p. 69.

17. Acharya, *et al.*, 2011, p. 179, 180.

18. Bernanke, 2005.

19. Bernanke *et al.*, 2019, p. 11.

20. BIS statistics.

21. 见伯南克 2015 年的著作 (a)，第 143 页。在金融危机期间，很明显，一个银行创造的许多证券化产品最终出现在其他银行的资产负债表上，这使得银行业分散风险的努力变得毫无意义。

22. Bernanke, 2015, p. 99.

23. Keys *et al.*, 2010.

24. Yellen, 2009, p. 4.

25. Tirole, 2017, p. 331.

26. Rajan, 2005, Clementi *et al.* in Acharya & Richard-son, 2009.

27. Derman, 2004.

28. Estrada, 2008 and 2009.

29. Taleb, 2007.

30. Haldane, 2009, p. 1.

31. King, 2016, p. 110.

32. Dobbs *et al.*, 2015, p. 1.

33. Turner, 2016, p. 7.

34. Buttiglione *et al.*, 2014, p. 37 and 48.

35. Friedman, 1997.

36. Eichengreen, 2011.

37. ipe.com, October 2007.

38. *Financial Times*, December 16, 2012.

39. Admati & Hellweg, 2013, and Bayoumi, 2017.

40. Greenwood & Scharfstein, 2013.

41. Philippon & Reshef, 2012; Greenwood & Scharfstein, 2013; and Cecchetti & Kharroubi, 2012, 2015, and 2018.

42. Zingales, 2015, p. 2.

43. Philippon & Reshef, 2012.

44. Turner, 2016, p. 28.

45. Schumpeter, 1939, p. 223.

46. Reinhart & Rogoff, 2009, p. 292.

47. Mehrling, p. 92.

48. Bernanke *et al.*, 2019, p. 21.

49. Reinhart & Rogoff, 2009; Cecchetti *et al.*, 2011; Gourinchas & Obstfeld, 2012; Reinhart *et al.*, 2012; Reinhart *et al.*, 2015; Lo & Rogoff, 2015, and Rogoff, 2015.

50. Mackay, 1841.

51. 正如 1977 年的《美联储改革法》(*Federal Reserve Reform Act*) 所示。

52. 参见弗里德曼 (Friedman) 1960 年的著作。弗里德曼支持固定货币增长规则的观点与他芝加哥大学的老师亨利·西蒙斯 (Henry Simons) 的观点相似。更多内容请参见范·奥弗特韦德 2007 年的著作第 5 章。

53. Kydland & Prescott, 1977.

54. Taylor, 1993; Asso *et al*, 2010; Koenig *et al*, 2012; Hoffman & Bogdanova, 2013; Taylor, 2018, and Nikolsko-Rzhevskyy & Prodan, 2019.

55. Asso *et al*, 2010, p. 1.

56. Holston, Laubach & Williams, 2017.

57. Board of Governors of the Federal Reserve System, "FOMC Projections Materials," June 19, 2019.

58. Taylor & Wieland, 2016.

59. Song Shin, 2017.

60. 克利森 (Kliesen) 在 2019 年的研究也得出相同结论，该研究仅涉及美国。

61. Ahrend, 2010, and Teryoshin, 2017.

62. Rey, 2013, and Chen *et al*, 2015.

63. Borio, 2019 (a), p. 3 and Chapter 5.

64. Mehrota *et al*, 2019.

65. Saxonhouse & Stern, 2004; Hoshi & Kashyap, 2004 & Koo, 2009.

66. Bernanke, 2002 (b).

67. Greenspan, 2003.

68. Greenspan, 2007, p. 201.

69. King, 2016, p. 192.

70. White, 2009.

71. *Financial Times*, December 8, 2000.

72. "Pavlov's Dog" in Chapter 6.

73. Miller, Weller, & Zhang, 2002.

74. Greenspan, 2007, p. 229.

75. Smets & Wouters, 2007. Romer, 2016.

76. King, 2012, p. 5.

77. White, 2009; Taylor, 2009; Stiglitz, 2010; Schularick & Taylor, 2012; Micossi *et al,* 2019; and Filardo *et al,* 2019.

78. Micossi *et al,* 2019, p. 2.

79. Minsky, 1982.

80. Rajan, 2009, p. 4 and 5.

81. Reinhart & Rogoff, 2009, p. 292.

82. Mackay, 1841; Galbraith, 1990; Garber, 2000; and Kindleberger & Aliber, 2005.

83. Kindleberger & Aliber, 2005, p. 41.

84. Russell, 1912.

85. Gennaioli *et al,* 2015. Kahneman, 2011.

86. Bernanke *et al,* 2019, p. 3.

87. Galbraith, 1954, p. 99.

88. Shiller, 2008, p. 41.

89. "大缓和"这一概念最初源于斯托克（Stock）与沃森（Watson）在 2003 年的论述。

90. Blanchard, 2008.

91. Kaufman, 2009.

92. Yellen, 2009, p. 2.

93. Quoted by CBS News, October 5, 2007.

94. Borio, 2019(b), p. 1.

第 3 章　通往地狱之路

1. Turner, 2016, p. 2.

2. Yellen, 2009, p. 5, 6.

3. Song Shin, 2009.

4. James, 2009, p. 104. See also Kelly, 2009.

5. Bernanke at al., 2019, p. 47.

6. *New York Times*, August 20, 2008.

7.　McDonald & Robinson, 2009.

8.　Bernanke, 2015(a), p. 266.

9.　Bernanke, 2015(a), p. 268, 269.

10.　Bernanke, 2015(a), p. 262.

11.　鲍尔（Ball）在 2018 年的论述中也大力论证法律障碍论点站不住脚。

12.　Paulson, 2010.

13.　Bernanke *et al,* 2019, p. 58.

14.　*Ibid,* p. 71.

15.　Bernanke, 2015(a), p. xi.

16.　Reuters, September 17, 2008.

17.　Bernanke, 2015(a), p. 286.

18.　*The Economist*, October 4, 2008.

19.　*Financial Times*, September 26, 2008.

20.　*The Economist*, December 11, 2008. Boy-es, 2009, and Bagus & Howden, 2011.

21.　Donovan & Murphy, 2013.

22.　Bernanke, 2015(a), p. 334.

23.　Wilmarth, 2014.

24.　IMF, World Economic Outlook.

25.　Bernanke, 2015(a), p. 397.

26.　Buti, 2020.

27.　King, 2016, p. 218.

28.　有关欧元区结构性障碍以及危机演变的更多内容，参见布伦纳迈尔（Brunnermeier）等人 2016 年的著作、詹姆斯 2012 年的著作、莫迪（Mody）2018 年的著作，以及范·奥弗特韦德 2011 年的著作。

第 4 章　打破常规

1.　英格兰银行行长耶利米·哈曼（任期为 1794 年到 1827 年）引自默文·金 2016 年的著作第 189 页。

2.　Bagehot, 1873, p. 173, 205.

3. Bernanke, *et al,* 2019, p. 8.

4. Bagehot, 1873, p. 185, 186.

5. Borio, 2019(b), p. 1.

6. Bernanke, 2015(a), p. 164.

7. Borio, 2019(b), p. 2.

8. *Financial Times,* August 1, 2019.

9. *Financial Times,* July 10, 2020.

10. Lonergan & Greene, 2020. the ECB's press release, March 12, 2020.

11. Saxonhouse & Stern, 2004; Hoshi & Kashyap, 2004; and Koo, 2009.

12. Hoshi & Kashyap, 2015, and Kirkegaard, 2019.

13. Hayami quoted in the *Japan Times,* July 4, 2019.

14. Pozsar, *et al,* 2013.

15. Bernanke, 2015(a), p. 208.

16. Bernanke, 2015(a), p. 209.

17. Bernanke, 2015(a), p. 358.

18. Bernanke, 2015(a), p. 468.

19. McNamara, 2016.

20. Posner, 2018.

21. *Financial Times,* May 29, 2020.

22. *Financial Times,* April 17, 2020.

23. 参见鲍尔（Bauer）与鲁德布什（Rudebusch）2016 年的著作，以及德尔·内格罗（Del Negro）等人 2018 年的著作。博里奥（Borio）等人在 2017 年的论述中强调货币因素是长期利率下降的主要驱动因素。

24. Bernanke, 2002(b).

25. Bernanke, 2015(a), and King, 2016; Borio & Disyatat, 2010; Rajan, 2013; Dell' Ariccia *et al,* 2018; Gagnon & Sack, 2018; Kuttner, 2018; and Rudebusch, 2018.

26. Bernanke, 2015(a), p. 491.

27. *National Review Online,* November 7, 2010.

28. Bernanke, 2015(a), p. 553.

29. *Der Spiegel,* November 8, 2010.

30. *Financial Times*, September 27, 2010.

31. Associated Press, November 8, 2010.

32. *Financial Times*, September 18, 2013.

33. Bernanke, 2015(a), p. 557.

34. *Bloomberg*, January 15, 2020.

35. *Financial Times*, March 25, 2020.

36. *Financial Times*, April 3, 2020.

37. Trichet, 2009.

38. Cour-Thimann & Winkler, 2013.

39. Handelsblatt, September 17, 2020.

40. Hutchinson & Smets, 2017.

41. ECB press release, September 12, 2019.

42. *Financial Times,* October 4, 2019.

43. *Financial Times,* April 23, 2020.

44. *Financial Times,* June 5, 2020.

45. *Financial Times,* December 11, 2020.

46. 有关前瞻性指引的更多内容，参见登·哈恩（Den Haan）2013 年、斯文森（Svensson）2014 年、麦凯（McKay）等人 2016 年，以及埃夫拉姆（Ehrmann）等人 2019 年的论述。另见米什金（Mishkin）2004 年关于前瞻性指引所涉及风险的讨论。

47. Shirai, 2013.

48. Bank of Japan press release, October 31, 2019.

49. Federal Reserve Board, "Review of Monetary Policy Strategy, Tools, and Communications".

50. ECB press releases.

51. Adrian & Shin, 2008.

第 5 章　高昂的代价

1. 引自拉加德在《金融时报》2019 年 9 月 13 日的报道。事实上，2015 年 6 月，德拉吉在《市场观察》（*Marketwatch*）2015 年 6 月 24 日的报道中承认"长期维持非常低的利率水平会引发一系列问题"，对金融稳定也会产生影响。不过，他接着表示，这种观点不应分散央行实现非常规货币政策工具目标的注意力。

2. Testimony of Lagarde before the European Parliament on February 11, 2020.

3. Keynes in *New Statesman and Nation*, July 10, 1937.

4. For this positive twist to the whole story of unconventional monetary policies, see, for example, Ball *et al,* 2016 and Eichengreen, 2019.

5. 引自梅里安全球投资者公司（Merian Global Investors）全球股票业务主管伊恩·赫斯洛普在《金融时报》2019 年 9 月 13 日的报道。

6. *The Telegraph*, June 4, 2014.

7. White, 2020, p. 31.

8. Mian *et al,* 2019, p. 1.

9. Hesse, Hofman & Weber, 2017; Dell Ariccia *et al,* 2018; Filardo & Nakajima, 2018; Mian *et al,* 2019; Zabala & Prats, 2019.

10. Smithers, 2019 and Acharya & Plantin, 2019.

11. White, 2019(a).

12. Gern *et al,* 2015.

13. Chen *et al,* 2017 and De Guindos, 2019.

14. Rajan, 2014.

15. *Business Insider*, August 8, 2019.

16. CNN Business, January 14, 2020.

17. IFF, 2020(b).

18. *Washington Post*, July 16, 2018.

19. *Financial Times*, May 25, 2020.

20. *Financial Times*, September 25, 2019.

21. Turner, 2016, p. 7, 12.

22. Caruna, 2014.

23. World Bank press release, December 19, 2019.

24. Graeber, 2011.

25. BIS, Annual Report, 2018, p. 13.

26. Kose *et al,* 2019.

27. IIF, 2020(a).

28. IIF, 2020(b).

29. Georgieva, 2019.

30. IMF, Global Financial Stability Report, October 2019.

31. *The Guardian*, October 16, 2019.

32. *Financial Times*, August 8, 2020.

33. *Financial Times*, May 2, 2020.

34. *Financial Times*, January 31, 2020.

35. *Financial Times*, August 8, 2020.

36. 引自 1976 年 1 月 16 日举行的研讨会。

37. *The Japan Times,* May 14, 2019.

38. Georgieva, 2019.

39. De Larosière, 2020.

40. *Forbes*, April 22, 2006.

41. *Bild*, September 13, 2019.

42. *Der Spiegel*, November 8, 2019.

43. *Financial Times*, August 19, 2019.

44. *Washington Post*, July 27, 2019.

45. *Wall Street Journal*, October 22, 2014.

46. *Financial Times*, October 4, 2019.

47. Dow Jones newswire, April 2016.

48. Goldgar, 2008 and 2018.

49. *Barron's*, July 23, 2019.

50. Shiller, 2016.

51. *Investor's Business Daily*, October 25, 2019.

52. *Financial Times*, January 31, 2020.

53. *Forbes*, October 20, 2019.

54. *Financial Times*, December 11, 2020.

55. IMF, Global Financial Stability Report, October 2020, p. ix.

56. IMF, Global Financial Stability Report, October 2019, p. ix, x.

57. IMF, Global Financial Stability Report, October 2020, p. xi.

58. *Financial Times*, September 25, 2020.

59. Jimenez *et al*, 2014; Becker & Ivashina, 2015; Heider *et al*, 2019; ECB, 2019.

60. Bloomberg, January 15, 2020.

61. Mersch, 2020.

62. Bloomberg News, December 10, 2020.

63. *New York Post*, July 28, 2019.

64. JP Morgan Asset Management, Investment Outlook 2020, December 2019.

65. *Financial Times*, August 14, 2020.

66. *Financial Times*, September 25, 2019.

67. *Financial Times*, January 31, 2020.

68. *Financial Times*, September 17, 2020.

69. "影子银行"一词最早由太平洋投资管理公司（Pacific Investment Management Company）执行总裁保罗·麦卡利（Paul McCulley）于 2007 年提出。

70. Bernanke, 2013.

71. *The Economist*, October 20, 2020, p. 62.

72. FSB, 2019.

73. Claessens *et al*, 2012 and FitchRatings, 2019.

74. *Financial Times*, April 14, 2020.

75. *Financial Times*, April 14, 2020.

76. Kirti, 2017.

77. 参见菲德勒（Fiedler）、格恩（Gern），以及哈特韦尔（Hartwell）2020 年的相关研究。在布洛特（Blot）等人在 2020 年的研究中，这些观点遭到了反驳，认为该研究完全忽略了金融机构资产风险增加可能产生的影响。

78. OECD, 2015, p. 112.

79. *Ibid.*, p. 142.

80. Bloomberg, August 4, 2019.

81. Financial News, February 6, 2017.

82. Kanbur, 2020.

83. Darvas, 2018 and Lakner, 2019.

84. Colciago, Samarina, & De Haan, 2019.

85. *Financial Times*, "It's a Matter of Fairness", July 8, 2020.

86. *The Guardian*, January 20, 2019.

87. Collins & Hoxie, 2018.

88. Welch, 1999.

89. Helpman, 2018.

90. OECD, 2018, Wealth Distribution Data, Paris, OECD.

91. 数据引自欧洲央行（ECB）2016 年的《家庭与消费者调查》。另见本章"大卫·科波菲尔综合征"部分所阐述的观点。

92. Bernanke, 2015(b) and Lenza & Slacalek, 2018.

93. Montecino & Epstein, 2015; Cui & Sterk, 2018 and Saiki & Frost, 2019.

94. Honohan, 2019.

95. Hayek, 1976.

96. Krugman, *The Age of Diminished Expectations*, MIT Press, 1990.

97. *The Economist*, September 26, 2020, p. 61.

98. Goldin *et al.*, 2019, p. 6.

99. Adalet McGowan *et al.*, 2017; Banerjee & Hofmann, 2018 and 2020; Acharya, 2019; Andrews & Petroulakis, 2019.

100. Caballero *et al.*, 2008.

101. Banerjee & Hofmann, 2018 and 2020.

102. IMF, Global Financial Stability Report, October 2019.

103. *Financial Times*, June 25, 2020.

104. *Ibid.*

105. *Financial Times*, December 3, 2020.

106. De Loecker & Eeckhout, 2018 and Syverson, 2019.

107. Khan, 2017.

108. *The Economist*, September 26, 2020, p. 12.

109. Banerjee & Hofmann, 2020, p. 23.

110. 引自约翰·科克伦 2020 年 9 月 4 日的博客"坏脾气经济学家"(The Grumpy Economist)。

第 6 章　变革前夜

1. El-Erian, 2020(a).

2. El-Erian, 2020(b).

3. *Financial Times*, September 27, 2020.

4. Cieslak & Vissing-Jorgenson, 2018.

5. Schnabel, 2020.

6. Miron, 2015.

7. *Financial Times*, October 1, 2020.

8. Tucker, 2018, p. 16, 17.

9. Tooze, 2020, p. 5.

10. Mallaby, 2020.

11. Borio, 2019(b), p. 8.

12. *Financial Times*, March 30, 2020.

13. Issing, 2020 and Gros, 2020.

14. *Financial Times*, June 2, 2021.

15. 菲利普斯曲线所暗示的通货膨胀与就业之间的权衡关系，在萨缪尔森与索洛（Solow）1960 年的研究中有所体现，但随着时间的推移，这种权衡关系越来越难以捉摸，甚至可能不存在，因为要刺激就业，需要越来越高的通货膨胀水平。参见弗里德曼 1968 年的研究。

16. Keynes, 1924.

17. Volcker & Harper, 2018, p. 222. Volcker immediately added that he thought it was "a pretty good reputation."

18. Fisher, 1933.

19. Borio, 2017, p. 1.

20. Schnabel, 2020.

21. Hammond, 2011 and Sarwat, 2018.

22. Powell, 2020.

23. *The Economist*, November 28, 2020, p. 80.

24. Beckworth, 2014 and Brown, 2018.

25. Jorda *et al*, 2019.

26. Freeman, 2007.

27. ECB, 2017; de Soyres & Franco, 2019; and Forbes, 2019.

28. 有关此主题的证据及大量研究资料参考，可查看国际清算银行（Bank for International Settlements）2019 年年度报告第 9 页、第 10 页。

29. Cavallo, 2018.

30. Juselius & Takats, 2018.

31. Sanchez & Sung Kim, 2018. See also Gajewski, 2015.

32. Awazu Pereira da Silva, 2019.

33. Mojon & Ragot, 2019.

34. Zervas at al, 2017.

35. Goodhart & Pradhan, 2020.

36. Volcker & Harper, 2018, p. 225.

37. Feldstein, 1997.

38. 引自沃尔克与哈珀的回忆录。回忆录在沃尔克去世前一年（2018 年）出版，沃尔克于 2019 年 12 月 8 日去世，享年 92 岁。

39. Volcker & Harper, 2018, p. 224.

40. Frenkel, 2019.

41. Volcker & Harper, 2018, p. 226, 227.

42. Volcker & Harper, 2018, p. 227.

43. *Financial Times*, March 27, 2015.

44. Gros, 2016.

45.　Borio, Erdem, Fillardo, & Hofmann, 2015, p. 48. See also Borio & Filardo, 2005.

46.　Jorda, Schularick, & Taylor, 2015; Brunnermaier & Schnabel, "Bubbles and Central Bankers: Historical Perspectives" in Bordo, Eitrheim, Flandreau, & Qvigstad, 2016; Drehman et al., 2017 and Filardo *et al.*, 2019.

47.　Volcker & Harper, 2018, p. 227.

48.　2006 年，威廉·怀特提出了这样一个问题："价格稳定就足够了吗？"他的答案是：坚决不行。有关货币政策目标在很长一段时间内如何以及为何发生变化的历史概述，可参见戴维斯在 2002 年的论述。

49.　Borio, 2019(b), p. 11.

50.　Weidmann, 2020, p. 9.

51.　Reinhart & Rogoff, 2009 and Goodhart, 1988.

52.　Angeloni, 2020; Issing, 2020; and Levy & Plosser, 2020.

53.　Lagarde, 2020.

54.　Issing, 2013, p. 284.

55.　Borio & Lowe, 2020; Alessi & Detken, 2018; and Jokipil *et al.*, 2020.

56.　White, 2013, p. 16.

57.　Kuhn, 1962.

58.　Eichengreen, 2014.

59.　*Ibid.*

60.　*Wall Street Journal,* May 2, 2015.

61.　Taylor, 2012, p. 1018.

62.　Taylor, 2015, p. 5.

63.　Taylor, 2018, p. 35, 36.

64.　Friedman, 1960 and 1968.

65.　Bernanke, 2003.

66.　Felstein in ECB, 2006, p. 167.

结　语　走出非常规，构建稳定增长的金融新路径

1.　Barwell, 2013.

注　释

2. Ferguson, Schaab, & Schularick, 2014; Bordo, 2014 and Bordo *et al*, 2016.

3. *Financial Times*, November 24, 2020.

4. Bloomberg, December 1, 2019.

5. Kurz, 2018 and Rogoff, 2019.

6. OECD, 2014; Spence, 2015; and ECB, 2016.

7. 引自奥尔森（Olson）1982 年的著作。这是曼瑟尔·奥尔森另一部经典著作的主题。

8. Olson, 1982.

9. de Rugy & Salmon, 2020, p. 10.

Acemoglu, Daron, 2009, "The Crisis of 2009: Structural Lessons for and from Economics," *mimeo,* January, author's personal website (accessed November 15, 2019).

Acharya, Viral, 2019, "Creating Zombies and Disinflation—A Cul de Sac for Accommodative Monetary Policy," presentation at the Indian Institute of Technology, Bombay, October 20 (accessed February 4, 2020).

Acharya, Viral; Eisert, Tim; Eufinger, Christian; & Hirsch, Christian, 2019, "Whatever It Takes: The Real Effects of Unconventional Monetary Policy," *The Review of Financial Studies,* September.

Acharya, Viral & Plantin, Guillaume, 2019, "Monetary Easing, Leveraged Payouts, and Lack of Investment," NBER working paper, Cambridge, MA, National Bureau of Economic Research, no. 26471.

Acharya, Viral & Richardson, Matthew, eds., 2009, *Restoring Financial Stability: How to Repair a Failed System,* Hoboken, NJ, John Wiley & Sons.

Acharya, Viral; Richardson, Matthew; Van Nieuwerburgh, Stijn; & White, Lawrence, 2011, *Guaranteed to Fail: Fannie Mae, Freddie Mac and the Debacle of Mortgage Finance,* Princeton, NJ, Princeton University Press.

Adalet McGowan, Müge; Andrews, Dan; & Millot, Valentine, 2017, "The Walking Dead? Zombie Firms and Productivity Performance in OECD Countries," OECD Economics Department working paper, OECD, no. 1372.

Admati, Anat & Hellwig, Martin, 2013, *The Bankers' New Clothes: What's Wrong with Banking and What to Do About It,* Princeton, NJ, Princeton University Press.

Adrian, Tobias & Shin, Hyun Song, 2008, "Financial Intermediaries, Financial Stability and Monetary Policy," *Federal Reserve Bank of New York Staff Reports*, Fed New York, no. 346.

Aguado, Iago, 2001, "The Credit-Anstalt Crisis of 1931 and the Failure of the Austro-German Customs Union Project," *Historical Journal*, no. 44.

Ahamed, Liaquat, 2010, *Lords of Finance: The Bankers Who Broke the World*, London, Windmill Books.

Ahrend, Rudiger, 2010, "Monetary Ease: A Factor Behind Financial Crises? Some Evidence from OECD Countries," *Economics. The Open Access*, Open Assessment E-Journal, p. 4.

Ahrend, Rudiger; Cournede, Boris; & Price, Robert, 2008, "Monetary Policy, Market Excesses, and Financial Turmoil," OECD working paper, Paris, OECD, March.

Alesi, Lucia & Detken, Carsten, 2018, "Identifying Excessive Credit Growth and Leverage," *Journal of Financial Stability*, April.

Alesina, Alberto & Summers, Larry, 1993, "Central Bank Independence and Macroeconomic Performance: Some Comparative Evidence," *Journal of Money, Credit, and Banking*, 25, no. 2.

Andrews, Dan & Petroulakis, Filippos, 2019, "Breaking the Shackles: Zombie Firms, Weak Banks and Depressed Restructuring in Europe," ECB working paper, European Central Bank, no. 2240.

Angeloni, Ignazio, 2020, "Issues Arising from the New 'Powell Doctrine,'" *Project Syndicate*, September 14.

Arrow, Kenneth & Debreu, Gerard, 1954, "Existence of an Equilibrium for a Competitive Economy," *Econometrica*, 22.

Asso, Pier Francesco; Kahn, George; & Leeson, Robert, 2010, "The Taylor Rule and the Practice of Central Banking," Federal Reserve Bank of Kansas City research working paper, no. 10-05.

Awuzu Pereira Da Silva, Luiz, 2019, "The Inflation Conundrum in Advanced Economies and a Way Out," speech at the University of Basel, Switzerland, May 5.

Bagehot, Walter, 1873, *Lombard Street: A Description of the Money Market*, New York, John Wiley & Sons Inc. (1999 edition).

------, ed. St. John-Stevas, Norman, 1965–1986, *Collected Works*, fifteen volumes, London, *The Economist*.

Bagus, Philippe & Howden, David, 2011, *Deep Freeze: Iceland's Economic Collapse*, Auburn, Alabama, Ludwig von Mises Institute.

Bair, Sheila, 2012, *Bull by the Horns: Fighting to Save Main Street from Wall Street and Wall Street from Itself*, New York, The Free Press.

Ball, Laurence, 2018, *The Fed and Lehman Brothers: Setting the Record Straight on a Financial Disaster*, Cambridge, UK, Cambridge University Press.

Ball, Laurence; Gagnon, Joseph; Honohan, Patrick; & Krogstrup, Signe, 2016, *What Else Can Central Bankers Do?* Centre for Economic Policy Research, Geneva Reports on the World Economy, no. 18.

Banerjee, Ryan & Hofmann, Boris, 2018, "The Rise of Zombie Firms: Causes and Consequences," *BIS Quarterly Review*, September.

------, 2020, "Corporate Zombies: Anatomy and Life Cycle," BIS working paper, Bank for International Settlements, no. 882.

Baring, Sir Francis, 1797, *Observations on the Establishment of the Bank of England and on the Paper Circulation of the Country*, New York, Augustus M. Kelley, 1967 edition.

Barwell, Richard, 2013, *Macro Prudential Policy: Taming the Wild Gyrations of Credit Flows, Debt Stocks, and Asset Prices*, New York, Palgrave Macmillan.

Basu, Kaushik, 2013, "Two Policy Prescriptions for the Global Crisis," *Project Syndicate*, April 23.

Bauer, Michael & Rudebusch, Glenn, 2016, "Why Are Long-Term Interest Rates So Low?" *FRBSF Economic Letter*, Federal Reserve Bank of San Francisco, no. 36, December 5.

Bayoumi, Tamim, 2019, *Unfinished Business: The Unexplored Causes of the Financial Crisis and the Lessons Yet to be Learned*, New Haven, CT, Yale University Press.

Becker, Bo & Ivashina, Victoria, 2015, "Reaching for Yield in the Bond Market," *Journal of Finance*, vol. 70, no. 5.

Beckworth, David, 2014, "Inflation Targeting. A Monetary Policy Regime Whose Time Has Come and Gone," Mercatus Center Research Papers, July 10.

Bernanke, Ben, 2000, *Essays on the Great Depression*, Princeton, NJ, Princeton University Press.

------, 2002(a), "On Milton Friedman's Ninetieth Birthday," remarks at the Conference to Honor Milton Friedman, University of Chicago, Illinois, November 8.

------, 2002(b), "Deflation: Making Sure 'It' Doesn't Happen Here," speech at the Washington, DC, Economists Club, November 21.

------, 2003, "'Constrained Discretion' and Monetary Policy," speech before the Money Marketeers of New York University, New York, February 3.

------, 2005, "The Global Savings Glut and the US Current Account," *Homer Jones Lecture*, St. Louis, MO, Federal Reserve Bank of St. Louis.

------, 2013, "The Crisis as a Classical Financial Panic," speech delivered at the Fourteenth Jacques Polak Annual Research Conference, Washington, DC, Board of Governors of the Federal Reserve System.

------, 2015(a), *The Courage to Act: A Memoir of a Crisis and Its Aftermath*, New York, W.W. Norton and Company.

------, 2015(b), "Monetary Policy and Inequality," brookings.edu, Brookings Institution, June 1.

------, 2020, "The New Tools of Monetary Policy," *American Economic Review*, April.

Bernanke, Ben; Geithner, Timothy; & Paulson, Henry, 2019, *Firefighting: The Financial Crisis and Its Lessons*, New York, Penguin Books.

Blanchard, Olivier, 2008, "The State of Macro," NBER working paper, National Bureau of Economic Research, no. 14529.

Blanchard, Olivier & Summers, Lawrence, eds., 2019, *Evolution or Revolution? Rethinking Macroeconomic Policy After the Great Recession*, Cambridge, MA, The MIT Press.

Blinder, Alan, 2013, *After the Music Stopped: The Financial Crisis, the Response, and the Work Ahead*, New York, Penguin Press.

Blot, Christophe; Creel, Jérôme; & Hubert, Paul, 2020, "Financial Stability Risks and Policy Options," *Monetary Dialogue Papers*, European Parliament, Economic and Monetary Committee, February.

Bordo, Michael, 2014, "Exiting from Low Interest Rates to Normality: An Historical Perspective," Hoover Institution Economics working paper, Stanford University, Palo Alto, CA, no. 14110.

Bordo, Michael; Eitrheim, Oyvind; Flandreau, Marc; & Qvigstad, Jan, eds., 2016, *Central*

Banks at a Crossroads: What Can We Learn from History? New York, Cambridge University Press.

Bordo, Michael & Filardo, Andrew, 2005, "Deflation and Monetary Policy in a Historical Perspective," *Economic Policy*, vol. 20, no. 44.

Borio, Claudio, 2014, "The Financial Cycle and Macroeconomics: What Have We Learned?" *Journal of Banking and Finance*, August.

------, 2017, "Through the Looking Glass," OMFIF City Lecture, The Official Monetary and Financial Institutions Forum, London, September 22.

------, 2019(a), "Vulnerabilities in the International Monetary and Financial System," speech given at the OECD-G20 High Level Policy Seminar, Paris, September 11.

------, 2019(b), "Central Banking in Challenging Times," SUERF Annual Lecture, SUERF/BAFFI CAREFIN Centre Conference, Mila, Algeria, November 8.

------, 2020, "The COVID-19 Economic Crisis: Dangerously Unique," National Association for Business Economics, Perspectives on the Pandemic Webinar Series, July 2.

Borio, Claudio & Disyatat, Piti, 2010, "Unconventional Monetary Policies: An Appraisal," BIS working paper, Bank for International Settlements, no. 292.

Borio, Claudio; Disyatat, Piti; Juselius, Mikael; & Rungcharoenkitkul, Phurichai, 2017, "Why So Low for So Long? A Long-Term View of Real Interest Rates," BIS working paper, Bank for International Settlements, no. 685.

------, 2018, "Monetary Policy in the Grip of a Pincer Movement," BIS working paper, Bank for International Settlements, no. 706.

Borio, Claudio; Erdem, Magdalena; Filardo, Andrew; & Hofmann, Boris, 2015, "The Costs of Deflations. A Historical Perspective," *BIS Quarterly Review*, Bank for International Settlements, March.

Borio, Claudio & Lowe, Philip, 2002, "Asset Prices, Financial and Monetary Stability: Exploring the Nexus," BIS working paper, Bank for International Settlements, no. 114.

Borio, Claudio & White, William, 2003, "Whither Monetary and Financial Stability? The Implications of Evolving Policy Regimes," BIS working paper, Bank for International Settlements, no. 147.

Boyes, Roger, 2009, *Meltdown Iceland: Lessons on the World Financial Crisis from a Small Bankrupt Island*, London, Bloomsbury Publishing.

Brown, Brendan, 2018, "What Is Wrong with the 2 percent Inflation Targeting," in Godart-van der Kroon, A. & Von Lamthen, P. eds., *Banking and Monetary Policy from the Perspective of Austrian Economics*, New York, Springer International Publishing.

Brunner, Karl, 1981, "The Art of Central Banking," Center for Research in Government Policy and Business, Graduate School of Management, University of Rochester, working paper, GPB, no. 81-6, June.

Brunnermeier, Markus; James, Harold; & Landau, Jean-Pierre, 2016, *The Euro and the Battle of Ideas*, Princeton, NJ, Princeton University Press.

Brunnermeier, Marcus & Koby, Yann, 2018, "The Reversal Interest Rate," NBER working paper, National Bureau of Economic Research, no. 25406.

Buti, Marco, 2020, "Economic Policy in the Rough. A European Journey," *CEPR Policy Insight*, Center for Economic Policy Research, 98.

Buttiglione, Luigi; Lane, Philip; Reichlin, Lucrezia; & Reinart, Vincent, 2014, *Deleveraging? What Deleveraging?* Geneva Reports on the World Economy 16, London, CEPR Press.

Caballero, Ricardo, Hoshi, Takeo; & Kashyap, Anil, 2008, "Zombie Lending and Depressed Restructuring in Japan," *American Economic Review*, vol. 98, no. 5.

Calomiris, Charles, 2009, "Financial Innovation, Regulation, and Reform," *Cato Journal*, Winter.

Carr, Edward, 1939, *The Twenty Years' Crisis, 1919-1939: An Introduction to the Study of International Relations*, London, Macmillan, 1946 edition.

Caruana, Jaime, 2014, "Debt: The View from Basel," BIS Papers, Bank for International Settlements, no. 80.

Cassel, Gustav, 1920, "Further Observations on the World's Monetary Problem," *Economic Journal*, March.

------, 1928, *Postwar Monetary Stabilization*, New York, Columbia University Press.

Cavallo, Alberto, 2018, "More Amazon Effects: Online Competition and Pricing Behaviors," NBER working paper, National Bureau of Economic Research, no. 25138.

Cecchetti, Stephen, 2007, "Why Central Bankers Should Be Financial Supervisors," *Vox*, CEPR Policy Portal, November 30.

Cecchetti, Stephen & Kharroubi, Enisse, 2012, "Reassessing the Impact of Finance on

Growth," BIS working paper, Bank for International Settlements, no. 381.

------, 2015, "Why Does Financial Sector Growth Crowd Out Real Economic Growth," BIS working paper, Bank for International Settlements, no. 490.

------, 2018, "Why Does Credit Growth Crowd Out Real Economic Growth?" NBER working paper, National Bureau of Economic Research, no. 25079.

Cecchetti, Stephen; Moharty, M.S.; & Zampolli, Fabrizio, 2011, "The Real Effects of Debt," BIS working paper, Bank for International Settlements, no. 352.

Chandler Jr., Alfred, 1977, *The Visible Hand: The Managerial Revolution in Business*, Cambridge, MA, Harvard University Press.

Chen, Qianying; Filardo, Andrew; He, Dong; & Zhu, Feng, 2015, "Financial Crisis, US Unconventional Monetary Policy and International Spillovers," BIS working paper, Bank for International Settlements, no. 494.

Chen, Qianying; Lombardi, Marco; Ross, Alex; & Zhu, Feng, 2017, "Global Impact of US and Euro Area Unconventional Monetary Policies," BIS working paper, Bank for International Settlements, no. 610.

Chernow, Ron, 2004, *Alexander Hamilton*, New York, Penguin Press.

Cieslak, Anna & Vissing-Jørgensen, Annette, 2018, "The Economics of the Fed Put," working paper, faculty.haas.berkeley.edu (accessed March 24, 2021).

Claessens, Stijn; Pozsar, Zoltan; Ratnovski, Lev; & Singh, Manmohan, 2012, "Shadow Banking: Economics and Policy," *IMF Staff Discussion Notes*, Washington, DC, International Monetary Fund, SDN 12/12, December 4.

Coggan, Philip, 2020, *More: The 10,000-Year Rise of the World Economy*, London, The Economist Books.

Collins, Chuck & Hoxie, Josh, "Report: Billionaire Bonanza 2018: Inherited Wealth Dynasties in the Twenty-First Century United States," *Institute for Policy Studies*, Washington, DC, October 30.

Colciago, Andrea; Samarina, Anna; & de Haan, Jakob, 2019, "Central Bank Policies and Income and Wealth Inequality: A Survey," *Journal of Economic Surveys*, 33(4).

Cour-Thimann, Philippine & Winkler, Bernhard, 2013, "The ECB's Non-Standard Monetary Policy Measures: The Role of Institutional Factor and Financial Structure," ECB working paper, European Central Bank, no. 1528.

Cowen, David; Sylla, Richard; & Wright, Richard, 2009, "Alexander Hamilton, Central Banker: Crisis Management During the US Financial Panic of 1792," *Business History Review,* vol. 83, no. 1.

Crowe, Christopher & Meade, Ellen, 2007, "The Evolution of Central Bank Governance around the World," *Journal of Economic Perspectives,* Fall.

Cui, Wei & Sterk, Vincent, 2018, "Quantitative Easing," CEPR discussion paper, Centre for Economic Policy Research, no. 13322.

Currie, Lauchlin, 1934, "The Failure of Monetary Policy to Prevent the Great Depression of 1929-1932," *Journal of Political Economy*.

Darvas, Zsolt, 2018, "Global Income Inequality Is Declining—Largely Thanks to China and India," bruegel.org, Brussels, Bruegel, April 19.

Davies, Glyn, 2002, *A History of Money from Ancient Times to the Present Day,* Cardiff, UK, University of Wales Press, 3rd edition.

Davies, William, 2017, "The Big Mystique," *London Review of Books,* Vol. 39, No. 3, February 2.

Debreu, Gerard, 1959, *The Theory of Value: An Axiomatic Analysis of Economic Equilibrium,* New York, John Wiley & Sons.

de Guindos, Luis, 2019, "International Spillovers of Monetary Policy and Financial Stability Concerns," speech at The ECB and Its Watchers XX Conference, Frankfurt, March 27.

Dell' Ariccia, Giovanni; Rabanal, Paul; & Sandri, Damiano, 2018, "Unconventional Monetary Policies in the Euro Area, Japan, and the United Kingdom," *Journal of Economic Perspectives,* Fall.

Dellemotte, Jean, 2009, "Adam Smith's 'Invisible Hand': Refuting the Conventional Wisdom," *L'Economie Politique,* no. 44.

De Loecker, Jan & Eeckhout, Jan, 2018, "Global Market Power," NBER working paper, National Bureau of Economic Research, no. 24768.

de Larosiere, Jacques, 2020, "Negative Interest Rates Cannot Save Indebted Countries," *Financial Times,* July 20.

Del Negro, Marco; Giannone, Domenico; Giannoni, Marc; & Tambalotti, Andrea, 2018, "Global Trends in Interest Rates," FRBNY staff reports, Federal Reserve Bank of New

York, no. 866, September.

den Haan, Wouter, ed., 2013, *Forward Guidance: Perspectives from Central Bankers, Scholars, and Market Participants*, VoxEU.org eBooks, Centre for Economic Policy Research.

Derman, Emmanuel, 2004, *My Life as a Quant*, Hoboken, NJ, John Wiley & Sons.

de Rugy, Véronique & Salmon, Jack, 2020, "Debt and Growth: A Decade of Studies," *Mercatus Center Policy Briefs*, George Mason University, April 15.

de Soyres, François & Franco, Sebastian, 2019, "Inflation Dynamics and Global Value Chains," policy research working paper, Washington, World Bank Group, no. 9090, December.

Divine, Robert, 1967, *Second Chance: The Triumph of Internationalism in America During World War II*, New York, Atheneum Press.

Dobbs, Richard; Lund, Susan; Woetzel, Jonathan; & Mutafchieva, Mina, 2015, *Debt and (Not Much) Deleveraging*, McKinsey Global Institute, February.

Donovan, Donal & Murphy, Antoin, 2013, *The Fall of the Celtic Tiger*, Oxford, UK, Oxford University Press.

Douthat, Ross, 2020, *The Decadent Society: How We Became the Victims of Our Own Success*, New York, Avid Reader Press.

Dowd, Kevin, 2009, *Measuring Market Risk*, Hoboken, NJ, John Wiley & Sons.

Drehmann, Mathias; Juselius, Mikael; & Korinek, Anton, 2017, "Accounting for Debt Service. The Painful Legacy of Credit," BIS working paper, Bank for International Settlements, no. 645.

ECB, 2006, *A Journey from Theory to Practice. An ECB Colloquium Held in Honor of Otmar Issing*, Frankfurt, March.

------, 2016, "Public Investment in Europe," *ECB Economic Bulletin*, European Central Bank, issue 2.

------, 2017, "Domestic and Global Drivers of Inflation," *ECB Economic Bulletin*, Frankfurt, European Central Bank, issue 4.

------, 2019, *Financial Stability Report*, Frankfurt, November.

Ehrmann, Michael; Gaballo, Gaetano; Hoffmann, Peter; & Strasser, Georg, 2019, "Can More Public Information Raise Uncertainty? The International Evidence on Forward

Guidance," ECB working paper, European Central Bank, no. 2263.

Eichengreen, Barry, 1992, *Golden Fetters: The Gold Standard and the Great Depression, 1919–1939*, New York, Oxford University Press.

------, 2011, *The Rise and Fall of the Dollar and the Future of the International Monetary System*, New York, Oxford University Press.

------, 2014, "The Rules of Central Banking Are Made to be Broken," *Financial Times*, August 22.

------, 2015, *Hall of Mirrors: The Great Depression, the Great Recession, and the Uses—and Misuses—of History*, New York, Oxford University Press.

------, 2019, "Critics of QE Should Consider the Alternatives," *The Guardian*, June 11.

Eichengreen, Barry & Mitchener, Kris, 2003, "The Great Depression as a Credit Boom Gone Wrong," BIS working paper, Bank for International Settlements, no. 137.

Eisinger, Jesse, 2007, "Overrated," Portfolio.com, September.

El-Erian, Mohamed, 2020(a), "Central Banks Are Now the Markets' Best Friends," *The Guardian*, January 10.

------, 2020(b), "The Pandemic's Complex Cocktail," *Project Syndicate*, October 6.

Emminger, Otto, 1934, "Die Englischen Währungsexperimente der Nachkriegszeit," *Weltwirtschaftliches Archiv*, September.

Epstein, Gerald, 2005, "Central Banks as Agents of Economic Development," Political Economy Research Institute working paper, University of Massachusetts, Amherst, no. 104.

Estrada, Javier, 2008, "Black Swans and Market Timing: How Not to Generate Alpha," *Journal of Investing*, Autumn.

------, 2009, "Black Swans, Market Timing, and the Dow," *Applied Economic Letters*, 16.

Farrell, Greg, 2010, *Crash of the Titans: Greed, Hubris, the Fall of Merrill Lynch, and the Near-Collapse of Bank of America*, New York, Crown Business.

Fed Kansas City, 2003, *Monetary Policy and Uncertainty. Adapting to a Changing Economy*, Jackson Hole Symposium, August.

------, 2005, *The Greenspan Era. Lessons for the Future*, Jackson Hole Symposium, August.

Feldstein, Martin, 1997, "The Costs and Benefits of Going from Low Inflation to Price

Stability," in Romer, Christina & Romer, David, eds., *Reducing Inflation: Motivation and Strategy,* Chicago, University of Chicago Press for the NBER.

Ferguson, Niall; Schaab, Andreas; & Schularick, Moritz, 2014, "Central Bank Balance Sheets: Expansion and Reduction Since 1900," ECB Forum on Central Banking, Sintra, ECB, May.

Fetter, Frank, 1965, *The Development of British Monetary Orthodoxy 1797–1875,* Cambridge, MA, Harvard University Press.

Fiedler, Salomon & Gern, Klaus-Jürgen, 2020, "Financial Stability in the Euro Area," Monetary Dialogue Papers, European Parliament, Economic and Monetary Committee, January.

Filardo, Andrew & Nakajima, Jouchi, 2018, "Effectiveness of Unconventional Monetary Policies in a Low Interest Rate Environment," BIS working paper, Bank for International Settlements, no. 691.

Filardo, Andrew, 2019, "The Reaction Function Channel of Monetary Policy and the Financial Cycle," BIS working paper, Bank for International Settlements, no. 816.

Filardo, Andrew; Hubert, Paul; & Rungcharoenkitkul, Phurichai, 2019, "The Reaction Function Channel of Monetary Policy and the Financial Cycle," BIS working paper, Bank for International Settlements, no. 816.

Fisher, Irving, 1933, "The Debt-Deflation Theory of Great Depressions," *Econometrica,* October.

Fisher, Stanley, 2016, "US Monetary Policy from an International Perspective," speech at the 20th Annual Conference of the Central Bank of Chile, Santiago, November 11.

FitchRatings, 2019, "Shadow Banking Implications for Financial Stability," FitchRatings, May 21.

Forbes, Kristin, 2019, "Has Globalization Changed the Inflation Process?" BIS working paper, Bank for International Settlements, no. 791.

Frankel, Jeffrey, 2019, "Why Central Bankers Should Forget About 2 Percent Inflation," *The Guardian,* July 26.

Freeman, Richard, 2007, "The Great Doubling: The Challenge of the New Global Labor Market," in Edwards, J. Crain, M. & Kallenberg, A., eds., *Ending Poverty in America: How to Restore the American Dream,* New York, The New Press.

Friedman, Benjamin, 2008, "Chairman Greenspan's Legacy," *The New York Review of Books,* March 20.

Friedman, Milton, 1948, "A Monetary and Fiscal Framework for Monetary Stability," *American Economic Review,* June.

------, 1960, *A Program for Monetary Stability,* New York, Fordham University Press.

------, 1968, "The Role of Monetary Policy," *American Economic Review,* March.

------, 1970, "The Counter-Revolution in Monetary Theory," IEA Occasional Paper, London, Institute of Economic Affairs, no. 33.

------, 1997, "John Maynard Keynes," *Economic Quarterly,* Federal Reserve Bank of Richmond, Spring.

Friedman, Milton & Schwartz, Anna, 1963, *A Monetary History of the United States, 1863-1960,* Princeton, NJ, Princeton University Press.

FSB, 2020, *Global Monitoring Report on Non-Bank Financial Intermediation 2019,* Basel, Switzerland, Financial Stability Board, January.

Gagnon, Joseph & Sack, Brian, 2018, "QE: A User's Guide," *PIIE Policy Brief,* Washington, Peterson Institute for International Economics, October.

Gajewski, Pavel, 2015, "Is Ageing Deflationary? Some Evidence from OECD Countries," *Applied Economics Letters,* vol. 22, no. 11.

Galbraith, John Kenneth, 1954, *The Great Crash 1929,* New York, Houghton Mifflin.

------, 1990, *A Short History of Financial Euphoria,* London, Penguin Books.

Garber, Peter, 2000, *Famous First Bubbles: The Fundamentals of Early Manias,* Cambridge, MA, MIT Press.

Gennaioli, Nicola; Shleifer, Andrei; & Vishny, Robert, 2015, "Neglected Risks: The Psychology of Financial Crises," NBER working paper, National Bureau of Economic Research, no. 20875.

George, Eddie, 1994, "The Pursuit of Financial Stability," *Bank of England Quarterly Bulletin,* February.

Georgieva, Kristalina, 2019, "How to Use Debt Wisely," Speech at the 20th Annual Research Conference, IMF, Washington, DC.

Gern, Klaus-Jörgen; Jannsen, Nils; Kooths, Stefan; & Wolters, Maik, 2015, "Quantitative Easing in the Euro Area: Transmission Channels and Risks," *Intereconomics,* Review of European Economic Policy, vol. 50, no. 4.

Giannini, Curzio, 2011, *The Age of Central Banks,* Cheltenham, UK, Edward Elgar Publishing.

Goldgar, Anne, 2008, *Tulipmania: Money, Honor, and Knowledge in the Dutch Golden Age,* Chicago, University of Chicago Press.

------, 2018, "Tulip Mania: The Classical Story of a Dutch Financial Bubble Is Mostly Wrong," *The Conversation,* Boston, February 12.

Goldin, Ian; Koutroumpis, Pantelis; Lafond, François; Rochowicz, Nils; & Winkler, Julian, 2019, *The Productivity Paradox: Reconciling Rapid Technological Change and Stagnating Productivity,* Oxford, Oxford Martin School & Arrowgrass.

Goodfriend, Marvin, 1988, "Central Banking Under the Gold Standard," Carnegie-Rochester Conference Series on Public Policy, no. 19.

Goodhart, Charles, 1988, *The Evolution of Central Banks,* Boston, MIT Press.

------, 1999, "Myths About the Lender of Last Resort," *International Finance,* 2:3.

Goodhart, Charles & Pradhan, Manoj, 2020, *The Great Demographic Reversal: Aging Societies, Waning Inequality, and an Inflation Revival,* London, Palgrave Macmillan.

Gourinchas, Pierre-Olivier & Obstfeld, Maurice, 2012, "Stories of the Twentieth Century for the Twenty-First," *American Economic Journal: Macroeconomics,* 4(1).

Graeber, David, 2011, *Debt: The First 5,000 Years,* New York, Melville House.

Greenspan, Alan, 2003, "Monetary Policy Under Uncertainty," in Fed Kansas City.

------, 2007, *The Age of Turbulence. Adventures in A New World,* New York, The Penguin Group.

Greenwood, Robin & Scharfstein, David, 2013, "The Growth of Finance," *Journal of Economic Perspectives,* Spring.

Greider, William, 1989, *Secrets of the Temple: How the Federal Reserve Runs the Country,* New York, Simon & Schuster.

Gros, Daniel, 2016, "The Deflation Bogeyman," *Project Syndicate,* April 8.

------, 2020, "The Dangerous Allure of Green Central Banking," *Project Syndicate,* December 18.

Haberler, Gottfried, 1976, *The World Economy, Money, and the Great Depression, 1919–*

39, Washington, DC, American Enterprise Institute for Public Policy Research.

Haldane, Andrew, 2009, "Why Banks Failed the Stress Tests," speech at the Marcus-Evans Conference on Stress Testing, London, February 9–10.

Hall, Thomas & Ferguson, David, 1998, *The Great Depression: An International Disaster of Perverse Economic Policies,* Ann Arbor, University of Michigan Press.

Hammond, Gill, 2011, "State of the Art of Inflation Targeting," *Centre for Central Banking Studies Handbook,* London, Bank of England, no. 29.

Hartmann, Philip; Huang, Haizhou; & Schoenmaker, Dirk, eds., 2018, *The Changing Nature of Central Banking,* Cambridge, UK, Cambridge University Press.

Hartwell, Christopher, 2020, "Financial Risks in Europe: The End of the Beginning," Monetary Dialogue Papers, European Parliament, Economic and Monetary Committee, January.

Hawtrey, Ralph, 1933, *The Art of Central Banking,* London, Longmans, Green & Co.

Hayek, Friedrich, 1976, *Law, Legislation and Liberty: Volume 2: The Mirage of Social Justice,* Chicago, University of Chicago Press.

Heider, Florian; Saidi, Farzad; & Schepens, Glenn, 2019, "Life Below Zero: Bank Lending Under Negative Policy Rates," *Review of Financial Studies,* 32(10).

Helpman, Elhanan, 2018, *Globalization and Inequality,* Cambridge, MA, Harvard University Press.

Henriques, Diana, 2011, *Bernie Madoff: The Wizard of Lies,* New York, Times Books.

Hesse, Henning; Hofman, Boris; & Weber, James, 2017, "The Macroeconomic Effects of Asset Purchases Revisited," BIS working paper, Bank for International Settlements, no. 680.

Hetzel, Robert, 1987, "Henry Thornton: Seminal Monetary Theorist and Father of the Modern Central Bank," *Economic Review,* Federal Reserve Bank of Richmond, July/ August.

Hirschman, Albert, 1977, *The Passions and the Interests: Political Arguments for Capitalism Before Its Triumph,* New Haven, CT, Yale University Press.

Hofmann, Boris & Bogdanova, Bilyana, 2013, "Taylor Rules and Monetary Policy," *BIS Quarterly Review,* September.

Holston, Kathryn; Laubach, Thomas; & Williams, John, 2017, "Measuring the Natural Rate:

International Trends and Determinants," *Journal of International Economics*, 108.

Honohan, Patrick, 2019, "Should Monetary Policy Take Inequality and Climate Change into Account?" PIIE working paper, Peterson Institute for International Economics, October, no. 19–18.

Hoover, Herbert, 1952, *The Memoirs of Herbert Hoover: The Great Depression, 1929–1941*, New York, Macmillan.

Hoshi, Takeo & Kashyap, Anil, 2004, "Japan's Financial Crisis and Economic Stagnation," *Journal of Economic Perspectives*, Winter.

-------, 2015, "Will the US and Europe Avoid a Lost Decade? Lessons from Japan's Postcrisis Experience," *IMF Economic Review*, vol. 63, no. 1.

Humphrey, Thomas, 1989, "The Lender of Last Resort: The Concept in History," *Economic Review*, Federal Reserve Bank of Richmond, March/April.

-------, 2014, "Averting Financial Crises: Advice from Classical Economists," *Econ Focus*, Federal Reserve Bank of Richmond, fourth quarter.

Hutchinson, John & Smets, Frank, 2017, "Monetary Policy in Uncertain Times: The ECB Monetary Policy Since June 2014," *The Manchester School*, 85.

International Finance Institute, 2020(a), *Global Debt Monitor: Sustainability Matters*, IIF, Washington, DC, January 13.

-------, 2020(b), *Global Debt Monitor: Attack of the Debt Tsunami*, IIF, Washington, DC, November 18.

Irwin, Douglas, 2014, "Who Anticipated the Great Depression? Gustav Kassel Versus Keynes and Hayek on the Interwar Gold Standard," *Journal of Money, Credit, and Banking*, February.

Irwin, Neil, 2013, *The Alchemists: Three Central Bankers in a World on Fire*, New York, Penguin Books.

Issing, Otmar, 2013, "A New Paradigm for Monetary Policy?" *International Finance*, no. 16:2.

-------, 2020, "The Danger of Following the Fed," *Project Syndicate*, October 2.

James, Harold, 2009, *The Creation and Destruction of Value: The Globalization Cycle*, Cambridge, MA, Harvard University Press.

-------, 2012, *Making the European Monetary Union*, Cambridge, MA, The Belknap Press of

Harvard University Press.

Jimenez, Gabriel; Ongena, Steven; Peydró, José-Luis; & Saurina, Jesus, 2014, "Hazardous Times for Monetary Policy. What Do Twenty-Three Million Bank Loans Say About the Effects of Monetary Policy on Risk-Taking?" *Econometrica*, vol. 82, no. 2.

Jokipii, Terhi; Nyffeler, Reto; & Riederer, Stéphane, 2020, "The BIS Credit-to-GDP Gap and Its Critiques," *Project Syndicate*, December 8.

Jones, Joseph, 1934, *Tariff Retaliation: Repercussions of the Hoover-Smoot Bill*, Philadelphia, University of Philadelphia Press.

Jordà, Òscar; Schularick, Moritz; & Taylor, Allen, 2011, "When Credit Bites Back: Leverage, Business Cycles, and Crises," NBER working paper, National Bureau of Economic Research, no. 17621.

------, 2015, "Leveraged Bubbles," *Journal of Monetary Economics*, no. 76.

------, 2016, "Macrofinancial History and the New Business Cycle Facts," NBER working paper, National Bureau of Economic Research, no. 22743.

Jordà, Òscar; Marti, Chitra; Nechio, Fernanda; & Tallman, Eric, 2019, "Why Is Inflation Low Globally?" *FRBSF Economic Letter*, Federal Reserve Bank of San Francisco, July 15.

Juselius, Mikael & Takáts, Elöd, 2018, "The Enduring Link Between Demography and Inflation," BIS working paper, Bank for International Settlements, no. 722.

Juselius, Mikael; Borio, Claudio; Disyatat, Piti; & Drehmann, Mathias, 2016, "Monetary Policy, the Financial Cycle, and Ultra-Low Interest Rates," BIS working paper, Bank for International Settlements, no. 561.

Kahneman, Daniel, 2011, *Thinking, Fast and Slow*, New York, Farrar, Straus, and Giroux.

Kanbur, Ravi, 2020, "An Age of Rising Equality? No, but Yes," *Project Syndicate*, September 21.

Kaufman, Henry, 2009, *The Road to Financial Reformation: Warnings, Consequences, Reforms*, Hoboken, NJ, John Wiley & Sons.

Kelly, Kate, 2009, *Street Fighters: The Last 72 Hours of Bear Stearns, the Toughest Firm on Wall Street*, New York, Penguin Group.

Keynes, John Maynard, 1924, *A Tract on Monetary Reform*, London, Macmillan & Co Limited.

------, 1936, *The General Theory of Employment, Interest, and Money*, London, Macmillan

& Co Limited.

Keys, Benjamin; Mukherjee, Tammoy; Seru, Amit; & Vig, Vikrant, 2010, "Did Securitization Lead to Lax Screening? Evidence from Subprime Loans," *Quarterly Journal of Economics*, February.

Khan, Lina, 2017, "Amazon's Antitrust Paradox," *Yale Law Review*, 126(3).

Kimball, Roger, 1998, "The Greatest Victorian," *The New Criterion*, October.

Kindleberger, Charles, 1973, *The World in Depression, 1929-1939*, Berkeley, University of California Press (1986 edition).

Kindleberger, Charles & Aliber, Robert, 2005, *Manias, Panics, and Crashes: A History of Financial Crashes*, Hoboken, NJ, John Wiley & Sons.

King, Mervyn, 2012, "Twenty Years of Inflation Targeting," The Stamp Memorial Lecture, London, School of Economics and Political Science.

——, 2016, *The End of Alchemy: Money, Banking, and the Future of the Global Economy*, New York, W.W. Norton & Company.

Kirkegaard, Jacob, 2019, "Yes, We Are Probably All Japanese Now," *Monetary Dialogue*, European Parliament, September.

Kirti, Divya, 2017, "When Gambling for Resurrection Is Too Risky," IMF working paper, International Monetary Fund, 17/180.

Kliesen, Kevin, 2019, "Is the Fed Following a 'Modernized' Version of the Taylor Rule?" Part 1 & 2, *Economic Synopses*, Federal Reserve Bank of St. Louis, no. 2 and 3.

Knight, Frank, 1941, "The Business Cycle, Interest, and Money," *Review of Economics and Statistics*, May.

Koenig, Evan; Leeson, Robert; & Kahn, George, eds., 2012, *The Taylor Rule and the Transformation of Monetary Policy*, Stanford University, Palo Alto, Hoover Institution Press.

Koo, Richard, 2009, *The Holy Grail of Macroeconomics: Lessons from Japan's Great Recession*, Hoboken, NJ, John Wiley & Sons.

Kose, Ayhan; Nagle, Peter; Ohnsorge, Franziska; & Sugawara, Naotaka, 2019, *Global Waves of Debt: Causes and Consequences*, Washington, DC, World Bank Group.

Kuhn, Thomas, 1962, *The Structure of Scientific Revolutions*, Chicago, University of Chicago Press.

Kurlantzick, Joshua, 2016, *State Capitalism: How the Return of Statism Is Transforming the World,* Oxford, UK, Oxford University Press.

Kurz, Mordecai, 2018, "The Darker Side of Information Technology," *The Milken Institute Review,* April 27.

Kuttner, Kenneth, 2018, "Outside the Box: Unconventional Monetary Policy in the Great Recession and Beyond," *Journal of Economic Perspectives,* Fall.

Kydland, Finn & Prescott, Edward, "Rules Rather than Discretion: The Inconsistency of Optimal Plans," *Journal of Political Economy,* vol. 85.

Lagarde, Christine, 2020, "The Monetary Policy Review: Some Preliminary Considerations," speech at the ECB and Its Watchers XXI Conference, September 30.

Laidler, David, 1981, "Adam Smith as a Monetary Economist," *Canadian Journal of Economics,* May.

Lakner, Christoph, 2019, "A Global View of Inequality," *Policy Research Talk,* Washington, DC, World Bank, September 16.

Leeson, Nick, 2016, *Rogue Trader: The Original Story of the Banker Who Broke the System,* London, Sphere.

Lenza, Michele & Slacalek, Jiri, 2018, "How Does Monetary Policy Affect Income and Wealth Inequality? Evidence from Quantitative Easing in the Euro Area," ECB working paper, European Central Bank, October, no. 2190.

Levy, Mickey & Plosser, Charles, 2018, "The Murky Future of Monetary Policy," Hoover Institution Economics working paper, Stanford University, Palo Alto, CA, 20119.

Lo, Stephanie & Rogoff, Kenneth, 2015, "Secular Stagnation, Debt Overhang, and Other Rationales for Sluggish Growth, Six Years On," BIS working paper, Bank for International Settlements, no. 482.

Lonergan, Eric & Greene, Megan, 2020, "Dual Interest Rates Give Central Banks Limitless Fire Power," *Project Syndicate,* September 3.

Lui, Ernest; Mian, Atif; & Sufi, Amir, 2019, "Low Interest Rates, Market Power, and Productivity Growth," mimeo (accessed on Sufi's website, January 15, 2020).

Mackay, Charles, 1841, *Extraordinary Popular Delusions & The Madness of the Crowds,* London, Wordsworth Editions.

Mallaby, Sebastian, 2020, "The Age of Magic Money," *Foreign Affairs,* July/August.

Margo, Robert, 1993, "Employment and Unemployment in the 1930s," *Journal of Economic Perspectives*, 7(2).

Martin, Justin, 2000, *Greenspan: The Man Behind the Money*, Cambridge, MA, Perseus Publishing.

McCloskey, Deirdre, 2006, *The Bourgeois Virtues: Ethics for an Age of Commerce*, Chicago, University of Chicago Press.

------, 2010, *Bourgeois Dignity: Why Economics Can't Explain the Modern World*, Chicago, University of Chicago Press.

------, 2016, *Bourgeois Equality: How Ideas, Not Capital or Institutions, Enriched the World*, Chicago, University of Chicago Press.

McCullough, David, 1992, *Truman*, New York, Simon & Schuster.

McDonald, Lawrence & Robinson, Patrick, 2009, *A Colossal Failure of Common Sense: The Inside Story of the Collapse of Lehman Brothers*, New York, Random House.

McKay, Alsidair; Nakamura, Emi; & Steinsson, Jon, 2016, "The Power of Forward Guidance Revisited," *American Economic Review*, no. 106.

McNamara, Christian, 2016, "Temporary Guarantee Program for Money Market Funds," Yale Program on Financial Stability, Intervention Case Study, January 28.

McWilliams, Douglas, 2018, *The Inequality Paradox: How Capitalism Can Work for Everyone*, London, Harry N. Abrams.

Mehrling, Perry, 2011, *The New Lombard Street: How the Fed Became the Dealer of Last Resort*, Princeton, NJ, Princeton University Press.

Mehrotra, Aaron; Moessner, Richhild; & Shu, Chang, 2019, "Interest Rate Spillovers from the United States. Expectations, Term Premia, and Macro- Financial Vulnerabilities," BIS working paper, Bank for International Settlements, no. 814.

Meltzer, Alan, 1976, "Monetary and Other Explanations of the Great Depression," *Journal of Monetary Economics*, November.

Mersch, Yves, 2020, "Asset Price Inflation and Monetary Policy," keynote speech at the celebration of INVESTAS' 60th anniversary, Luxembourg, January 27.

Mian, Atif; Straub, Ludwig; & Sufi, Amir, 2019, "Indebted Demand," research paper dated November 2019 (accessed on Mian's website, January 25, 2020).

Micossi, Stefano; D'Onofrio, Alexandra; & Peirce, Fabrizio, 2019, "Herd Behavior in Asset

Market Booms and Crashes. The Role of Monetary Policy," *CEPR Policy Insight*, Centre for Economic Policy Research, no. 97.

Miles, David; Panizza, Hugo; Reis, Ricardo; & Ubide, Angel, 2017, *And Yet It Moves: Inflation and the Great Recession*, 19th Geneva Conference on the World Economy, Centre for Economic Policy Research, October.

Miller, Marcus; Weller, Paul; & Zhang, Lei, 2002, "Moral Hazard and the US Stock Market: Analyzing the 'Greenspan Put,'" *Economic Journal*, vol. 112, no. 478.

Minsky, Hyman, 1982, "The Financial Stability Hypothesis: Capitalistic Processes and the Behavior of the Economy," in Kindleberger, Charles & Laffargue, J.P., eds., *Financial Crises: Theory, History, and Policy*, Cambridge, UK, Cambridge University Press.

Miron, Jeffrey, 2015, *Fiscal Imbalance: A Primer*, Washington, DC, The Cato Institute.

Mishkin, Frederic, 2004, "Can Central Bank Transparency Go Too Far?" NBER working paper, National Bureau of Economic Research, no. 10829.

Mody, Ashoka, 2018, *EuroTragedy: A Drama in Nine Acts*, Oxford, UK, Oxford University Press.

Mojon, Benoit & Ragot, Xavier, 2019, "Can an Ageing Workforce Explain Low Inflation?" BIS working paper, Bank for International Settlements, no. 776.

Montecino, Juan Antonio & Epstein, Gerald, 2015, "Did Quantitative Easing Increase Income Inequality?" NET working paper, Institute for New Economic Thinking, December, no. 28.

------, 2019, "Draghi's Dangerous Farewell," *Vox*, CEPR's Policy Portal, September 9.

Nelson, Benjamin; Pinter, Gabor; & Theodoridis, Konstantinos, 2015, "Do Contractionary Monetary Policy Shocks Expand Shadow Banking?" Bank of England working paper, London, no. 521.

Nelson, Edward, 2008, "Friedman and Taylor on Monetary Policy Rules: A Comparison," *Federal Reserve Bank of St Louis Review*, March/April.

Niehans, Jürg, 1990, *A History of Economic Theory: Classical Contributions 1720-1980*, Baltimore, The Johns Hopkins University Press.

Nikolsko-Rzhevskyy, Alex & Prodan, Ruxandra, 2019, "The Taylor Principles," *Journal of Macroeconomics*, December.

Norman, Jesse, 2018, *Adam Smith: The Father of Economics*, New York, Basic Books.

Obstfeld, Maurice; Shambaugh, Jay; & Taylor, Alan, 2005, "The Trilemma in History: Tradeoffs Among Exchange Rates, Monetary Policies, and Capital Mobility," *Review of Economics and Statistics*, 87(3).

OECD, 2014, *Effective Public Investment Across Levels of Government: Principles for Action*, Paris, OECD.

------, 2015, "Can Pension Funds and Life Insurance Companies Keep Their Promises?" Chapter 4 in *OECD Business and Finance Outlook*, Paris, OECD.

Olson, Mancur, 1965, *The Logic of Collective Action: Public Goods and the Theory of Interest Groups*, Cambridge, MA, Harvard University Press.

------, 1982, *The Rise and Decline of Nations: Economic Growth, Stagnation, and Social Rigidities*, New Haven, CT, Yale University Press.

Papademos, Lucas & Modigliani, Franco, 1990, "The Supply of Money and the Control of National Income," in Friedman, Benjamin & Hahn, Frank, eds., *Handbook of Monetary Economics*, Part I, New York, North-Holland.

Paul, Ron, 2009, *End the Fed*, New York, Grand Central Publishing.

Paulson, Hank Jr., 2010, *On the Brink: Inside the Race to Stop the Collapse of the Global Financial System*, New York, Hachette Book Group.

Peake, Charles, 1995, "Henry Thornton in the History of Economics: Confusions and Contributions," *The Manchester School*, September.

Pettis, Michael, 2019, "Why US Debt Must Continue to Grow," *Carnegie Endowment for International Peace*, Comment, February 7.

Philippon, Thomas & Reshef, Ariell, 2012, "Wages and Human Capital in the US Financial Industry," *Quarterly Journal of Economics*, November.

Pigou, Arthur, 1949, *The Veil of Money*, London, Macmillan.

Plosser, Charles, 2014, "A Limited Central Bank," *Cato Journal*, 34, no. 2.

Posen, Adam, 2013, "The Myth of the Omnipotent Central Banker," *Foreign Affairs*, July/August.

Posner, Eric, 2018, *Last Resort: The Financial Crisis and the Future of Bailouts*, Chicago, The University of Chicago Press.

Powell, Jerome, 2020, "New Economic Challenges and the Fed's Monetary Policy Review" speech given at the 2020 Economic Policy Symposium sponsored by the

Federal Reserve Bank of Kansas City, Jackson Hole, Wyoming, August.

Pozsar, Zoltan; Adrian, Tobias; & Ashcroft, Adam, 2013, "Shadow Banking," *FRBNY Economic Policy Review,* Federal Reserve Bank of New York, December 1.

Prins, Nomi, 2018, *Collusion: How Central Banks Rigged the World,* New York, Bold Type Books.

Rajan, Raghuram, 2005, "Has Financial Development Made the World Riskier?" in Fed Kansas City, *The Greenspan Era: Lessons for the Future,* Jackson Hole Symposium, August.

-------, 2009, "The Credit Crisis and Cycle Proof Regulation," The 2009 Homer Jones Lecture, Federal Reserve Bank of St. Louis.

-------, 2010, *Fault Lines: How Hidden Fractures Still Threaten the World Economy,* Princeton, NJ, Princeton University Press.

-------, 2013, "A Step in the Dark: Unconventional Monetary Policy After the Crisis," *Andrew Crockett Memorial Lecture,* Basel, Switzerland, Bank for International Settlements, June 23.

-------, 2014, "Competitive Monetary Easing: Is It Yesterday Once More?" remarks made at the Brookings Institution, Washington, DC, April 10.

Rauchway, Eric, 2015, *The Money Makers: How Roosevelt and Keynes Ended the Depression, Defeated Fascism, and Secured a Prosperous Peace,* New York, Basic Books.

Reinhart, Carmen; Reinhart, Vincent; & Rogoff, Kenneth, 2012, "Public Debt Overhangs: Advanced Economy Episodes Since 1800," *Journal of Economic Perspectives,* Summer.

-------, 2015, "Dealing with Debt," *Journal of International Economics,* July.

Reinhart, Carmen & Rogoff, Kenneth, 2009, *This Time Is Different: Eight Centuries of Financial Folly,* Princeton, NJ, Princeton University Press.

Reinhart, Carmen & Sbrancia, M. Belen, 2015, "The Liquidation of Government Debt," *Economic Policy,* vol. 30, no. 82.

Rey, Hélène, 2013, "Dilemma, Not Trilemma. The Global Financial Cycle and Monetary Independence," in Fed Kansas City, 2013, *Global Dimensions of Unconventional Monetary Policy,* Jackson Hole Symposium, August.

Ricardo, David, 1824, *Plan for the Establishment of a National Bank,* London, John Murray, Albemarle Street.

Roach, Stephen, 2020, "A Return to 1970s Stagflation is only a Broken Supply chain Away," *Financial Times,* May 6.

Rogoff, Kenneth, 2015, "Debt Overhang, Not Secular Stagnation," *Vox,* CEPR's Policy Portal, April 22.

-------, 2019, "Big Tech Has Too Much Monopoly Power: It's Right to Take It On," *The Guardian,* April 2.

Romer, Paul, 2016, "The Trouble with Macroeconomics," Commons Memorial Lecture, Omicron Delta Epsilon Society, delivered January 5 (accessed January 12, 2020).

Rudebusch, Glenn, 2018, "A Review of the Fed's Unconventional Monetary Policy," *FRBSF Economic Letter,* Federal Reserve Bank of San Francisco, 2018-27.

Russell, Bertrand, 1912, *The Problem of Philosophy,* London, Williams and Norgate.

Saiki, Ayako & Frost, Jon, 2019, "Unconventional Monetary Policy and Income Distribution—Is Japan Unique?" Council on Economic Policies working paper, Zurich, Council on Economic Policies, 19/2.

Saint-Etienne, Christian, 1984, *The Great Depression 1929-1938: Lessons for the 1980s,* Stanford University, Palo Alto, CA, Hoover Institution Press.

Samuelson, Paul & Solow, Robert, 1960, "Analytical Aspects of Anti-Inflation Policy," *American Economic Review Papers and Proceedings,* May.

Sanchez, Juan & Sung Kim, Hee, 2018, "Why Is Inflation So Low?" *Regional Economist,* Federal Reserve Bank of St. Louis, first quarter.

Sargent, Thomas, 1982, "The Ends of Four Big Inflations," in HALL, Robert, ed., *Inflation: Causes and Effects,* Chicago, University of Chicago Press.

Sarwat, Jahan, 2018, "Inflation Targeting: Holding the Line," *Finance & Development,* Washington, DC, IMF, June 1.

Saxonhouse, Gary & Stern, Robert, eds., 2004, *Japan's Lost Decade: Origins, Consequences, and Prospects for Recovery,* Oxford, UK, Blackwell Publishing.

Schnabel, Isabelle, 2020, "The Shadow of Fiscal Dominance: Misconceptions, Perceptions, and Perspectives," speech at the Centre for European Reform and the Eurofi Financial Forum, September 11.

Schularick, Moritz & Taylor, Allan, 2012, "Credit Booms Gone Bust: Monetary Policy, Leverage Cycles, and Financial Crises, 1870-2008," *American Economic Review*, April.

Schumpeter, Joseph, 1939, *Business Cycles*, vol. 1, Philadelphia, Pa., Porcupine Press.

Schwartz, Anna, 1989, "A Century of British Market Interest Rates, 1874-1975," in CAPIE, Forrest & WOOD, Geoffrey, eds., *Monetary Economics in the 1980s*, London, Macmillan.

Shiller, Robert, 2016, *Irrational Exuberance*, Princeton, NJ, Princeton University Press, third edition.

Shirai, Sayuri, 2013, "Monetary Policy and Forward Guidance in Japan," speeches at the International Monetary Fund (September 19) and the Board of governors of the Federal Reserve System (September 20), Bank of Japan.

Shlaes, Amity, 2007, *The Forgotten Man: A New History Perspective of the Great Depression*, New York, HarperCollins.

Shleifer, Andrei & Vishny, Robert, 1999, *The Grabbing Hand: Government Pathologies and Their Cures*, Cambridge, MA, Harvard University Press.

Silber, William, 2010, *Volcker: The Triumph of Persistence*, New York, Bloomsbury Press.

Simons, Henry, 1936, "Rules Versus Authorities in Monetary Policy," *Journal of Political Economy*, vol. 44.

Sisson, C.H., 1972, *The Case of Walter Bagehot*, London, Faber.

Skaggs, Neil, 1995, "Henry Thornton and the Development of Classical Monetary Economics," *Canadian Journal of Economics*, November.

Smets, Frank & Wouters, Raf, 2007, "Shocks and Frictions in US Business Cycles: A Bayesian DSGE Approach," *American Economic Review*, 93.

Smith, Adam, 1776, *An Inquiry into the Nature and Causes of the Wealth of Nations*, ed. Edwin Cannan (1976), Chicago, University of Chicago Press.

Snowdon, Brian & Vane, Howard, 2005, *Modern Macroeconomics: Its Origins, Development, and Current State*, Cheltenham, UK, Edward Elgar.

Somary, Felix, 1989, *The Raven of Zurich: The Memoirs of Felix Somary*, London, C. Hurts & Co (transl. Sherman, A.J.).

Song Shin, Hyun, 2009, "Reflections on Northern Rock: The Bank Run that Heralded the

Global Financial Crisis," *Journal of Economic Perspectives*, vol. 23, no. 1.

Spence, Michael, 2015, "Why Public Investment?" *Project Syndicate*, February 20.

------, 2017, "Monetary Policy Challenges Posed by Global Liquidity," paper presented at High-Level Roundtable on Central Banking in Asia, 50th ADB Annual Meeting, Yokohama, May 6.

Steen Knudsen, Jette, 2019, *Visible Hands: Government Regulation and International Business Responsibility*, Cambridge, UK, Cambridge University Press.

Stein, Jeremy, 1989, "Efficient Capital Markets, Inefficient Firms: A Model of Myopic Corporate Behavior," *Quarterly Journal of Economics*, November.

Stiglitz, Joseph, 2010, *Freefall: America, Free Markets, and the Sinking of the World Economy*, New York, W.W. Norton & Company.

Stock, James & Watson, David, 2003, "Has the Business Cycle Changed? Evidence and Explanations," in Fed Kansas City, 2003.

Svensson, Lars, 2014, "Forward Guidance," NBER working paper, National Bureau of Economic Research, no. 20796.

Sylla, Richard & Cowen, David, 2018, *Alexander Hamilton on Finance, Credit, and Debt*, New York, Columbia University Press.

Syverson, Chad, 2019, "Macroeconomics and Market Power: Context, Implications, and Open Questions," *Journal of Economic Perspectives*, Summer.

Taleb, Nassim Nicholas, 2007, *The Black Swan: The Impact of the Highly Improbable*, New York, Random House.

Taylor, John, 1993, "Discretion Versus Policy Rules in Practice," Carnegie-Rochester Conference Series on Public Policy, 39.

------, 2009, *Getting Off Track: How Government Actions and Interventions Caused, Prolonged, and Worsened the Financial Crisis*, Stanford University, Palo Alto, CA, Hoover Institution Press.

------, 2012, "Monetary Policy Rules Work and Discretion Doesn't: A Tale of Two Eras," *Journal of Money, Credit, and Banking*, 44(6).

------, 2015, "A Monetary Policy for the Future," *Economics One*, April 16.

------, 2018, "Rules Versus Discretion: Assessing the Debate Over the Conduct of Monetary Policy," Hoover Institution Economics working paper, Stanford University, Palo Alto,

CA, 18102.

Taylor, John & Wieland, Volker, 2016, "Finding the Equilibrium Real Interest Rate in a Fog of Policy Deviations," *Business Economics,* July.

Temin, Peter, 1989, *Lessons from the Great Depression,* Cambridge, MA, The MIT Press.

Teryoshin, Yevgeni, 2017, "Historical Performance of Rule-Like Monetary Policy," Stanford Institute for Economic Policy Research working paper, Stanford University, CA, 17/005.

The Economist, 2015, "Why the World Is Addicted to Debt," May 18.

------, 2018, "The Centenary of the Twentieth Century's Worst Catastrophe," September 29.

Thornton, Henry, 1802, *An Enquiry into the Nature and Effects of the Paper Credit of Great Britain,* New York, Reinhart and Co. (1939 edition with introduction by F.A. von Hayek).

Tirole, Jean, 2017, *Economics for the Common Good,* Princeton, NJ, Princeton University Press.

Tooze, Adam, 2020, "The Death of the Central Bank Myth," *Foreign Policy,* foreignpolicy. com, May 13 (accessed October 10, 2020).

Trichet, Jean-Claude, 2009, "The ECB's Enhanced Credit Support," speech delivered at the University of Munich, July 13.

Tucker, Paul, 2018, *Unelected Power: The Quest for Legitimacy in Central Banking and the Regulatory State,* Princeton, NJ, Princeton University Press.

Turner, Adair, 2016, *Between Debt and the Devil: Money, Credit, and Fixing Global Finance,* Princeton, NJ, Princeton University Press.

Ugolini, Stefano, 2017, *The Evolution of Central Banking: Theory and History,* London, Palgrave Macmillan.

------, 2018, "The Historical Evolution of Central Banking," in Battilossi, Stefano *et al.,* *Handbook of the History of Money and Currency,* London, Springer Nature.

Van Overtveldt, Johan, 2007, *The Chicago School: How the University of Chicago Assembled the Thinkers Who Revolutionized Economics and Business,* Chicago, Agate Publishing.

------, 2009, *Bernanke's Test: Ben Bernanke, Alan Greenspan, and the Drama of the Central Banker,* Chicago, Agate Publishing.

-------, 2011, *The End of the Euro: The Uneasy Future of the European Union*, Chicago, Agate Publishing.

Viner, Jacob, 1936, "Recent Legislation and the Banking Situation," *American Economic Review*, March.

Volcker, Paul, 1990, "The Triumph of Central Banking?" *Per Jacobsson* Lecture, Per Jacobssen Foundation.

Volcker, Paul & Harper, Christine, 2018, *Keeping at It: The Quest for Sound Money and Good Government*, New York, Public Affairs.

Wallison, Peter, 2010, "Government Housing Policy and the Financial Crisis," *Cato Journal*, Spring/Summer.

Walton, Gary & Rockoff, Hugh, 2005, *History of the American Economy*, Mason, Ohio, South-Western.

Weidmann, Jens, 2020, "Too Close for Comfort? The Relationship Between Monetary and Fiscal Policy," speech at the OMFIF Virtual Panel, London, November 5.

Welch, Finnis, 1999, "In Defense of Inequality," *AEA Papers and Proceedings*, American Economic Association, May.

Wheeler, Mark, ed., 1998, *The Economics of the Great Depression*, Kalamazoo, MI, W.E. Upjohn Institute for Employment Research.

White, William, 2006, "Is Price Stability Enough?" BIS working paper, Bank for International Settlements, no. 205.

-------, 2009, "Should Monetary Policy 'Lean or Clean'?" Fed Dallas Globalization and Monetary Policy Institute working paper, no. 34.

-------, 2013, "Is Monetary Policy a Science? The Interaction of Theory and Practice Over the Last 50 Years?" Fed Dallas Globalization and Monetary Policy Institute working paper, no. 155.

-------, 2019(a), "Are Fears of a Global Currency War Justified?" The Market NZZ, November 5 (accessed January 23, 2020).

-------, 2019(b), "The Effects of Ultra Low Interest Rates on the Banks and the Economy," remarks made at the Imperial College Business School, London, December 12-13 (accessed February 12, 2020).

-------, 2020, "Why Central Bankers Should Be Humble," *The International Economy*, Winter.

Wicksell, Knut, 1898, *Interest and Prices*, London, Macmillan (translation R.F. Kahn).

Wilmarth, Arthur, 2014, "Citigroup: A Case study in Managerial and Regulatory Failures," *Indiana Law Review*, vol. 46, 69.

Wilson, Woodrow, 1895, "A Literary Politician," *Atlantic Monthly*, November.

Wood, John, 2005, *A History of Central Banking in Great Britain and the United States*, Cambridge, UK, Cambridge University Press.

Woodford, Michael, 2012, "Methods of Policy Accommodation at the Interest Rate Lower Bound," in Fed Kansas City, The Challenging Policy Landscape, Economic Policy Symposium, Jackson Hole, Wyoming, August.

Woodward, Bob, 2000, *Maestro: Greenspan's Fed and the American Boom*, New York, Simon & Schuster.

Wooldridge, Adrian, 2012, "The Visible Hand," *The Economist*, special report, January 21.

Yellen, Janet, 2009, "A Minsky Moment: Lessons for Central Bankers," *FRBSF Economic Letter*, Federal Reserve Bank of San Francisco, 2009-15.

Zabala, Jose & Prats, Maria, 2019, "The Unconventional Monetary Policies of the European Central Bank: Effectiveness and Transmission Analysis," *The World Economy*, Wiley, special issue article, October 17.

Zervas, Georgios; Prosperio, Davide; & Byers, John, 2017, "The Rise of the Sharing Economy: Estimating the Impact of Airbnb on the Hotel Industry," *Journal of Marketing Research*, vol. 54, no. 5.

Zingales, Luigi, 2015, "Does Finance Benefit Society?" NBER working paper, National Bureau of Economic Research, no. 20894.

未来，属于终身学习者

我们正在亲历前所未有的变革——互联网改变了信息传递的方式，指数级技术快速发展并颠覆商业世界，人工智能正在侵占越来越多的人类领地。

面对这些变化，我们需要问自己：未来需要什么样的人才？

答案是，成为终身学习者。终身学习意味着永不停歇地追求全面的知识结构、强大的逻辑思考能力和敏锐的感知力。这是一种能够在不断变化中随时重建、更新认知体系的能力。阅读，无疑是帮助我们提高这种能力的最佳途径。

在充满不确定性的时代，答案并不总是简单地出现在书本之中。"读万卷书"不仅要亲自阅读、广泛阅读，也需要我们深入探索好书的内部世界，让知识不再局限于书本之中。

湛庐阅读 App: 与最聪明的人共同进化

我们现在推出全新的湛庐阅读 App，它将成为您在书本之外，践行终身学习的场所。

- 不用考虑"读什么"。这里汇集了湛庐所有纸质书、电子书、有声书和各种阅读服务。

- 可以学习"怎么读"。我们提供包括课程、精读班和讲书在内的全方位阅读解决方案。

- 谁来领读？您能最先了解到作者、译者、专家等大咖的前沿洞见，他们是高质量思想的源泉。

- 与谁共读？您将加入优秀的读者和终身学习者的行列，他们对阅读和学习具有持久的热情和源源不断的动力。

在湛庐阅读 App 首页，编辑为您精选了经典书目和优质音视频内容，每天早、中、晚更新，满足您不间断的阅读需求。

【特别专题】【主题书单】【人物特写】等原创专栏，提供专业、深度的解读和选书参考，回应社会议题，是您了解湛庐近千位重要作者思想的独家渠道。

在每本图书的详情页，您将通过深度导读栏目【专家视点】【深度访谈】和【书评】读懂、读透一本好书。

通过这个不设限的学习平台，您在任何时间、任何地点都能获得有价值的思想，并通过阅读实现终身学习。我们邀您共建一个与最聪明的人共同进化的社区，使其成为先进思想交汇的聚集地，这正是我们的使命和价值所在。

CHEERS

湛庐阅读 App
使用指南

读什么
· 纸质书
· 电子书
· 有声书

怎么读
· 课程
· 精读班
· 讲书
· 测一测
· 参考文献
· 图片资料

与谁共读
· 主题书单
· 特别专题
· 人物特写
· 日更专栏
· 编辑推荐

谁来领读
· 专家视点
· 深度访谈
· 书评
· 精彩视频

HERE COMES EVERYBODY

下载湛庐阅读 App
一站获取阅读服务